U0940309

现代交际礼仪

（第三版）

张岩松　编著

中国社会科学出版社

图书在版编目（CIP）数据

现代交际礼仪/张岩松编著 .—3 版 .—北京：中国社会科学出版社，2006.5

ISBN 7-5004-5571-2

Ⅰ.现... Ⅱ.张... Ⅲ.礼仪—基本知识 Ⅳ.K891.26

中国版本图书馆 CIP 数据核字（2006）第 033303 号

选题策划 卢小生（georgelu@vip.sina.com）
责任编辑 卢小生
责任校对 石春梅
封面设计 福瑞来书装
技术编辑 李 建

出版发行 中国社会科学出版社
社 址 北京鼓楼西大街甲 158 号 邮 编 100720
电 话 010-84029450（邮购）
网 址 http：//www.csspw.cn
经 销 新华书店
印 刷 北京新魏印刷厂 装 订 丰华装订厂
版 次 2006 年 5 月第 3 版 印 次 2006 年 5 月第 4 次印刷
开 本 710×980 1/16 插 页 2
印 张 18 印 数 15001-21000 册
字 数 320 千字
定 价 26.00 元

前言

礼仪是通向现代市场经济的“通行证”。

随着我国加入世界贸易组织，进一步走向开放，与国际社会接轨已成必然，而在开放的社会系统中，每一个社会组织和个人都需要在广泛的、频繁的社会交往中谋求自身的发展，争取事业的成功。因此，学会交际已成为现代社会人们必备的素质之一。而交际成功的关键在于礼仪，礼仪是生活小节，但却代表着个人、组织乃至民族、国家的形象，反映出一个社会人们的行为规范和文明程度。礼仪作为待人处事、进行社会交往的手段，每个人只要置身于现实，无论做什么都离不开礼仪。进入交际场合，懂礼仪与不懂礼仪会收到截然不同的效果。

正是基于以上考虑，作者不揣浅薄，于2002年1月编写了《现代交际礼仪》第一版。第一版出版后受到广大读者的欢迎，作者又对该书进行了修订，于2004年2月出版了第二版，再次受到读者的欢迎，2005年3月《现代交际礼仪》还获得大连市第十一届社会科学优秀学术成果著作类三等奖。此次为在前两版基础上的重新修订，这次修订对原书做了进一步梳理，增加了大量的新鲜内容，紧扣时代脉搏，进一步突出鲜明特色，是为《现代交际礼仪》第三版。

本书以现代交际礼仪为主线，努力做到深入浅出，翔实具体，融理论性、实践性、知识性和实用性于一体，在对礼仪的产生发展、基本内涵、主要特征和作用等进行系统阐述的基础上，对“个人礼仪”、“交际礼仪”、“仪式礼仪”、“会议礼仪”、“求职礼仪”、“涉外礼仪”和“民俗礼仪”等交际礼仪的重要方面进行了重点阐述。为了帮助读者掌握并在实践中更好地应用交际礼仪知识，书后还列举了礼仪训练题若干。

本书出版以来一直作为我院各专业《现代交际礼仪》课程的教材，对促进我院课程建设功不可没，《现代交际礼仪》课程已经成为辽宁省精品课程，并已申报国家精品课程。《现代交际礼仪》一书特别适合各类高等学校尤其是职业技术学院各专业学生使用，它还是公共关系人员、市场营销人员等商界人士了解礼仪，掌握礼仪规范，提高文化素养的好读物。

本书由张岩松编写，刘爱琴承担了本书有关资料的检索和收集工作，王芳、李健、穆秀英、那丽萍、房红怡、曹晖、佟昌杰、王光亮做了文字录入工作。本书在编写过程中，参考了大量报刊文献，吸收了国内学者最新的研究成果，在此向各位专家、学者表示衷心的感谢。本书的出版还得到了中国社会科学出版社卢小生先生的大力支持与帮助，在此一并致谢。

本书是尝试之作，加之作者学识有限，对书中的疏漏之处，敬请读者批评指正。

最后，让我们以先哲的话共勉：人无礼则不生，事无礼则不成，国无礼则不宁。

作　者

2006 年 4 月

目　　录

第一章 礼仪概述

礼仪是人们步入文明社会的“通行证”。人类自诞生那天起，便开始了对文明与美的追求。礼仪体现了人类社会不断摆脱愚昧、野蛮和落后，以及整个社会的进化程度，也是一个国家、一个民族进步、开化与兴旺的标志。我国作为东方文明古国和东方文化的发源地，素有“礼仪之邦”的美誉。数千年对文明的不懈追求，形成了丰富多彩的东方文化和礼仪。

今天，随着社会生产力的不断发展，物质生活条件的逐步改善，社会文明程度的日益提高，人们对礼仪倍加推崇。讲文明、懂礼貌，尊重他人，服务社会已成为人们的共识。无论是人际的、社会的以至国与国之间的交往，抑或是旅游、商业、服务业等行业的接待服务工作，都离不开对礼仪规范的遵守。现代人都开始注重文明修养，讲究礼仪，几乎每个人都成为礼仪的载体、文明的化身。

第一节 礼仪的历史沿革

礼仪是人们在社会交往过程中形成并得到共同认可的各种行为规范，它是人们以一定的程序、方式来表现的律己、敬人的完整行为。它体现了一个国家、一个民族、一个地区的道德风尚和人们的精神面貌。所以，礼仪是人类精神文明的产物。

礼仪的历史是漫长而久远的。它随着人类社会的产生而产生，随着经济的发展、社会的进步而不断前进。

在原始社会，人类还处在蒙昧时代，生产力水平极端低下，靠“天”吃饭，人们对许多自然现象无法解释，就把“天”、“神”作为宇宙间最高的主宰，对之顶礼膜拜，进行祭祀，这时就产生了最早的也是最简单的以祭天、敬神（即“图腾”）为主要内容的“礼”，当时只有简单的人际交往，只要不违背“图腾”，就可以继续交往下去。

随着原始社会的解体，人类进入了奴隶社会，“礼”开始打上了阶级的烙印，礼的涵义也有所变化。在我国周代，礼除了用于祭祀之外，还作为治国之本。孔子认为，“为国以礼”。《礼记·经解》上说：“朝觐之礼，所以明臣子之义也；聘问之礼，所以使诸侯相尊敬也；丧祭之礼，所以明君臣之恩也；乡饮酒之礼，所以明长幼之序也；婚姻之礼，所以明男女之别也。”由此可见，周礼不仅内容已大为增加，而且还包含着社会政治制度的结构形式和社会生活行为规范。礼已成为阶级统治的工具，成为社会等级制度的表征，成为区分贵贱、尊卑、顺逆、贤愚的准则。

春秋时期，“礼崩乐坏”。有人提出了“仪”这一概念。据《左传·昭公五年》记载，鲁昭公到晋国去访问，晋平公对女叔齐说，鲁昭公很懂得礼，女叔齐却不以为然，答曰：鲁昭公哪里知礼？晋平公觉得很奇怪，就反问道：鲁昭公从效劳一直到赠贿，从没有失礼之处，为何说他不知礼？女叔齐说：鲁昭公在外交上善于应酬，那只不过是仪，根本算不上礼。在他看来，礼乃立国治政的大法，仪是指一种礼节、仪式、仪文。这在当时是较流行的观点。如齐国的晏子认为，“在礼，家施不及国、民不迁、农不移、工贾不变、士不滥、官不滔、大夫不收公利。”礼可以治国，礼能改变政局发展的趋势。在先秦时代，人们的心目中礼和仪的涵义是不同的。不过，在当时礼和仪也很难明确区分，其实他们所谓的“礼”中也包含着一定成分的“仪”。

到了封建社会，礼仪逐渐成为统治阶级进行封建统治的工具，有些还以法律的形式固定下来，形成“礼制”，成为束缚人们行为的工具。

辛亥革命在推翻了封建帝制的同时，也结束了封建礼制，“五四”运动使中华民族开始了新文化建设的征程。

随着无产阶级的觉醒，社会主义礼仪具备了雏形。无产阶级是历史上最先进、最革命的阶级，以解放全人类为己任，他们具有高尚的情操。为了处理其内部以及与其他劳动阶级的关系，完成共同的历史使命，更需要讲究文明礼貌，更需有自己的礼仪规范。

早在民主革命时期，中国共产党领导的人民军队区别于国民党部队的显著标志之一就是讲“三大纪律，八项注意”。其中的“说话要和气”，“买卖要公平”，“不许打人骂人”，“不许调戏妇女”，“不虐待俘虏”，等等，都是适应当时斗争需要的纪律，也可视为公德、礼仪的组成部分。当时，在各解放区均形成了一种新型的人际关系和新的道德风尚。人心的向背，决定了共产党领导的新民主主义革命的胜利。当时的社会公德和风尚，实质上具有社会主义公德与礼仪规范雏形的性质，我们今天别具一格的、世人景仰赞扬的社会主义新风尚，正是在此“雏形”的基础上壮大和发展起来的。斯诺在《西行漫记》中曾经记述了这样一个耐人寻味的生动故事：

我坐下来和驻扎这里的交通处的一部分人员一起吃饭……像平常一样，除了热开水以外，没有别的喝的，而开水又烫得不能进口。因此，我口渴得要命。

饭是由两个态度冷淡的孩子侍候的，确切地说是由他们端来的……他们最初不高兴地看着我，可是在几分钟后，我就想法惹起了其中一个孩子的友善的微笑。这使我胆子大了一些，他从我身边走过时，我就招呼他："喂，给我们拿点冷水来。"

那个孩子压根儿不理我，几分钟后，我又招呼另外一个孩子，结果也是一样。

这时我发现戴着厚厚玻璃眼镜的交通处长李克农在笑我。他扯扯我的袖子，对我说："你可以叫他'小鬼'，或者可以叫他'同志'，可是，你不能叫他'喂'。这里什么人都是同志。这些孩子是少年先锋队员，他们是革命者，所以志愿到这里来帮忙。他们不是佣人。他们是未来的红军战士。"

正好这个时候，冷水来了。

"谢谢你——同志！"我道歉说。

那个少先队员大胆地看着我。"不要紧"，他说，"你不用为了这样一件事情感谢一个同志！"

我想，这些孩子真了不起。我从来没有在中国儿童中间看到这样高度的个人自尊。

从斯诺1936年6月刚刚进入陕北抗日根据地采访时碰到的这件小事中不难看出，在革命队伍内部，人与人之间建立起了真正平等的、亲密的同志关系，以及在此基础上形成的道德观念和礼仪规范，为尔后建立崭新的社会主义的人际关系、礼仪规范等，奠定了坚实的基础。

新中国成立以后，随着社会制度的彻底变革，逐步地变私有制经济为公有制经济为主导的经济基础，人与人的关系也出现了前所未有的变化。在人民内部，合作代替了对抗，互助、互利代替了尔虞我诈，建立起了真正平等的、亲密的同志关系，由此而建立起的礼仪规范，为世人所称赞，人们至今仍对20世纪50年代良好的社会风尚留有深刻的印象。在当时，人际和社会交往的过程中，人们真正做到了只有分工不同，没有高低贵贱之分，诚挚相处，互谅互让；舍己救人，助人为乐蔚然成风，不少地方真正形成道不拾遗、夜不闭户；使敬老、爱幼、尊贤的优良礼貌传统，得到充分的弘扬；不少外国友人对此惊叹不已。

改革开放以来，人们对礼仪重新进行了文化审视和理性思考，汲取了西方文明的优秀成果，使东西方文化和东西方礼仪有机地交融，逐步地完善和发展。

第二节 礼仪的内容

随着时代的变迁、社会的进步，人们的文明程度在不断地提高。在我国，在对我国古代礼仪扬弃的基础上，不断推陈出新，内容更完善、更合理、更加丰富多彩。

一、礼节

礼节是人们在交际过程中逐渐形成的约定俗成的和惯用的各种行为规范之总和。礼节是社会外在文明的组成部分，具有严格的礼仪性质。它反映了一定的道德原则的内容，反映了对人对己的尊重，是人们心灵美的外化。在旧社会，由于不同阶级的人在利益上的根本冲突，礼节多流于形式。在我国当今社会中，由于人与人之间地位平等，礼节从形式到内容都体现出人与人之间相互平等、相互尊重和相互关心。现代礼节主要有介绍的礼节、握手的礼节、打招呼的礼节、鞠躬的礼节、拥抱的礼节、亲吻的礼节、举手的礼节、脱帽的礼节、致意的礼节、作揖的礼节、使用名片的礼节、使用电话的礼节、约会的礼节、聚会的礼节、舞会的礼节、宴会的礼节，等等。

当今世界是个多元化世界。不同国家、不同民族、不同地区的人们在各自生存环境中形成了各自不同的价值观、世界观和风俗习惯，其礼节从形式到内容都不尽相同。

二、礼貌

礼貌是指人们在社会交往过程中良好的言谈和行为。它主要包括口头语言的礼貌、书面语言的礼貌、态度和行为举止的礼貌。礼貌是人的道德品质修养的最简单最直接的体现，也是人类文明行为的最基本要求。在现代社会，使用礼貌用语，对他人态度和蔼，举止适度，彬彬有礼，尊重他人已成为日常的行为规范。

三、仪表

仪表指人的外表，包括仪容、服饰、体态等。仪表属于美的外在因素，反映人的精神状态。仪表美是一个人心灵美与外在美的和谐统一，美好纯正的仪表来自于高尚的道德品质，它和人的精神境界融为一体。端庄的仪表既是对他人的一种尊重，也是自尊、自重、自爱的一种表现。

四、仪式

仪式指行礼的具体过程或程序。它是礼仪的具体表现形式。仪式是一种比较正规、隆重的礼仪形式。人们在社会交往过程中或是组织在开展各项专题活动过程中，常常要举办各种仪式，以体现出对某人或某事的重视，或是为了纪念，等等。常见的仪式有成人仪式、结婚仪式、安葬仪式、凭吊仪式、告别仪式、开业或开幕仪式、闭幕仪式、欢迎仪式、升旗仪式、入场仪式、签字仪式、剪彩仪式、揭匾挂牌仪式、颁奖授勋仪式、宣誓就职仪式、交接仪式、奠基仪式、洗礼仪式、捐赠仪式，等等。仪式往往具有程序化的特点，这种程序有些是人为地约定俗成的。在现代礼仪中，仪式中有些程序是必要的，有些则可以简化。因此，仪式也大有越来越简化的趋势。但是，有些仪式的程序是不可省略的，否则就是失礼。

五、礼俗

礼俗即民俗礼仪，它是指各种风俗习惯，是礼仪的一种特殊形式。礼俗是由历史形成的，普及于社会和群体之中并根植于人们心理中，在一定的环境下经常重复出现的行为方式。不同国家、不同民族、不同地区在长期的社会实践中形成了各具特色的风俗习惯。“十里不同风，百里不同俗”。不但每一个民族、地区，甚至一个小小的村落都可能形成自己的风俗习惯。

第三节　礼仪的特性

礼仪是人们在漫长的社会实践中逐步形成、演变和发展的。现代礼仪是经过一番脱胎换骨之后形成的，它具有文明性、共通性、多样性、变化性、规范性和传承性等特性。

一、文明性

礼仪是人类文明的结晶，是现代文明的重要组成部分。人类从降世那天起就开始了对文明的追求，亚当、夏娃用树叶遮身便是文明之举。人类从茹毛饮血到共享狩猎成果，从盲目迷信、敬畏鬼神到崇尚科学、论证无神，从战争到和平，都是在走向文明。文字发明后，人类更是运用语言文字来表达文明、宣传文明、建设文明。文明的体现宗旨是尊重，既是对人也是对己的尊重，这种尊重总是同人们的生活方式有机地、自然地、和谐地和毫不勉强地融合在一起，成为人们日常生活和工作中的行为规范。这种行为规范包含着个人的文明素养，比如，待人接物热情周到、彬彬有礼；人们彼此间互帮互助、彼此尊重、和睦相处，体现出人们日常生活中的文明、友好；注重个人卫生，穿着适时得体，见人总是微笑着问候致意，礼貌交谈，文明用语，这也体现出人们的品行修养。总之，礼仪是人们内心文明与外在文明的综合体现。

二、共通性

无论是交际礼仪、商务礼仪还是公关礼仪，都是人们在社会交往过程中形成并得到共同认可的行为规范。我们今天生活的世界可谓千姿百态。人们尽管分散居住于五大洲、四大洋的不同角落，但是，许多礼仪却是世界通用的。例如，问候、打招呼、礼貌用语、各种庆典仪式、签字仪式，等等。虽然由于各国家、各地区、各民族形成了许多特有的风俗习惯，但就礼仪本身的内涵和作用来说，仍具有共通性。正是由于礼仪拥有共通性，才形成了国际交往礼仪。

三、多样性

世界是丰富多彩的，礼仪也是五花八门、绚烂多姿。各地民俗礼仪千奇百怪，几乎没有人能说清楚世界上到底有多少种礼仪形式。从语言的表达礼仪到文字的使用礼仪，从举止礼仪到规范化礼仪，从服饰礼仪到仪表礼仪，从风俗礼仪到宗教礼仪等，在不同的国家、不同的场合，礼仪的表达方式也有所不同。比如，在人们常见的国际交往礼仪中，仅见面礼节就有握手礼、点头礼、亲吻礼、鞠躬礼、合十礼、拱手礼、脱帽礼、问候礼等。礼仪可谓多种多样，繁纷复杂。有些礼仪所表达的方式和内容，在甲国家或地区与乙国家或地区可能截然相反。

四、变化性

礼仪并不存在僵死不变的永恒模式。随着时间的推移，礼仪会发生巨大的变化。可以说，每一种礼仪都有其产生、形成、演变和发展的过程。礼仪在运用时也具有灵活性。一般来说，在非正式场合，有些礼仪可不必拘于约定俗成的规范，可增可减，随意性较大。在正式场合，讲究礼仪规范是十分必要的。但如果双方已非常熟悉，即使是较正式的场合，有时也不必过于讲究礼仪规范。

五、规范性

礼仪的规范性，是指人们在交际场合待人接物时必须遵守的行为规范。这种规范性，不仅约束着人们在一切交际场合的言谈话语、行为举止，使之合乎礼仪；而且也是人们在一切交际场合必须采用的一种“通用语言”，是衡量他人、判断自己是否自律、敬人的一种尺度。中国加入世界贸易组织首席谈判代表龙永图曾讲了一个耐人寻味的故事：

一次在瑞士，龙永图与几个朋友去公园散步，上厕所时，听到隔壁的卫生间里“砰砰”地响，他有点纳闷。出来之后，一位女士很着急地问他有没有看到她的孩子，她的小孩进厕所十多分钟了，还没有出来，她又不能进去找。龙永图想起了隔壁厕所间里的响声，便进去打开厕所门，看到一个七八岁的小孩正在修抽水马桶，怎么弄都抽不出水来，急得他满头大汗，这个小孩觉得他上完厕所不冲水是违背规范的。

这位儿童自觉遵守礼仪规范的精神是很值得我们学习的。礼仪是约定俗成的一种自尊、敬人的惯用形式，任何人要想在交际场合表现得合乎礼仪，彬彬有礼，都必须对礼仪无条件地加以遵守。另起炉灶，自搞一套或是只遵守个人适应的部分，而不遵守不适应自己的部分，都难以为交往对象接受和理解。

六、传承性

任何国家的礼仪都具有自己鲜明的民族特色，任何国家的当代礼仪都是在本国古代礼仪的基础上继承、发展起来的。离开了对本国、本民族既往礼仪成果的传承和扬弃，就不可能形成当代礼仪。这就是礼仪传承性的特定含义。作为一种人类的文明积累，礼仪将人们在交际应酬之中的习惯做法固定下来，流传下去，并逐渐形成自己的民族特色，这不是一种短暂的社会现象，而且不会因为社会制度的更替而消失。对于既往的礼仪遗产，正确的态度不应当是食古不化，全盘沿用，而应当是有扬弃、有继承，更有发展。

第四节 礼仪的功能

礼仪是人类社会文明发展的产物，是人们进行社会交际活动的共同准则。加强礼仪教育，对于提高自身的修养和素质，促进社会精神文明建设，塑造良好形象，扩大社会交往，促进事业成功都具有十分重要的作用。礼仪具有多方面的功能，主要表现在如下几个方面：

一、弘扬礼仪传统

文明古老的中华民族，以其聪颖的才智和勤奋的力量，创造了人类历史上最灿烂的文化。中华民族，素以礼仪之邦著称于世。几千年来，我国各族人民都创造了一整套独具特色的礼节、仪式、风尚、习俗、节令、规章和典制，等等，并为广大人民所喜爱、沿袭。这些礼仪习俗，反映了中华民族的传统美德与优良品质，勾画了中华民族的历史风貌。

我国古代思想家、教育家们十分重视“礼”的教育。“礼”的内容比较全面地规定为处理、调整当时社会各种关系的准则和规范。春秋末期的孔子就曾指出："不学礼，无以立。"孔子小时常做练习礼的游戏。"入太庙，每事问"，后来还专程赴周向老子请教礼。他对于"礼"的研究下过不少工夫，认为周礼吸收夏、商两代的经验，并有所发展，是比较完备的，所以他说"吾从周"。孔子选取了士必须学习的礼制十七篇。编辑成《礼》，也就是流传至今的《仪礼》。孔子非常重视对学生在日常行为方面的教育，他要求学生衣冠整齐，走有走的样子，坐有坐的姿势，为人处世要彬彬有礼，温文尔雅。《史记·孔子世家》中就说："孔子以诗、书、礼、乐教弟子，盖三千焉，身通六艺者，七十有二人。"其中"六艺"指的是以"礼"为首的礼、乐、射、御、书、数。

《仪礼》、《周礼》、《礼记》合称为"三礼"。"三礼"是我国最早最重要的礼仪论著。《礼记·曲礼》第一句便是"毋不敬"。文中还记载着对父母"出告反面"，意思是出门告诉父母一声，回家要和父母打个照面问候一下。对老师应该是"遭先生于道，趋而进"，"从于先生不越路"。书中内容是十分广泛具体的。

《三字经》是我国流传时间最长、范围最广、影响最大的一本启蒙学教材，相传为南宋学者王应麟所著，它被人们誉为"古今奇书"和"袖里通鉴纲目"。《三字经》已经被翻译成英、法、俄等多种文字在国外流传，还被联合国教科文组织选作儿童道德教育丛书。书中写道："为人子，方少时，亲师友，习礼仪。"意思是，做儿女的，正当年少时，就要拜师访友，学习礼仪。清代李毓秀撰辑了一本《弟子规》，书中详细规定了学生在言谈举止方面的礼仪规范，其中有尊敬长者方面的要求："或饮食，或走坐，长者先，幼者后。"有仪表方面的要求："冠必正，纽必结，袜与履，俱紧切。"有仪态方面的要求："步从容，立端正，揖深圆，拜恭敬。"有禁酒的要求："年方少，勿饮酒，饮酒醉，最为丑。"有语言方面的要求："刻薄语，秽污词，市井气，切戒之。"此书礼仪教育方面的内容是十分丰富具体的。

在我国的历史上还流传着许多讲究礼仪的佳话。比如，"廉蔺交欢"（讲究礼让）、"张良纳履"（尊老敬贤）、"程门立雪"（尊敬老师）、"管鲍之交"（交友之道）、"三顾茅庐"（待人以诚），这些故事脍炙人口，妇孺皆知，对今人仍有很大的教育意义。

我国近现代历史上有许多伟大人物，在礼仪修养上堪称楷模，修养十分深厚，他们的作风、态度、处事、举手投足都成为我们的典范。如周恩来总理是世界公认的最有风度的领导人和外交家，他的一举一动都给人留下深刻难忘的印象，人们用"富有魅力"、"无与伦比"等优美的词语来赞美他的翩翩风度。在外事活动中，周总理十分注重礼节。他病重时，脚因为过度肿胀而穿不上原来的鞋了，只有穿拖鞋走路。工作人员痛惜周总理，让他穿着拖鞋参加外事活动，认为外宾是能够理解的，但总理不同意，他说："这不行，要讲个礼貌嘛！"于是，他请工作人员为他特制了一双鞋，留着接见外宾时穿。周总理在外事活动中注重礼节，受到外宾的盛赞，表现出传统美德，是我们学习的榜样。

可见，讲究礼仪，按照礼仪要求规范我们的行为，对继承我国礼仪传统，弘扬我国优良的礼仪风范，有着十分重要的作用。

二、提高自身修养

在人际交往中，礼仪往往是衡量一个人文明程度的准绳。它不仅反映着一个人的交际技巧与应变能力，而且还反映着一个人的气质风度、阅历见识、道德情操和精神风貌。因此，在这个意义上，完全可以说礼仪即教养，而有道德才能高尚，有教养才能文明。这也就是说，通过一个人对礼仪运用的程度，可以察知其教养的高低、文明的程度和道德的水准。曾登载在《深圳青年》杂志上的一个故事就颇能说明问题：

修养的作用

有一批应届毕业生22个人，实习时被导师带到北京的国家某部委实验室里参观。全体学生坐在会议室里等待部长的到来，这时有秘书给大家倒水，同学们表情木然地看着她忙活，其中一个还问了句："有绿茶吗？天太热了。"秘书回答说："抱歉，刚刚用完了。"林晖看着有点别扭，心里嘀咕："人家给你倒水还挑三拣四。"轮到他时，他轻声说："谢谢，大热天的，辛苦了。"秘书抬头看了他一眼，满含着惊奇，虽然这是很普通的客气话，却是她今天惟一听到的一句。

门开了，部长走进来和大家打招呼，不知怎么回事，静悄悄的，没有一个人回应。林晖左右看了看，犹犹豫豫地鼓了几下掌，同学们这才稀稀落落地跟着拍手，由于不齐，越发显得零乱起来。部长挥了挥手："欢迎同学们到这里来参观。平时这些事一般都是由办公室负责接待，因为我和你们的导师是老同学，非常要好，所以这次我亲自来给大家讲一些有关情况。我看同学们好像都没有带笔记本，这样吧，王秘书，请你去拿一些我们部里印的纪念手册，送给同学们作纪念。"接下来，更尴尬的事情发生了，大家都坐在那里，很随意地用一只手接过部长双手递过来的手册。部长脸色越来越难看，来到林晖面前时，已经快要没有耐心了。就在这时，林晖礼貌地站起来，身体微倾，双手握住手册，恭敬地说了一声："谢谢您！"部长闻听此言，不觉眼前一亮，伸手拍了拍林晖的肩膀："你叫什么名字？"林晖照实作答，部长微笑点头，回到自己的座位上。早已汗颜的导师看到此景，微微松了一口气。

两个月后，毕业分配表上，林晖的去向栏里赫然写着国家某部委实验室。有几位颇感不满的同学找到导师："林晖的学习成绩最多算是中等，凭什么选他而没选我们？"导师看了看这几张尚属稚嫩的脸，笑道："是人家点名来要的。其实，你们的机会是完全一样的，你们的成绩甚至比林晖还要好，但是除了学习之外，你们需要学的东西太多了，修养是第一课。"

由此可见，学习礼仪，运用礼仪，有助于提高个人的修养，有助于"用高尚的精神塑造人"，真正提高个人的文明程度。

三、完善个人形象

先让我们讲一个小故事，故事的名字叫《小节的象征》，这个刊登在《故事会》杂志上的典藏故事颇值得回味：

一位先生要雇一个没带任何介绍信的小伙子到他的办公室做事，先生的朋友挺奇怪。先生说："其实，他带来了不止一封介绍信。你看，他在进门前先蹭掉脚上的泥土，进门后又先脱帽，随手关上了门，这说明他很懂礼貌，做事很仔细；当看到那位残疾老人时，他立即起身让座，这表明他心地善良，知道体贴别人；那本书是我故意放在地上的，所有的应试者都不屑一顾，只有他俯身捡起，放在桌上；当我和他交谈时，我发现他衣着整洁，头发梳得整整齐齐，指甲修得干干净净，谈吐温文尔雅，思维十分敏捷。怎么，难道你不认为这些小节是极好的介绍信吗？"

由此可以看出，讲究礼仪对个人的成功是至关重要的，因为它关系到个人的形象。个人形象，是一个人仪容、表情、举止、服饰、谈吐、教养的集合，而礼仪在上述诸方面都有自己详尽的规范，因此学习礼仪，运用礼仪，无疑将有益于人们更好地、更规范地设计个人形象、维护个人形象，更好地、更充分地展示个人的良好教养与优雅的风度。

四、改善人际关系

马克思曾经说过："社会是人们交往作用的产物。"没有社交活动，人类的生活是不可想像的。人们参加社交活动，多为调节紧张的生活，建立友谊、交流感情、融洽关系、广结良友、增长见识、扩展信息。现代化的社会对人们的社交提出了新的要求，社会越发展，物质生活越丰富，人们社交的需要就会越显示出它的价值，而处在社交活动中的每个人的仪表、仪态及对礼仪知识的了解也变得极其重要。一个人只要同其他人打交道，就不能不讲礼仪。运用礼仪，除了可以使个人在交际活动中充满自信，胸有成竹，处变不惊之外，其最大的好处就在于，它能够帮助人们规范彼此的交际活动，更好地向交往对象表达自己的尊重、敬佩、友好与善意，增进大家彼此之间的了解与信任。礼仪与礼貌，以现代人的眼光观察，它是一种信息传递，它可以以闪电般的速度把你的尊重之情准确表达出来并传递给对方，使对方立即获得情感上的满足，与此同时，礼貌又反馈回来——对方以礼貌回敬。于是双方热情之火点燃了，支持与协作便开始了。假如人皆如此，长此以往，必将促进社会交往的进一步发展，帮助人们更好地取得交际成功，进而造就和谐、完善的人际关系，取得事业的成功。

五、塑造组织形象

良好的组织形象是任何组织所刻意追求的目标，组织形象的塑造处处都需要礼仪。比如，你想和某一单位联系业务，当你拨打对方办公室电话竟无人接或铃响五六声之后才有人接时，你会对该单位产生一种印象——工作效率不高，制度不健全，员工素质差等印象。反之，当你一拨通电话，听到对方和蔼可亲的问候，得体的称谓，礼貌的语言，简洁干练的回答，热情的接待，你立即会有一种亲切之感。

组织形象常常是在不经意间体现并塑造出来的。整洁优雅的环境，宽敞明亮、井然有序的办公室，独具个性、富有哲理的价值观，色彩柔和的服饰，彬彬有礼的员工，富于特色的广告等，都会给公众留下深刻的印象。礼仪则是通过组织员工的仪容仪表、言谈举止、礼貌礼节、仪式及活动过程表现出来，它是塑造组织形象的基础工程。任何不讲究礼仪的组织，都不可能获得良好的社会形象。

组织通过各种规范化的礼仪，还可以激发员工对组织的自豪感，增强组织的凝聚力、向心力。如松下公司创作了自己的“松下之歌”、“松下社训”，每天早晨八点钟，遍布各地的松下企业员工一起高唱松下歌曲，使每一名员工都以自己是松下的员工而感到光荣。目前，我国的许多企业通过统一企业标识，统一企业服装，统一色彩等，塑造组织统一的社会形象，也使组织的员工自觉地维护组织的形象；组织通过开业庆典、周年纪念、表彰大会等仪式，激发员工对本组织的了解、热爱，加深感情，增强组织的凝聚力和向心力。可见，礼仪在塑造组织形象中的作用是十分巨大的。

六、建设精神文明

世界各国和各民族都十分重视交往时的礼节礼貌，把它视为一个国家和民族文明程度的重要标志。正如古人所说："礼仪廉耻，国之四维。"礼仪是立国的精神要素之本。在社会主义精神文明建设中，讲究礼节礼仪，注重礼貌是最基本的要求，它对建设精神文明的大厦起着基础作用，只有基础打得扎实，大厦才能巩固。

随着我国改革开放的深入和社会主义市场经济体制的确立及我国加入世界贸易组织，我国经济发展与国际接轨的步伐必将加快，这些都对我国精神文明建设提出了更高的要求。只有提高中华民族整体的文明礼貌素质，才能营造一个良好的社会环境和人际关系，吸引更多的外资和促进国际间的贸易往来，从而推动我国经济的发展。提倡讲究礼仪礼节，做到文明礼貌，必将有利地促进社会主义精神文明建设。如大连市就是从礼仪教育入手，提高大连市民的文明素质，从而推动大连市的精神文明建设的。

一度说脏话、粗话；乱吐口香糖；践踏草坪等不文明行为直接影响了大连市的对外形象和城市的整体美感，于是大连市精神文明办等部门开展了文明用语活动，大力倡导讲普通话，不讲方言土语，杜绝脏话、粗话；用"家园意识"整治乱吐口香糖行为。不吐口香糖从我做起，清除口香糖大家动手，组织市民上街清洗口香糖污渍；组织学校、居委会建立义务护绿队，教育市民爱护绿地、美化城市。市民的良好行为和文明素养使这个环境优美的城市更放异彩，精神文明之花随处盛开。

第五节　礼仪与道德

道德是一定社会调整人们之间，以及个人和社会之间关系的行为规范的总和。道德可分为社会公德、职业道德、伦理道德三个方面。道德以善和恶、正义与非正义、公正与偏私、诚实与伪善等概念来规范着人们的各种行为，调整人们之间的关系。道德通过各种形式的教育、说服、诱导，以及社会舆论的力量，使人们逐渐形成一定的信念、习惯、传统而发生作用。礼仪与道德有着密切的联系，礼仪是人类社会为了维系社会的正常生活而共同遵守的最起码的道德行为规范。明确礼仪与道德的关系，不断提高道德水平是十分重要的。

一、礼仪是人类社会道德自主的表现

礼仪作为显示生活中卓有成效的交往工具，在于礼仪的核心是建立在以礼为中心的道德规范上。

（一）礼仪中蕴涵的礼——行为规范

礼仪中蕴涵的礼，是指人的行为规范。美国著名的礼仪学家米莉·波斯特在她的巨著《西方礼仪集萃》中这样说："表面上礼仪有无数清规戒律，但其根本目的却在于使世界成为一个充满生活乐趣的地方，使人变得平易近人。"在西方人看来，礼仪是人的一种行为准则，其出发点是宽厚和体谅。

在中国传统文化中，礼仪更是强调其中礼的实质内涵。从面上看，礼的意义似乎是指人事仪节，其中祭祀占据着主要地位。然而，从西周起我们就可以看到，礼的真正内涵在于谨慎自己的行为。周初的人文精神是必须敬德，天上的神祇不是毫无保留地庇护人类。人必须对自己的行为负责，人可以凭自己的努力而影响天意。在《诗经》中，以老鼠为喻，指责"人而无仪"，"人而无止"，"人而无礼"，连老鼠都不如，可见礼仪指人的行为规范。在《左传》中，礼的内涵扩大了许多，"礼，经国家、定社稷、序民人、礼后嗣者也"。礼包含了人类政治、宗教、社会各方面生活的规范。可见，中国的传统文化中也是人的一种行为规范。

（二）礼仪中蕴涵的礼——人生规范

礼仪中蕴涵的礼，还指人的人生规范。把礼从人的行为规范上升到人生规范，这是中国传统文化中最精彩的理论成果之一。春秋以后，礼学在孔子手中得到了发扬光大。孔子对礼最深刻的反省在于他认为礼可以培养一个人的道德人格，或者讲礼是使人格道德化。从孔子的礼学理论上看，人人践礼的最终目的是使人的内在道德性在潜移默化过程中呈现，最后成为一个完整自我的道德人格。孔子要求每一个人的视、听、言、行都要合乎礼的规范，只要人们能做到这一点，那么就能够达到道德的最高境界——"仁"。礼之所以能够折射出人的道德精神，主要原因在于人的内在本性本身就包含了实践道德的倾向。

在各种各样的礼仪中，我们的确可以看到许多的礼仪行为常常就是一种道德行为的映射，道德是礼仪的基础，礼仪是道德的表现形式，任何一种礼仪都离不开道德，二者是相辅相成的关系。见面时的礼节、称呼，会谈时的态度、言辞等都反映了一个人的道德水准。对此英国哲学家约翰·洛克有过精彩的论述："礼仪是在他的一切别种美德之上加上的一层藻饰，使它们对他具有效用，去为他获得一切和他接近的人的尊敬和好感。没有良好的礼仪，其余一切成就就会被人看成骄夸、自负、无用、愚蠢。""美德是精神上的一种宝藏，但是使它们生出光彩的则是良好的礼仪；凡是一个能够受到人家欢迎的人，他的动作不但要具有力量，而且要优美……无论办什么事情，必须具有优美的方法和态度，才能显得漂亮，得到别人的喜悦。"这就是说，良好的礼仪能体现人的高尚的道德修养，使他获得人们的尊敬和好感。实际上，只有优良道德修养的人，才会有得体的礼仪举止和可人的仪表风度。《北京青年报》曾报道北京市百货大楼已故劳模张秉贵的感人事迹，其中充分说明了这一点，现摘录如下：

张秉贵1955年11月到百货大楼站柜台，三十多年的时间接待顾客400万人，没有跟顾客红过一次脸，吵过一次嘴，没有怠慢过任何一个人。他把为人民服务的信念与本职工作密切联系起来，他认为："站柜台不单是经济工作，也是政治工作；不但是买与卖的关系，还是相互服务的关系。""一个营业员服务态度不好，外地人会说你那个城市服务态度不好，港澳同胞会感到祖国不温暖，外国人会说中华人民共和国不文明。我们真是工作平凡，岗位光荣，责任重大！"

从为国家争光、为人民服务的政治信念出发，他练就了"一抓准"和"一口清"的过硬本领，通过眼神、语言、动作、表情、步伐、姿态等调动各个器官的功能，几乎成了那个时代商业领域的服务规范，商业服务业的简单操作，被他升华为艺术境界。

在北京，传统的"燕京八景"名扬天下，而张秉贵售货艺术被人们誉为"第九景"。张秉贵不仅技术过硬，而且注重仪表，天天服装整洁，容光焕发。他认为："站柜台就得有个干净利落的精神劲，顾客见了才会高兴地买我们的东西。特别是我们卖食品的，如果不干不净，顾客就先倒了胃口，谁还会再买我们的东西啊！"他坚持每周理发，每天刮胡子、换衬衣、擦皮鞋。

张秉贵一进柜台，就像战士进入阵地。普通售货员一般早晨精神饱满，服务态度较好；下午人疲倦了，不太爱说话了，也懒得动弹，对顾客就容易冷漠。张秉贵却不然，从清晨开门接待第一位顾客，到晚上送走最后一位顾客，自始至终都能春风满面，笑容可掬。他到了退休年龄，体力明显不济，一上柜台还是表现得生龙活虎。到了下班后，他却往往步履蹒跚。同志们说他是"上班三步并作一步走，下班一步变为三步迈"。

看张秉贵工作，也成了许多人的享受。有一位拄着拐杖的老人，经常来欣赏他卖货。这位老人对他说："我是因病休息的人，每天来看看您站柜台的精神劲儿，我的病也仿佛好了许多。"一位音乐家看他售货后说："你的动作优美，富有节奏感，如果配上音乐，是非常动人的旋律。"

无独有偶，新时代的职业道德建设的楷模"张秉贵"式的人物，中国建设银行新疆分行储蓄员——李向党，他爱岗敬业，苦练技能，在平凡的岗位上十年如一日地提供热情周到的服务，把客户当亲人，视奉献为快乐，以善良和体贴赢得了群众的信任和尊敬。高尚的职业道德促使李向党在工作中处处注意礼仪、讲究礼仪，记者写道："柜台里的李向党总是在笑。那是温暖的发自内心的笑。顾客进门，他远远地送上热情的问候，老人他喊'大爷'、'大妈'；年轻人他称'先生'、'小姐'；接钱、递钱他总是双手托出；办完一笔业务，他必定要站起来，说声'您慢走，欢迎您下次再来'。群众满意地说：'让向党服务一次，简直就是一种享受！'"由此可见，道德与礼仪是相辅相成的，讲究礼仪是高尚道德的体现，礼仪不是做作的、僵硬的模式，它的原动力来自高尚的道德。

二、礼仪与社会公德

社会公德，是指一个社会中全体成员都必须遵守的、借以维护社会正常生活秩序的各种行为规范的总和，它是人们最起码的公共生活准则，是人类生活、人际关系中的一个基本问题。

社会公德也是社会文明程度的重要标志。它是人类世世代代调整公共生活中人与社会关系的经验的结晶，是人们通过长期社会实践形成的，为了共同利益而代代相传和不断完善的优良传统。它最突出的特点是，在许多不同的国家、地区里，社会公德是相同的。它反映了人类追求文明与进步的共同要求。

社会公德的内容十分丰富，它涉及人类社会生活的方方面面。总结起来，主要包括以下三个方面：

1. 共同道德规范。这是指反映人们共同利益的道德规范，如我国的"五爱"公德，即爱祖国、爱人民、爱劳动、爱科学、爱社会主义。

2. 人道主义精神。这包括：尊重国家主权、领土完整，尊重人权、保护妇女、儿童、老人、伤残人的合法权益，维护世界和平，支持人类进步事业，实行人道主义救援等。

3. 共同行为准则。这主要是指人类共同行为准则。比如，相互尊重，礼貌待人；诚实守信、言行一致；遵守公共秩序和公共安全，举止文明，爱护公物、保护环境、维护公共卫生，遵纪守法，见义勇为等。

社会公德就像一个道德天平，时时刻刻都在衡量着社会中的真、善、美，假、恶、丑。美国著名社会学家 A. 英格尔斯认为，一个国家，只有当它的人民是现代人，它的国民心理和行为上都转变为现代的人格，它的现代政治、经济和文化管理中的工作人员都获得了某种与现代化发展适应的现代性，这样的国家方可真正称为现代化的国家。

日本是个经济大国，也是高度注重文明的国度。当 1997 年亚运会在日本广岛结束时，6 万人的会场上竟没有一张废纸。全世界的报纸都登文惊叹：“可敬可怕的日本民族!”就因为没有一张废纸，令全世界惊讶。

1998 年世界杯足球赛在法国举行。据报道，因为赛会方面的丑闻，日本数千名交了钱的球迷抵达图鲁兹赛场后却无票进场，但他们不骂不闹，服从东道主的安排，在体育场内通过大屏幕观赛。更令人感动的是，转播结束后，工作人员清理现场时，同样没有发现一点垃圾，所有的废物都被日本人自备的塑料袋带走了。日本队在第二场比赛中以 0：1 输给克罗地亚队后，在场的日本球迷一边流着伤心的眼泪，一边向法国工作人员鞠躬致谢，没有一个人泄愤闹事。

再看看中国，在国庆节升旗仪式后，人群散去，整个广场满地是废纸，被风刮起，四处乱飞。近几年来，我国某些服务行业采取国外的管理方式，设立了一米黄线，即某一顾客在购票、存款或享用服务时，后面的顾客应站在一米线后，以方便每个顾客，并尊重保护每个顾客的隐私权，有效地保障顾客人身财产安全。可是，目前的一米线很多形同虚设，这说明人的文明素养有待于提高。在公共场所，吸烟现象屡禁不止，挤公共汽车、出口伤人、随地吐痰、乱扔杂物、见死不救等现象也时有发生。礼仪不仅是社会生活的要求，也是每个人甚至一个民族文明程度的体现。在这里，人们的这些非礼仪之举所反映出来的是人们的公民意识和公德水平的缺失。

可见，公民意识和公德水平是人的现代化素质的核心内容。目前，我国正处于由传统社会向现代社会转变的社会时期，社会过程的顺利实现，最终依赖于人的素养的现代化，依赖最具有现代化素养的人，所以，应请每个人都把自己的道德水平与民族的利益联系起来，这样就会产生一种使命感，就会充分认识到培养提高自身公民意识的意义，主动追求道德水平的提升。

时下有一种时髦的提法，叫做给道德“补钙”。请每个人对照上述行为自我解剖一下，看看自己的公德在哪些方面还有不足，给自己出一些“补钙”的“药方”。在此，笔者出两个“方子”，作为参考：一是治本之方，提高和强化自己的公民意识。二是治标之术，从身边的小事做起，时时处处讲究礼仪。

三、礼仪与职业道德

每一种职业都有其特殊性，都有该职业从业者所必须了解、掌握并身体力行的各种行为规范。所谓职业道德，是指各类职员在从事职业活动中所必须遵守的各种行为规范的总和。

职业道德与社会公德息息相关，从某种意义上说，职业道德属于社会公德的有机组成部分，二者在内容上有着许多相同之处。在各种职业道德中都包含着社会公德的因素。如热情周到，以礼相待，诚实待人等，既是职业道德的要求，也是社会公德的内容。

职业道德是人们在长期的职业活动中逐渐地总结积累起来的，它对于协调社会组织与职员之间的关系，约束和规范职业工作者的思想观念和行为，乃至调整职业之间的关系，都起着重要作用。它也是提高社会文明程度的一个重要因素。由于社会的不断发展，职业范围的不断扩大，使得当今社会各行各业的职业工作者出现了许多背离职业标准的不文明行为。尤其是在市场经济条件下，市场竞争日趋激烈，人们的价值观念发生了很大变化，在名誉、金钱和物欲面前，许多人的道德天平出现了倾斜。这样，一方面亵渎了职业的尊严和荣誉；另一方面又丧失了自身的人格，而且还污染了社会风气。比如，有的医务工作者收受患者的红包；有的国家公务员收受贿赂，以权谋私；有的教师体罚学生；有的运动员服用兴奋剂；有的商人弄虚作假、以次充好，等等，都是违反职业道德的行为。

职业道德的内容因职业不同而有所差异，但其内容是基本相似的。无论从事何种职业，都必须忠于职守，爱岗敬业，热情服务，诚实待人，讲求信誉，尊重人权，无私奉献，不谋私利，作风端正，态度和蔼，廉洁奉公，遵纪守法，文明礼貌，互敬互助，谦虚谨慎，仪容整洁等。目前，我国各行各业都制定了相应的职业道德规范，比如，教师职业道德规范、全国职工守则、医生职业道德规范、公务员职业道德规范、科技工作者职业道德规范、商业工作者职业道德规范、新闻工作者职业道德规范、服务行业职业道德规范、外事工作者职业道德规范、大学生、中学生、小学生守则、城市市民文明守则，等等。从中我们不难看出，讲究礼仪是职业道德的基本要求。只有掌握一定的礼仪规范，才能提高职业道德修养。

四、礼仪与伦理道德

人们在长期的社会交往中，约定俗成地遵守一套大家所公认的行为准则与规范。这些行为准则和规范就是礼仪制度和礼仪内容。在漫长的社会发展进程中，有的是统治者以礼制的形式固定下来，有的则是人民群众从自身的生存和发展需要出发而逐步形成的道德观念、道德规范。尽管如此，传统礼制与农业民族的文化心理、文化性格、政治信仰、宗教信仰等，仍存在着千丝万缕的联系，人们的伦理道德规范和道德标准无不打上阶级和时代的烙印。

中国传统礼制中的伦理道德主要体现在三个方面：一是提倡尊长爱幼；二是实行忠君孝亲、尊卑贵贱的等级制度；三是维护人伦关系。中国传统的伦理道德有其消极的因素，同时也有其积极进步的因素。至今，这些伦理道德观念仍然对中国产生着深远的影响。例如，战国时期，孟子提出这样一种道德："老吾老，以及人之老；幼吾幼，以及人之幼。"他要求人们既要尊敬自己的长辈和爱抚自己的后人，同时，还要像尊敬自己的长辈和爱抚自己的后人那样去尊敬别人的长辈、爱抚别人的后人。人们之间应相互尊重、相敬如宾、和睦相处。直到现在传统伦理道德仍然在我们的生活中根深蒂固，比如，人们仍然以各种礼仪方式祭奠亡灵，人们对婚外恋情和乱伦深恶痛绝，等级观念仍然不绝于世。

在日常生活中，我们应汲取传统伦理道德中的合理成分，提倡人人平等、尊老爱幼、弘扬家庭美德等。家庭美德的核心就是尊老爱幼，礼仪就是表达一个人家庭美德的窗口。

下面这个真实的故事就是一个有力佐证：

李娟大学毕业后到一个日本独资企业应聘，面试经理问："你在家里对你的父母说过谢吗？"

李娟回答："没有"

面试经理说："你今天回去跟你的父母说声'谢谢'，明天你就可能来上班了。否则，你就别再来了。"

李娟回到了家，父亲正在厨房做饭，她悄悄走进自己的房间，面对着镜子反复练习："爸爸，您辛苦了，谢谢您！"

其实，李娟早就想对父亲说这句话了，因为她看到了父亲是多么不容易：自己两岁母亲去世，父亲为了不使她受委屈，没有再婚，小心翼翼地呵护自己长大成人。心里一直想说"谢谢"，但就是张不开嘴。李娟暗下决心：今天是个机会，必须说出来！就在此时，父亲喊道："娟子，吃饭啦！"

李娟坐在饭桌前低着头，脸憋得通红，半天才轻声地说出："爸爸，您辛苦了，谢谢您！"

李娟说完之后，爸爸没有反应，屋内一片寂静。李娟纳闷，偷偷抬眼一看：她的父亲泪流满面！这是欣喜之泪，这是慰藉之泪，这是企盼了20年的话所带给他的感动之泪。此时，李娟才意识到：自己这句话说得太迟了。

第二天，李娟高高兴兴地上班去了。经理看到李娟轻松的神情，知道她已经得到该体会的东西，没有问就把李娟引到了工作岗位上。

行为行表，言为心声。讲究礼仪是人们在社会交往中互相尊重、联络感情、增进友谊的行为，也是加强道德修养的需要，它是人们道德修养的外在表现。只有加强道德修养，才能使“礼仪”这种“行为”更加持久、更加规范、更加深入人心。俗话说，治标先治本，知书才能达礼。一方面，我们要通过不断学习，提高自身的文化知识素养，做有道德、有修养、有文化、有知识的现代人；另一方面，我们还要通过各种形式，营造一个文明的生活环境、社会环境，使人们生活在整洁幽雅、文明健康的社会之中，培养并提高人们的文明意识。

第六节　交际与交际礼仪

美国的成人教育家卡耐基认为，一个人事业上的成功，只有15%是由于他的专业技术，另外的85%要靠人际关系、处世技巧。卡耐基对人际交往的重视程度基于他对人生的深刻理解和领悟。今天尽管我们无法测定卡耐基的量化数值的精确程度，但是，几乎没有人否定交际在人生、家庭、事业中的重要性。

一、交际与交际礼仪的含义

古希腊哲学家亚里士多德曾说：一个生活在社会之外的人，同人不发生关系的人，不是动物就是神。如果人完全脱离了人际交往，脱离了社会，人就不再是人，而成为动物。美国心理学家沙赫特曾做过这样的实验：他以每小时15美元的酬金先后聘请了5位自愿者进入一个与外界完全隔绝的小屋，屋里除提供必要的物质生活条件外，没有任何社会信息侵入，以观察人在与世隔绝时的反应。结果，其中1个人在小屋里只待了两小时就出来了，3个人待了两天，最长一个人待了8天。这位待了8天的人出来说：“如果让我再在里面待1分钟，我就要疯了。”实验证明，没有一个人愿意与其他人隔绝，人们都害怕孤独。国外有的学者估计，人们在日常生活中，除8小时的睡眠时间以外，其余16小时中约70%（10小时左右）都在进行着交际。那么，究竟什么是交际呢？

交际是标志人类活动的特殊领域的概念。交际在英语中使用“Communication”一词来表达，其含义有通讯、传达、交流、意见的交换等。交际在汉语中又称为交往。“交”有接合、通气、赋予的意思；“际”有接受、接纳、交合、会合、彼此之间等意思。朱熹对“交际”的注释是：“交际谓人以礼仪币帛相交接也。”这里“礼仪”的“相交接”，即日常所说的“礼尚往来”，主要指人与人之间的精神性的交换；而“币帛”的“相交接”，是指人与人之间的物质性的交换。朱熹把人与人之间精神和物质的交换称为交际，这种诠注是很有见地的。

由此可见，交际是人在共同社会活动中，通过人与人之间相互接触、互通信息、交流情感，或达到相互了解，彼此吸取对方的长处和积极因素，从而增进友情，和谐合作，促进事业成功；或彼此满足相互间的精神慰藉，实现自我价值，增加社会群体的聚合力。

交际是人得以生存、人类社会得以存在和发展的基础和保证。纷繁复杂的人类社会是人际关系耦合的网络系统，而交际是将个人与个人、个人与群体、群体与群体联结成社会网络必不可少的手段，是促进人际关系和谐、保持社会有机稳定发展的强有力的纽带。交际根植于人类的合群性，发展升华于人的劳动过程。人要生存，就要生产，而生产必然有人与人之间的各种联系和交往，从而使交际成为社会生产的必要条件。马克思说，人的本质是一切社会关系的总和。人的一切社会关系正是在交际中得以暴露和展示的。每个人在交际中实现其自身，实现其人的社会属性，肯定其价值。总之，没有了交际，便没有了人和人的社会。

交际是人类生活不可或缺的重要组成部分。在现代社会中，人们所从事的劳动和工作越来越复杂，社会化程度越来越高，既有严密科学的分工，又有严格的整体配合，需要越来越多的人合作才能成功。同样，随着物质生活水平的提高，各种信息纷至沓来，人们比以往更渴望理解，更渴望沟通，更渴望文化生活和精神交往，而交际恰似劳动、语言和闲暇一样，是人类生活不可或缺的重要组成部分。

交际活动是非常复杂的，有着各种各样的形式和内容，但在人际关系的一般结构中，它包括以下六种要素：

1. 具有两个或两个以上的人。两个人构成交际的最基本单位。单个人所进行的活动尽管可能涉及另外的人，但也不能称为交际；同时，交际中的个人都具有自己的个性心理特征，每个人的个性心理特征都会影响交际过程。

2. 具有特定的交际动机。人的任何交际活动都是由特定的动机推动的，是为了满足某种需要。动机所指向的目标可能是物质的，也可能是精神的。

3. 具有相互认知。交际中的人与人之间存在相互的觉察、了解以及彼此基础上的相互理解。同时，伴随相互认识，每个人都会有感情的移入，产生或喜欢，或厌恶的情感倾向。

4. 具有相互沟通。交际中的双方存在着信息的交换。沟通既包括认识上的沟通，也包括情感上的沟通。沟通可能以语言为媒介，也可能以非语言的体态表情为媒介。信息沟通是产生相互认知、达到交际目的、建立人际关系的基础。

5. 具有心理和行为上的互动。在交际中，一方发出的信息刺激会引起另一方心理和行为上的反应，这种反应又会作为新的信息刺激作用于前者，由此产生双方的相互作用与相互影响。

6. 具有一定的交往情景。人和人之间的任何交往都是在一定的社会背景和现实的社会环境中进行的，特别是交往时所处的现实微观环境会给交往带来直接的影响。

为了使交际双方能够愉快地相识相知、理解合作，交际双方都希望寻找达到交际目的，实现各自需要的交际规则。这种交际规则可以说就是交际礼仪。所谓交际礼仪，是指人们在交往活动中约定俗成的各种行为规范及其实施程序。

交际礼仪无论从内容还是到形式都纷然杂陈。从见面时的握手礼、鞠躬礼、拥抱礼、亲吻礼、合十礼、脱帽礼、作揖礼、介绍礼、称呼礼，到交谈告辞时的礼貌用语；从仪容仪表到举止谈吐；从成年仪式、结婚仪式到丧葬仪式；从家庭礼仪到社会礼仪；从官方规定的礼宾程序到形形色色的风俗礼仪，可以说，交际礼仪无孔不入。人们在交际中，稍不注意，就容易进入交际的误区，从而导致交际障碍，处于交际困境。

有人对交际礼仪不以为然，认为那无非是摆摆样子，装腔作势，其实不然。一个人在交际中是否懂礼仪、能否自然而然地运用交际礼仪，这绝不仅仅是个表象问题，而是一个人内在素养的体现。交际礼仪的自觉运用，涉及人的性格特征、知识程度、价值观念、心理因素等诸多要素，它体现着一个人的文化修养和内在气质。同时，讲究礼仪既是尊重别人，也是尊重自己，有利于形成良好的社会道德观、伦理观和社会风气，对社会的物质文明建设和精神文明建设，尤其是对于提高人的素养起着积极的作用。

二、交际礼仪的原则

人们的各种交际活动自始至终都有一些具有普遍性、共同性、指导性的规律可循，这就是礼仪的原则。探讨这些原则，有助于社交基本礼仪的规范化，增强人们对礼仪的认识，进而加强礼仪在社会活动中的指导作用。

（一）遵守原则

礼仪规范是为维护社会生活的稳定而形成和存在的，实际上是反映了人们的共同利益要求。社会上的每个成员不论身份高低、职位大小、财富多寡，都有自觉遵守、应用礼仪的义务，都要以礼仪去规范自己的一言一行、一举一动。如果违背了礼仪规范，会受到社会舆论的谴责，自然交际就难以成功。例如，前苏联领导人赫鲁晓夫在这方面就有前车之鉴，他在一次联合国会议上为了让人们安静下来，竟然脱下鞋子，并用鞋子敲打会议桌子，他的不雅举止显然违背了礼仪规范，更有损他本人及前苏联的国际形象，在这次会议上联合国就做出决定，对苏联代表团罚款 1 万美元。可见，违背交际礼仪原则是不行的。从这一原则出发，关键是要养成良好的习惯，有这样一个实例：

某省会城市一家三星级饭店的女总经理，衣着得体大方，语言热情适宜，正在宴请北京来的专家。席间，秘书突然过来说有急事，请她暂时离席去送外宾，可惜这位女经理迟迟未起身，原来双脚不堪忍受高跟鞋束缚，出来“解放”了一会儿，突然有了情况，一时找不到“归宿”，令女经理好不难堪。

造成这种情况的原因恐怕不是不懂礼仪知识，主要还是没有养成良好的习惯，对礼仪规则遵守得不够造成的。

（二）敬人原则

孔子曰：“礼者，敬人也。”敬人是礼仪的一个基本原则，它要求人们在交际活动中互尊互敬，友好相待，对交往对象要重视、恭敬。其实“礼”的本源就是敬人，“礼”的繁体字为“禮”。据考证，“礼”来源于古代祭祀活动。在卜辞中，“礼”写作“豊”，即“丰”、“凵”、“豆”之合。“丰”，古代时指一条条的玉石；“凵”就是盛玉石的“盆子”；“豆”是放盆子的支架。众多玉石放在盆子里便是“曲”，把盛玉石的盆子放在支架上便是“豊”。“豊”是供人们进行祭祀活动用来敬神的，因此后来加上“示”字旁，便演变成繁体字的“禮”字，用来表示尊敬的意思。所以尊敬是“礼”的本义，是礼仪的重点和核心。在对待他人的诸多做法中最重要的一条，就是要敬人之心长存，处处不可失敬于人，不可伤害他人的个人尊严，更不能侮辱对方的人格。可以说，掌握了敬人的原则就等于掌握了礼仪的灵魂。

尊敬的作用是十分巨大的，日本东芝电器公司，曾一度陷入困境，员工士气低落。当土光敏夫出任董事长时，他经常不带秘书，一个人深入各工厂与工人聊天，听工人的意见。更有意思的是，土光还经常提着一瓶酒去慰劳员工，与他们共饮。他终于赢得了公司上下的支持，员工的士气也高涨了起来。在三年内，土光敏夫终于重振了暮日穷途的东芝公司。土光敏夫的诀窍就是关心、重视、尊重每一位员工。“敬人者，人恒敬之”，他同时也赢得了员工的信服与支持。

（三）宽容原则

一般来说，交往双方的心理总存在一定的距离，存在不相容的心理状态。

这种差异会在交往者之间产生思想隔膜，甚至会使关系僵化。要想缩小这种心理上的差异，求得人与人之间能多一分和谐、多一分信赖，就必须抱着宽容之心。宽容就是要求人们既要严于律己，又要宽以待人，要多容忍他人，多体谅他人，多理解他人，而不能求全责备，斤斤计较，过分苛求，咄咄逼人。惟有宽容才能排除人际交往中的各种障碍，不能宽容他人的人，往往会得理不饶人，使人际间关系恶化。共性是寓于个性之中的，人们应该维护和发展共性，以理解和宽容来增强人们之间的凝聚力。

（四）真诚原则

交际礼仪的运用基于交际主体对他人的态度，如果能抱着诚意与对方交往，那么交际主体的行为自然而然地便显示出对对方的关切与爱心。因为无论用何种语言表达，行为则是最好的证明。在通常情况下，人们可以用假话来掩饰自己的企图，但却无法用行为来掩饰自己的空虚，因为体态语是无法掩饰虚假的。因此惟有真诚，才能使你的行为举止自然得体，与此相反，倘若仅把运用礼仪作为一种道具和伪装，在具体操作礼仪规范时口是心非，言行不一，弄虚作假，投机取巧，或是当面一个样，背后一个样，有求于人时一个样，被人所求时又一个样，将礼仪等同于“厚黑学”，是违背交际礼仪的基本原则的。

（五）适度原则

俗话说：“礼多人不怪。”人们讲究礼仪是基于对对方的尊重，这是无可厚非的。但是，凡事过犹不及，人际交往要因人而异，要考虑时间、地点、环境等条件。如果施礼过度或不足，都是失礼的表现。比如，见面时握手时间过长，或是见谁都主动伸手，不讲究主次、长幼、性别；告别时一次次地握手，或是不住地感谢，让人觉得厌烦。礼仪的施行只是内心情感的表露，只要内心情感表达出来，就完成了礼仪的使命。如果以为重复，似乎有别人不理解、不领情之嫌，画蛇添足，实无必要。

第七节 交际礼仪的习得

礼敬得人，轻慢失人。完美周到的礼仪似熏风醇酒，怡人心脾，不仅能使已有的关系得以维系和发展，还会结交更多的合作伙伴。诸种礼节礼仪，似乎尽是些繁琐且微不足道的小节，不足挂齿。但若违失，却也并非“无伤大雅”，无碍大局。事实上，由于不遵守礼仪，以致在不知不觉中影响人际情绪，导致交往出现不愉快、不和谐，甚至中断合作的事并不少见，真可谓因小失大。在一些特定的交际场合，是否行礼如仪还会反映出人格和国格的文明水准。可见，小节也不可不拘。

习礼而后谙熟此道，注意这些微小之处，会有意想不到的成效。它能唤起交际对象心理上的愉悦，赢得友谊和尊重，有助于我们更好地驾驭事理和情理，取得交际的成功。礼仪就像是进行交往的通行证，懂得不同民族、不同场合、不同对象交际应酬的各种礼仪，无异于得到了这张通行证。

礼仪的习得，不仅指对礼仪的学习习练，还包括将所习之礼培养成一种习性或者说是品性的过程，非一朝一夕可就。一般来说，应着重于知、情、意、行的统一。

一、树立学习礼仪的意识

在明确礼仪重要性的基础上，最要紧的就是必须树立长久的“习礼意识”，处处留心，时时经意。

礼仪是一个社会文化沉淀的外显方式。经历了的传承，变异过程，它的习得首先便是个体的“社会化”、“文化化”过程。也就是说，大量的是靠传统，靠有意无意的模仿，靠周围环境的影响，靠在交际实践中不断地学习、摸索，逐渐地总结经验教训而习得的。又因为礼仪具有变异性的特点，在完成了社会化以后，人们还有一个继续“社会化”的问题。所以，习礼可谓是一个萦绕终生的过程，除此之外，对于一些跨文化交往所涉及的不同民族、不同文化的礼仪，其习得则是靠着入境问俗的诚心和细心去了解和熟悉，并以此调控自己的言行。

同时，就社会方面而言，为适应现代商品经济发展的需要，尤其是我国加入了世界贸易组织以后，开办一些礼仪学校或短期培训，也可通过电视、广播等传播媒介开办专题系列讲座，发挥大众传媒的示范作用，甚至可以搞得活泼些，这些都是增强人们学习礼仪仪式的良好方法。这样做，无疑也是有助于整个社会文明程度和组织道德水平的提高。

二、陶冶尊重他人的情感

在礼仪教育过程中，情感是由知到行的一座桥梁。陶冶情感就是要使受教育者产生一种尊重他人的真挚的感情，能够时时处处替他人着想，对人始终抱有一种热情友好的态度。我们大概都有这样的体验：在交际活动中，如果遇到一个对人热情诚恳的人，那么就能与其建立起一种良好的关系；相反，如果碰到的是一个冷漠无情或虚情假意的人，则难以产生一种融洽交流的气氛。一个人可以很快就了解一些礼仪方面的知识，但若缺少对人的情感，那么他就无法使这些礼仪形式圆满地表现出来，这些形式也就成了没有灵魂的僵死的躯壳。由此也可看出，情感比认识具有更大的保守性，改变情感比改变认识要困难得多，陶冶情感是礼仪教育中更为艰巨的一项任务。

三、锻炼履行礼仪的意志

要使礼仪规范变成自觉的行为，没有坚忍不拔的意志是办不到的。意志坚强的人，能有效地控制自己的言行，特别是在不顺利的情况下，也能不畏困难，始终不渝地按照自己的信念待人处世。

所习之礼要培养成习，要有意识地摒弃不合礼仪的旧习惯，养成遵从礼仪的新习性。习性是一个人行为方式的自动化，是不需要多加思考和意志努力的行为方式，它受人的性格核心层和中介层的支配与制约。一个人的行为习惯是其观念、态度的下意识表现。习性一旦形成后，具有一定的稳固性，但通过意志努力可以使之改变。因此，不应以“习惯成自然”为由，姑息迁就那些不合礼仪的坏习惯，而应从思想观念上重视、加强“礼仪意识”，牢记坚强的意志是保证实现礼仪规范的精神力量。

四、养成遵从礼仪的行为

礼仪教育的综合结果就在于使人们养成良好的礼仪行为，也就是使人们在交际活动中对于礼仪原则和规范的遵从变成为一种习惯的行为。衡量礼仪教育的效果如何，主要不是看受教育者了解了多少有关礼仪的书本知识，而是看他在交际活动中的行为是否符合礼仪规范的要求，是否能够促进交际活动顺利的进行。因此，在礼仪教育中，要认真组织和指导受教育者的行为演练，通过严格的训练掌握调节行为的能力，养成良好的行为习惯。从一件件具体、琐碎的小事做起，点滴养成；大处着眼，小处着手；寓礼仪于细微之中，逐渐成习。

在礼仪教育过程中，知、情、意、行是相互联系、相互渗透、相互促进的，缺一不可。没有知，情失去了理性指导，意和行就会是盲目的；没有情，就难以形成意，知就无法转化为行；没有意，行即缺乏巨大的力量，知和情也就无法落到实处；没有行，知、情、意都没有具体的表现，也就都变成了空谈。因此，在礼仪教育过程中，要坚持晓之以理，动之以情，炼之以意，守之以行。

思考·讨论·训练

1. 礼仪的沿革经历了哪几个阶段？
2. 现代礼仪包括哪些内容？有何特性？
3. 现代礼仪有哪些功能？
4. 什么是交际和交际礼仪？
5. 结合实际谈谈如何坚持交际礼仪的原则。

6. 搜集一二则中国古代有关文明礼貌的佳话，并向周围的人宣讲。

7. 向大家介绍一段你周围的人继承中华民族讲究礼节礼仪传统美德的故事。

8. 请就以下两个问题进行讨论：

(1) 礼节礼仪与职业道德有怎样的关系？

(2) 职业技术学校的学生掌握礼仪礼节的重要意义何在？

9. 交际礼仪是怎样习得的？

10. 案例分析：

小处不可随便

传说有人把于右任先生写的“不可随处小便”重新组合装裱，于是就有了“小处不可随便”的典故。其实，“小处不可随便”是中国人自古以来的一条处世原则。古语道：“战战栗栗，日谨一日。人不踬于山，或踬于垤。”告诫人们时时提防被小土绊倒，这或许是“小处不可随便”的最古老的典故。

不光是中国，外国人也有类似的观念。针眼大的窟窿斗大的风，小处随便的人往往不受欢迎，在某些特殊的场合甚至会造成致命的后果。这方面最典型的例子大概是18世纪的法国公爵奥古斯丁。1786年，法国国王路易十六的王后玛丽·安东尼到巴黎戏剧院看戏，全场起立鼓掌。放荡不羁的奥古斯丁为了引起王后的注意，面向王后吹了两声很响的口哨。当时吹口哨被视为严重的调戏行为，国王大怒，把奥古斯丁投入监狱。而奥古斯丁入狱后似乎就被遗忘了，即不审讯，也不判刑，就日复一日地关着。后因时局变化，也曾有过再次出狱的机会，但阴差阳错，终究还是无人问津。直到1863年老态龙钟的奥古斯丁才被释放，当时已经72岁。两声口哨换来50年的牢狱之灾，实在是天大的代价。

与此相反，一滴水可以折射太阳的光辉，小处端正的人往往能取得人们的信任。法国有个银行大王，名字叫恰科。但他年轻时并不顺利，52次应聘均遭拒绝。第53次他又来到了那家最好的银行，礼貌地说完再见，转过身，低头往外走去。忽然，他看见地上有一枚大头针，横在离门口不远的地方。他知道大头针虽小，弄不好也能对人造成伤害，就弯腰把它捡了起来。第二天，他出乎意料地接到了这家银行的录用通知书。原来，他捡大头针的举动被董事长看见了。从这个不经意的小动作中，董事长发现了他品格中的闪光的东西。这样精细的人是很适合做银行职员的。于是，董事长改变主意决定聘用他。恰科也因此得到了施展才华的机会，走向了成功之路。

你是怎样理解“小处不可随便”这个问题的？

11. 案例分析：

我不愿意在礼貌上不如任何人

《林肯传》中有这样一件事：一天，林肯总统与一位南方的绅士乘坐马车外出，途遇一老年黑人深深地向他鞠躬。林肯点头微笑并也摘帽还礼。同行的绅士问道：“为什么你要向黑鬼摘帽？”林肯回答说：“因为我不愿意在礼貌上不如任何人。”可见，林肯深受美国人民的热爱是有其原因的。1982 年美国举行民意测验，要求人们在美国历届的 40 位总统中挑选一位“最佳总统”时，名列前茅的就是林肯。

林肯向老年黑人脱帽致礼说明了什么？

12. 案例分析：

两则小故事给我们的启示

第一个故事：在一场激烈的战斗中，上尉忽然发现一架敌机向阵地俯冲下来。照常理，发现敌机俯冲时要毫不犹豫地卧倒，他发现离他四五米远处有一个小战士还站在那儿。他顾不上多想，一个鱼跃飞身将小战士紧紧地压在身下，此时一声巨响，飞溅起来的泥士纷纷落在他们的身上。上尉拍拍身上的尘土，抬头一看，顿时惊呆了：刚才自己所处的那个位置被炸了两个大坑。

第二个故事：古时候，有两个兄弟各自带着一只行李箱出远门，一路上重重的行李箱将兄弟俩都压得喘不过气来。他们只好左手累了换右手，右手累了又换左手。忽然，大哥停了下来，在路边买了一根扁担，将两个行李箱一左一右挂在扁担上。他挑起两个箱子上路，反倒觉得轻松了许多。

从这两个小故事中你得到了什么启示？

第二章　个人礼仪

个人是交往活动、商务活动和公共关系活动中的主体，其自我礼仪面貌，即仪容、仪表、仪态和得体的语言、良好的心理素质，对树立良好的个人形象和组织形象，建立成功的组织公共关系都产生积极的影响，因此，必须把个人的礼仪面貌当作一种职业要求加以重视，从一点一滴做起。

第一节　仪容

在人际交往中，交往对象对自己发自内心的好恶亲疏，往往都是根据其在见面之初对于自己仪容的基本印象“有感而发”的，这种对他人仪容的观感除了先入为主之外，在一般情况下还往往一成不变，其作用可谓大矣。日本松下电器产业株式会社创始人松下幸之助一次到银座的一家理发厅去理发。理发师对他说：“你毫不重视自己的容貌修饰，就好像把产品弄脏一样，你作为公司代表都如此，产品还会有销路吗?”一席话说得他无言以对，以后他接受了理发师的建议，十分注意自己的仪表并不惜破费到东京理发。

又比如，1960 年 9 月，尼克松和肯尼迪在全美的电视观众面前，举行他们竞选总统的第一次辩论。当时，大多数评论员预料，尼克松素以经验丰富的“电视演员”著称，可以击败比他缺乏电视演讲经验的肯尼迪。但事实并非如此。为什么呢？肯尼迪事先进行了练习和彩排，还专门跑到海滩晒太阳，养精蓄锐。结果，他在屏幕上出现，精神焕发，满面红光，挥洒自如。而尼克松却没听从电视导演的规劝，加之那一阵子十分劳累，更失策的是面部化妆用了深色的粉，因而在屏幕上显得精神疲惫，表情痛苦，声嘶力竭。正如一位历史学家所形容的：“他让全世界看来，好像是一个不爱刮胡子和出汗过多的人带着忧郁感等待着电视广告告诉他怎么不要失礼。”正是仪容仪表帮助肯尼迪取胜，使竞选结果出人意料。可见，仪容仪表的作用是很大的，是不可忽视的。

一个人的仪容，大体上受到两个因素的左右：其一，是本人的先天条件。一个人相貌如何，通常主要受制于血缘遗传。不管一个人是“天生丽质难自弃”，还是长得丑陋不堪，实际上一降生到人世便已“命中注定如此”，其后的发展变化往往不会与之相去甚远。其二，是本人的修饰维护。每个人的先天条件固然头等重要，然而，这么说并非意味着一个在仪容方面先天条件优越的人，便可以过分地自恃其长，而不去进行任何后天的修饰和维护。事实上，修饰与维护，对于仪容的优劣而言往往起着一定的作用。在任何情况下，一个正常人倘若不注意对本人的仪容进行合乎常规的修饰与维护，往往在他人的心目中也难有良好的个人形象可言。所以，我们在平时必须时刻不忘对自己的仪容进行必要的修饰和整理，做到“内正其心，外正其容”。

一、干净整洁

要做到仪容干净整洁，重要的是需要长年累月坚持不懈，不厌其烦地进行以下仪容细节的修饰工作：

（一）坚持洗澡、洗头、洗脸

洗澡可以除去身上的尘土、油垢和汗味，并且使人精神焕发。有可能的话要常洗澡，至少也要坚持每星期洗一次。在参加重大礼仪活动之前还要加洗一次。头发是人体的制高点，因为人们的发型多有不同，故此它颇受他人的关注。只有经常坚持洗头，方可确保头发不黏连，不板结，无头皮屑，无汗馊气味。通常至少要3天左右洗一次头。若脸上常有灰尘、污垢、泪痕或汤渍，难免会让人觉得此人又懒又脏。所以，除了早上起床后、晚上睡觉前洗脸之外，只要有必要、有可能，随时随地都要抽出一点时间洗脸净面。

（二）去除分泌物

首先要清除眼角分泌物——“眼屎”，它给人的印象很不雅，所以应经常及时地将其清除；戴眼镜者还应注意，眼镜片上的多余物也要及时揩除。其次要注意去除鼻孔分泌物，在外出上班或出席正式活动之前，要检查一下鼻孔内有无鼻涕，若有，要及早清除。再次要去除耳朵的分泌物——“耳垢”，虽然它不易看到，但却不要忘记对其打扫。最后还要注意去除口部的多余物，这是指口角周围沉积的唾液、飞沫、食物残渣和牙缝间的牙垢，它们看起来让人作呕，必须及时发现及时清除。

（三）定时剃须

除了具有宗教信仰与风俗习惯者之外，男性商务人员等不宜蓄留胡须，因为在交际场合“美髯公”并不美，它显得不清洁，显得对交往对象不尊重，因此，男性最好每天坚持剃一次胡须，绝对不可以胡子拉碴地上班或会面。此外，还要注意经常检查和修剪“鼻毛”，在人际交往中，偶尔有一两根鼻毛黑糊糊地“外出”，是很会破坏他人对自己的印象的。

（四）保持手部卫生

在每个人的身上，手是与外界进行直接接触最多的一个部位，它最容易沾染脏东西，所以，必须勤洗手，除饭前、便后外，还要在一切有必要对其讲究一下卫生的时候洗手。还要常剪手指甲，绝不要留长指甲，因为它不符合商务人员等的身份，它还会藏污纳垢，给人以不讲卫生的印象，所以要经常剪。手指甲的长度以不长过手指指尖为宜。

（五）注意口腔卫生

坚持每天刷牙，消除口腔异味，维护口腔卫生，是非常必要的。有可能的话，吃完每顿饭以后都要刷一次牙，切勿用以水漱口和咀嚼口香糖一类无效的方法来替代刷牙。还要养成平日不吃生蒜、生葱和韭菜一类带刺激性气味的食物的良好习惯，免得在工作中担心自己说话“带味道”，或是使接近自己的人感到不快。

（六）保持发部整洁

首先应清洗头发。除了要注意采用正确的方式方法之外，最重要的是要对头发定期清洗，并且坚持不懈。一般认为，每周至少应当对自己的头发清洗两三次。

其次是修剪头发。与清洗头发一样，修剪头发同样需要定期进行，并且持之以恒。在正常情况下，通常应当每半个月左右修剪一次自己的头发。至少，也要确保每个月修剪头发一次。否则，自己的头发便难有“秩序”可言。最后是梳理头发。梳理头发是每天必做之事，而且往往应当不止一次。按照常规，在下述情况下皆应自觉梳理一下自己的头发：一是出门上班前；二是换装上岗前；三是摘下帽子时；四是下班回家时；五是其他必要时。

在梳理自己的头发时，还有三点应该注意：一是梳理头发不宜当众进行。作为私人事务，梳理头发时当然应当避开外人。二是梳理头发不宜直接下手，最好随身携带一把发梳，以便必要时梳理头发之用。不到万不得已，千万不要以手指去代替发梳。三是断发、头皮屑不宜随手乱扔。梳理头发时，难免会产生少许断发、头皮屑等，信手乱扔，是缺乏教养的表现。

二、化妆适度

在职业活动中，适当化妆，不仅是职业工作的需要，同时也是对他人尊重的一种表现。做任何事情都贵在适度，化妆也不例外，过分醉心于美容，妆化得浓艳，不仅有损于皮肤的健康，而且还有损于别人的观瞻，因此，化妆适度是仪容美的基本要求。

（一）化妆的原则

美容化妆必须坚持美化、自然、协调的原则。

1. 美化原则。每一个化妆的人都希望化妆能使自己变得更美丽，这是无疑的。但事实上，这些人以为把各种色彩涂抹在脸的相应部位就自然美了，这是错误的。我们看到许多幼儿园的孩子被阿姨化妆化得脸上一团红、眼睛一团黑，变得又凶又老气，孩子的天真可爱荡然无存，这样的化妆不是美了，而是丑了。因此，美化的原则是从效果来说的。要使化妆达到美的效果，首先必须了解自己的脸的各部位特点，孰优孰劣要心中有数；还要清楚怎样化妆和矫正才能扬长避短，变拙陋为俏丽，使容貌更迷人。这些要在把握脸部个性特征和正确的审美观的指导下进行。

2. 自然原则。自然是化妆的生命，它能使化妆后的脸看起来真实而生动，不是一张呆板生硬的面具。化妆失去了自然的效果，那就是假，假的东西就无生命力和美了。自然的化妆要依赖正确的化妆技巧、合适的化妆品；要一丝不苟，井井有条；要讲究过渡、体现层次；要点面到位、浓淡相宜。总之，要使化妆说其有，看似无，就像被化妆的人确确实实长了这样一张美丽的面容，如同真的一样。化妆时不讲艺术技法手段，胡来一气，敷衍了事，片面追求速度，都有可能使妆面失真。

3. 协调原则。这里包括以下几个方面的内容：

（1）妆面协调。是指化妆部位色彩搭配、浓淡协调，所化的妆，针对脸部个性特点，整体设计协调。

（2）全身协调。是指脸部化妆还必须注意与发型、服装、饰物协调，如穿大红颜色的衣服或配了大红色的饰物时，口红可以采用大红色的。它力求取得完美的整体效果。

（3）身份协调。是指交际人员、商务人员和公关人员化妆时要考虑到自己的职业特点和身份，采用不同的化妆手段和化妆品。作为职业人士，公关人员应注意化妆后体现端庄稳重的气质；作为专门从事各种关系建立和协调的从业人员，出头露面的机会多，与有身份、有地位、有权力、有钱的人打交道频繁，要表现出一定的人际吸引魅力，化妆就不能太艳俗或太单调，而应浓淡相宜，青春妩媚，适合人们共同的爱美之心。

（4）场合协调。是指化妆要与所去的场合气氛要求一致。日常办公，妆可以化淡一些；出入宴会、舞会场合，妆可以化浓一些，尤其是舞会，妆可以亮丽一些；参加追悼会，素衣淡妆，忌使用鲜艳的红色化妆。不同的场合不同的化妆，相得益彰，不仅会使化妆者内心保持平衡，也会使周围的人心理融洽。

（二）*化妆的方法*

化妆时要认真掌握化妆的方法。化妆大体上应分为打粉底、画眼线、施眼影、描眉形、上腮红、涂唇彩、喷香水等步骤。每个步骤均有一定之法必须认真遵守，讲求化妆的方法。

打粉底，又叫敷底粉或打底。它是以调整面部皮肤颜色为目的的一种基础化妆。在打粉底时，有如下四点特别应该注意：一是事先要清洗好面部，并且抹上适量的化妆水、乳液。二是选择粉底霜时要选择相应的色彩。通常，不同的肤色应选用不同的粉底霜。选用的粉底霜最好与自己的肤色相接近，而不宜使二者反差过大，看起来失真。三是打粉底时一定要借助于海绵，而且要做到取用适量、涂抹细致、薄厚均匀。四是切勿忘记脖颈部位。在那里打上一点儿粉底，才不会使自己面部与颈部“泾渭分明”。

画眼线这一步骤在化妆时最好不要省掉。它的最大好处是可以让化妆者的一双眼睛生动而精神，并且更富有光泽。在画眼线时，一般应当把它画得紧贴眼睫毛。具体而言，画上眼线时，应当从内眼角朝外眼角方向画；画下眼线时，则应当从外眼角朝内眼角画，并且在距内眼角约 1/3 处收笔。应该重点强调的是，在画外眼线时，特别要重视笔法，最好是先粗后细，由浓而淡，要注意避免眼线画得呆板、锐利、曲里拐弯。画完之后的上下眼线，一般在外眼角处不应当交合。上眼线看上去要稍长一些，这样才会使双眼显得大而充满活力。

施眼影的主要目的是强化面部的立体感，以凹眼反衬隆鼻，并且使化妆者的双眼显得更为明亮传神。施眼影时，有两个问题应该注意。一是要选对眼影的具体颜色。过分鲜艳的眼影，一般仅适用于晚妆，而不适用于工作妆。对中国人来说，化工作妆时选用浅咖啡色的眼影，往往收效较好。二是要施出眼影的层次之感。施眼影时，最忌没有厚薄深浅之分。若注意使之由浅而深，层次分明，将有助于强化化妆者眼部的轮廓。

描眉形。一个人眉毛的浓淡与形状，对其容貌发挥着重要的烘托作用。任何有经验的化妆者，都会将描眉视为其化妆时的重中之重。在描眉时，有如下四点需要注意：一是先要进行修眉，以专用的镊子拔除那些杂乱无序的眉毛。二是描眉所要描出的整个眉形，必须兼顾本人的性别、年龄与脸型。三是在具体描眉形时，要对逐根眉毛进行细描，而忌讳一画而过。四是描眉之后应使眉形具有立体感，在具体手法上要注意两头淡，中间浓；上边浅，下边深。

上腮红。是化妆时在面颊处涂上适量的胭脂。上腮红的好处，是可以使化妆者的面颊更加红润，面部轮廓更加优美，并且显示出其健康与活力。在化工作妆时上腮红，需要注意如下四点：一是要选择优质的腮红。若其质地不佳，便难有良好的化妆效果。二是要使腮红与唇膏或眼影属于同一色系，以体现妆面的和谐之美。三是要使腮红与面部肤色过渡自然。正确的做法应是，以小刷蘸取腮红，先上在颧骨下方，即高不及眼睛、低不过嘴角、长不到眼长的1/2处，然后才略做延展晕染。四是要扑粉进行定妆。在上好腮红后，即应以定妆粉定妆，以便吸收干粉、皮脂，并避免脱妆。扑粉时不要用量过多，并且不要忘记在颈部也要扑上一些。

涂唇彩。化妆时，唇部的地位仅次于眼部。涂唇彩，既可改变不理想的唇形，又可使双唇更加娇媚迷人。涂唇膏时的主要注意事项有三点：一是要先以唇线笔描好唇线，确定好理想的唇形。唇线笔的颜色要略深于唇膏的颜色。描唇形时，嘴应自然放松张开，先描上唇，后描下唇。在描唇形时，应从左右两侧分别沿着唇部的轮廓线向中间画。上唇嘴角要描细，下唇嘴角则要略去。二是要涂好唇膏。以唇线笔描好唇形后，才能涂唇膏。选择唇膏时，既可以选彩色，也可以选无色。但要求其安全无害，并要避免选用鲜艳古怪之色。女性一般宜选棕色、橙色或紫色，男性则宜选无色唇膏。涂唇膏时，应从两侧涂向中间，并要使之均匀而又不超出早先以唇线笔画定的唇形。三是要仔细检查。涂毕唇彩后，要用纸巾吸去多余的唇膏，并细心检查一下牙齿上有无唇膏的痕迹。

喷香水。主要是为了掩饰不雅的体味，而不是为了使自己香气袭人，这一点很重要。喷香水要注意的问题有：一是不应使之影响本职工作，或是有碍于人。二是宜选气味淡雅清新的香水，并应使之与自己同时使用的其他化妆品香型大体上一致，而不是彼此“串味”。三是切勿使用过量，产生适得其反的效果。四是应当将其喷在或涂抹于适当之处，如腕部、耳后、颌下，等等，而千万不要将它直接喷在衣物上、头发上或身上其他易于出汗之处。

化妆不但要掌握一定的方法，还要掌握化妆的礼节。

化妆的浓淡视时间而定，白天工作场合化淡妆，夜晚化浓妆、淡妆都适宜；不能在公共场所里化妆，在众目睽睽之下化妆是非常失礼的。如有必要化妆或修饰的话，要在卧室或化妆间里去做。工作时间不能化妆，否则易被他人当做不务正业的人。女士不要在男士面前化妆，否则会引起误会；不要非议他人的化妆。由于民族、肤色和文化修养的差异，每个人的化妆不可能都是一样的；男士化妆应适当，化妆品不宜太多，否则让人讨厌；不要借用他人的化妆品，这样做既不卫生又不礼貌。

三、发型美观

发型是构成仪容美的重要内容。美观的发型能给人一种整洁、庄重、洒脱、文雅、活泼的感觉。根据不同人的发质、服装、身材、脸型等选择合适的发型，就可以扬长避短，和谐统一，增加人体的整体美。

（一）发式与发质、服装

一般来说，直而硬的头发容易修剪得整齐，故设计发型时应尽量避免花样复杂，应以修剪技巧为主，做成简单而又高雅大方的发型。比如梳理成披肩长发，会给人一种飘逸秀美的悬垂美感；用大号发卷梳理成略带波浪的发型或梳成发髻等，会给人一种雍容、典雅的高贵的气质。

细而柔软的头发，比较服帖，容易整理成型，可塑性强，适合做小卷曲的波浪式发型，显得蓬松自然；也可以梳成俏丽的短发，能充分体现你的个性美。

在现代美容中，一个人的发式与服装有着十分密切的关系。什么样的服装应当有什么样的发式相配，这样才显得协调大方。假如一个高贵典雅的发髻配上一套牛仔服系列就显得不伦不类，因此，只有和谐统一才体现美。

在前一时期，社会上流行不对称的服装，那么就必须有不对称的发式来相配，才会有种奇特美感，而端庄与娇俏的发式也应有各自适应的服装配合。再如男士穿上笔挺的西服，再梳理个西装头，就会显得风度翩翩。青年举行婚礼时，女子若穿婚礼服，配上波纹自然的秀发，这样显得高雅华贵、格外动人。

（二）发式与身材

身材高大威壮者，应选择显示大方、健康洒脱美的发式，以避免给人大而粗、呆板生硬的印象。高大身材的女士，一般留简单的短发为好，切忌花样复杂。烫发时，不应卷小卷，以免造成与高大身材的不协调。

身材高瘦者，适合留长发型，并且适当增加些发型的装饰性。如若梳卷曲的波浪式发型，会对于高瘦身材具有一定的协调作用。但高瘦身材者不宜盘高发髻，或将头发削剪得太短，以免给人一种更加瘦长的感觉。

身材矮小者，适宜留短发或盘发，因露出脖子可以使身材显得高些，并可以根据自己的喜爱，将发式做得精巧、别致些，追求优美、秀丽。但矮小身材者不宜留长发或粗犷、蓬松的发型，那样会使身材显得更矮。

身材较胖者，适宜梳淡雅舒展、轻盈俏丽的发式，尤其是应注意将整体发式向上，将两侧束紧，使脖子露出，这样会使人产生视错觉，感觉你瘦些。若留长波浪，两侧蓬松，则会显得更胖。

另外，如果你的上身比下身长，或上下身等长，发式可选择长发以遮盖其上身；如肩宽臀窄，就应选择披肩发或下部头发蓬松的发式，以发盖肩，分散肩部宽大的视角；若颈部细长，可选择长发的发式，不适宜采用短发式，以免使脖颈显得更长；若颈部短粗，则适宜选择中长发式或短发式，以分散颈粗的感觉。

总之，进行发式选择时，必须根据自己的体型，选择一个与之相称的发型。

（三）发式与脸型

椭圆形脸：任何发式都能与它配合，达到美容效果。但若采用中分头路，左右均衡、顶部略蓬松的发式，会更贴切，以显示脸型之美。

圆脸形：接近于孩童脸，双颊较宽，应选择头前部或顶部略半隆的发式，两侧则要略向后梳，将两颊及两耳稍微留出，这样，既可以在视错觉上冲淡脸圆的感觉，又显得端庄大方。圆脸型的人尤其适合梳纵向线条的垂直向下的发型或是盘发，使人显得挺拔而秀气。

长脸形：端庄凝重，但给人一种老成感。因此，应选择优雅可爱的发式来冲淡这种感觉，顶发不宜太丰隆、前额部的头发可适当下倾，两颊部位的头发适当蓬松些；可以留长发，也可以齐耳，发尾要松散流畅，以发型的宽度来缩短脸的视觉长度。若将头发做成自然成形的柔曲状，会更理想。

方脸形：前额较宽，两腮突出，显得脸型短阔。适宜选择自然的大波纹状发式，使整个头发柔和地将脸孔包起来，两颊头发略显蓬松遮住脸的宽部，使人的视觉由线条的圆润冲淡脸部方正直线条的印象。

“由”字形脸：应选择宜表现额角宽度的发型，而中长发型较好。可使顶部的头发梳得松软蓬松些，两颊侧的头发宜向外蓬出以遮住腮，在人的视觉上减弱腮部的宽阔感。

“甲”字形脸：宜选择能遮盖宽前额的发型，一般说两颊及后发应蓬松而饱满，额部稍垂“刘海”，顶部头发不宜丰隆，以遮住过宽的额头。此脸型人适宜将发烫成波浪型的长发。

四、护肤得法

护肤是仪容美的关键。皮肤，尤其是面部皮肤的经常护理和保养，是实现仪容美的首要前提。

正常健康的人皮肤具有光泽，且柔软、细腻洁净、富有弹性；而当人处于病态或衰老的时候，其皮肤就会失去光泽、弹性，出现皱纹或色斑。对皮肤进行经常性的护理和保养有助于保持皮肤的青春活力。

皮肤一般分干性皮肤、中性皮肤和油性皮肤三种类型。对于不同类型的皮肤需用不同的方法加以护理和保养。

干性皮肤红白细嫩，油脂分泌较少，经不起风吹日晒，对外界的刺激十分敏感，极易出现色素沉着和皱纹。有些干性皮肤的人苦于自己的皮肤少了一份“亮光”，使劲地往脸上涂抹“增亮”的油脂。殊不知，此举减少了皮肤的秀气性。其实对于这种皮肤，每天在洗脸的时候，可以在水中加入少许蜂蜜，湿润整个面部，用手拍干。坚持一段时间，就能改善面部肌肤，使其光滑细腻。

中性皮肤比较润泽细嫩，对外界的刺激不太敏感。这种皮肤比较易于护理，可以在晚上用水洗脸后，再用热水捂脸片刻，然后轻轻抹干。

油性皮肤肤色较深，毛孔粗大，油光满面，易生痤疮等皮脂性皮肤病，但适应性强，不易显皱。洗脸时可在热水中加入少许白醋，以便有效地去除皮肤上过多的皮脂、皮屑和尘埃，使皮肤富有光泽和弹性。

皮肤的护理是必要的，皮肤的保健更是十分必要的。精神愉快是最好的美容保健方法。俗话说："笑一笑，十年少。"美国一位科学家曾经说过："笑是一种化学刺激反应，它能激发人体各个器官，尤其是激发头脑和内分泌系统活动。"笑的时候，面部肌肉舒展活动，皮肤的新陈代谢加快，从而能促进血液循环，增强皮肤弹性。我们应当避免过分的焦虑、忧愁和悲伤，当遇到困难和烦恼时，要善于排解，可以通过向他人述说的方法向外排解，也可以通过听音乐、看小说等方法自我排解，乐观的人始终是美丽的。充足的睡眠是美容保健不可缺少的条件。在睡眠状态下，人体的器官能够自动休整，细胞加快更新，皮肤可以获得更多的氧。睡眠充足，精神才能振作，才能容光焕发。如果晚上经常熬夜，时间长了皮肤会干涩无光。

合理的饮食是美容保健的根本。人体需要多种养分，有了养分，皮肤才有自然健康的美。因此，我们在日常的生活中应注意饮食上的多种多样，多富含维生素的食物，少吃刺激性食物，保持吸收、消化系统的畅通。

有的人可不这样认为，大学生孙洁就是一个典型的例子。小孙有着对"高档"化妆强烈追求，在她每月的正常支出中，用于购买化妆品的支出几乎占了一半，她是同学们中最了解化妆品的人，每当有新品上市的时候，她总控制不住跃跃欲试的原冲动，总会率先试用一把，然后把自己的感受以最快的速度向外传播，这也是她不无骄傲的一点。然而，家里给的钱是个定数，买了化妆品，吃饭的钱相应就少了，于是，小孙会省吃俭用，尽可能把吃饭的消费降低到最低点。假如你也像小孙一样的话，请你和她一起调整一下支出比例，饮食是根本，小孙的做法恰恰是舍本逐末。一项研究表明：美好的容颜的养成，内在营养占80%，外在占20%。

其实，在现实生活中，有不少人长期以来都没有用过像样的护肤品，虽然现在年事已高，但皮肤依然富有弹性和光泽，这其中的道理不说自明。

在皮肤护理的过程中，很容易产生心理错觉，努力克服这些错觉，才有助于拥有良好的仪容。这些护肤的错觉包括如下几个方面：

（1）任何香皂都会刺激皮肤。目前，市场上香皂种类很多，其中大多数都含有滋润成分，不像过去那样会令肌肤干燥，许多品牌的浴皂性质温和，也可以用于清洁脸部。

（2）你的护肤品应出自同一系列。护肤产品的选择关键看是否合适你的肌肤，不必拘泥于同种品牌的同一系列，你觉得什么好就用什么吧！

（3）如果不化妆，只需要用水来清洁皮肤。事实上，水能使肌肤变得清新滋润，但不能洁净皮肤，油污会黏附在洗脸用的毛巾上，需要用一些能化脂去污的洁面产品。

（4）皮肤脱屑不是病。油性皮肤的人过分地清洗或使用收缩修复水会导致皮肤的表层干燥，看上去有剥落现象。但是，不管你是哪种类型的皮肤，沿发际脱屑可能是皮炎，而鼻翼两侧脱屑可能是湿疹。如果肌肤持续这种干燥、脱屑情况，建议你去咨询医生。

（5）抗皱霜能去除皱纹。抗皱霜能真正做到的，只是营养皮肤，暂时令肌肤柔滑和平复细纹。皱纹的生成除了时间的影响最大之外，紫外线是致命的杀手，所以，要延缓衰老，全面防晒当是上策。

（6）皮肤总是不够干净。很多人都认为，脸洗得越勤、水温越热，对皮肤越有帮助，这样做的结果只会造成“高原脸”，并使肌肤变得干燥而敏感。事实上，早晚各洗一次已经足够了。

（7）油性皮肤不需要使用润肤露。油性肌肤也会遇到干燥的问题，尤其是在空调房间里，因此也需适当加以滋润。现在也有许多清爽型的润肤霜，特别适合油性肌肤使用。

（8）天然系列的护肤品最适合敏感性肌肤。利用植物、草药提炼而成的护肤品的确很好，但以为它们最适合敏感性肌肤可就错了。因为，你可能对某一化学产品过敏，也完全有可能对植物花粉过敏。

（9）25岁以后才需要使用眼霜。即使是20岁的年轻人也有可能需要眼霜，因为眼睛周围的皮肤非常薄，是最先出现皱纹的地方之一。这里的油脂腺很少，如不加以滋润，极易干燥，而靠一般的润肤霜可能会过于油腻，以致眼睛浮肿，产生脂肪粒。

（10）染发会严重伤害头发。事实上，只要方法正确，染发不会对秀发造成重大损伤，染发会使头发看上去更丰润亮泽。目前，染发剂的酸碱度适中，只含少量甚至不含阿摩尼西，且添加了护发素。

（11）护发素可修护开叉的头发。头发分叉后，靠护发素是不可能愈合的，惟一的补救方法是剪去分叉部分。

(12) 沾在棉花球上的黑色物都是污垢。黑色物看起来总是吓人，特别是当你脸上擦过洁肤液后，它就成了专柜小姐借以推销产品的最佳手段了。其实，在棉球上所反映出的黑色，有的是污垢，有的只是残留的化妆品、死皮僵菌或油脂。

(13) 定期在美容院做皮肤护理能增进皮肤的健康。脸部护理旨在深层洁肤，促进血液循环，令你放松并得到心理满足，如果你以为皮肤会因此得到显著医疗改善恐怕会失望哦。

(14) 人人都应使用修复水。修复水对去除洁肤后的残留物效果很好，但如果你不化妆，或使用极易飘洗干净的洁面乳，就不需使用修复水。

(15) 润肤霜抹得越多越好。肌肤对于润肤霜是需要多少吸收多少，抹多了，只会阻塞毛孔，并导致粉刺和眼睛浮肿。所以开始还是少涂一些。

(16) 低过敏就是不会有过敏反应。所谓低过敏是指产品中不含一些特别容易引起过敏反应的成分——如香料，但你仍然可能会对其中的其他成分过敏。

(17) 修颜液可关闭毛孔。不要以为毛孔是扇门，可以随意开关。修颜液或收缩水只是使皮肤略微收缩一下，使毛也看上去细小。这个效果维持时间不会太久，肌肤还是会回复原样。

第二节　仪表

心理学家曾经做过一个有趣的实验：把 10 张小姑娘的照片给受试者看，其中 8 人容貌服饰姣好，另两位姑娘长相较差，衣服也破旧，心理学家告诉受试者，其中一人是小偷，结果，有 80% 的受试者认为后者是小偷。这说明人们总是喜欢那些看上去令人感觉舒适、有美感的人。美好的长相、匀称挺拔的身材、美观大方的服饰均能增添人的仪表魅力，给人以舒服、美好的感觉。如果说人的长相天生、身材长短难以变更，而服饰确实是可以变化的。

整洁美观的服饰是人们能用以改变自己或烘托自己的最好、使用最频繁的“武器”。早在 1972 年，世界著名心理学家及讲演大师肯利教授发现，在高中女孩的交往友谊中，穿衣最重要，占留给别人印象的 67% 之多，在多年之后，我们即便回忆不起当年的容貌，却对“当时穿什么”印象特深。其次才是个性。再次是共同的兴趣。因而他发现了着装是一个强烈、显著的信号，并告诉人们一个原则：服装只要运用得当，就是最有利的沟通工具之一，也是最便捷的人际交往“名片”。并且进一步通过实验证实，着装能让我们得到不同的待遇。假如穿戴像一个成功的人，就能让您在各种场合得到应有的尊敬和善待。肯利教授最后指出，在任何事业上，成功穿着能够帮助您获得更大成功。

美国商人希尔就清楚地认识到，在商业社会中，一般人是根据一个人的衣着来判断对方的实力的，因此，他首先去拜访裁缝。靠着往日的信用，希尔定做了三套昂贵的西服，共花了 275 美元，而当时他的口袋里仅有不到 1 美元的零钱。然后他又买了一整套最好的衬衫、领带及内衣裤，而这时他的债务已经达到 675 美元。每天年早上他都会身穿一套全新的衣服，在同一时间里同一位出版商“邂逅”相遇，希尔每天都和他打招呼，并偶尔聊上一两分钟。

这种例行性会面大约进行了一星期之后，出版商开始主动与希尔搭话，并说：“你看来混得相当不错。”接着出版商便想知道希尔从事哪一行业。因为希尔身上的衣着表现出来的这种极有成就的气质，再加上每天一套不同的新衣服，已引起了出版商极大的好奇心，这正是希尔盼望发生的事情。希尔于是很轻松地告诉出版商：“我正在筹备一份新杂志，打算在近期内争取出版，杂志的名称为《希尔的黄金定律》。”出版商说：“我是从事杂志印刷和发行的。也许我也可以帮你的忙。”这正是希尔等候的那一刻，而当他购买这些新衣服时，他心中已想到了这一刻。这位出版商邀请希尔到他的俱乐部，和他共进午餐，在咖啡和香烟尚未送上桌前，已说服了希尔答应和他签合约，由他负责印刷和发行希尔的杂志。发行《希尔的黄金定律》这本杂志所需要的资金至少在 3 万美元以上，而其中的每一分钟都是从漂亮衣服所创造的“幌子”上筹集来的。

因此，我们要学会运用服饰这一武器来“武装”自已，获得成功。

一、服装的类别

不同社交场合，对服装的要求是不同的，比如，参加宴会、晚会等重要社交活动的服装与交游、运动或居家休息的服装，就有很大区别。为了着装得体，就要了解在什么场合应穿什么衣服，什么服装适合在什么场合穿。

（一）正式服装

正式服装用于参加婚葬仪式、会客、拜访、社交场合。这类服装式样，一般是根据穿用的目的、时间、地点而定的。现在的正式服装正在简化，但是，保持着它的美感和庄重感。在穿着正式服装时，要注意与自身条件相协调，并慎重选择款式和面料，才能给人以雅致的印象。

晚礼服：用于晚间宴会或外交场合，有正式和略式之分，在款式上没有固定的格式，但都有高格调和正统感。欧洲女士晚礼服的特点是露出肩、胸，有无袖，也有紧领、长袖的式样，长至脚边。多选用丝绸、软缎、织锦缎、麻丝等面料加工制作。如果装饰物合理，会显得格外漂亮雅致。晚礼服只能在特定的时间、场合穿。

午后礼服：这是在下午比较正式的拜访，宴会场合穿用的礼服。有正式和非正式之分。正式的用于参加婚礼、宴会等场合，非正式可用于外出或拜访。裙长一般较长，款式不固定，格调高雅、华贵。典型的午后礼服要配戴帽子、提包，还要佩戴项链。

正式服装中还有晚会服、酒会服、婚礼服等。参加结婚仪式的宾客应穿正式的酒会礼服，气氛轻松，穿丝绸类套装、连衣裙等以示对主人的尊重，其次表明结婚仪式的庄重，但应注意不要色彩过于抢眼，以免喧宾夺主。

（二）便装

便装是指平常穿的服装，使用范围广泛，根据不同的用途和环境，便装又分很多种。街市服比礼服随便得多，例如，上街购物、看影剧、会见朋友等可以穿着。它很大程度上受流行趋势影响，是时装的重要组成部分。每个人可根据自己的爱好及自身的客观条件选择各式各样的街市服，但穿着时一定要注意到它是否符合将要去的环境与气氛。面料可用毛、丝绸、化纤等，并可根据季节的变化而变换。

旅游服、运动服等依据具体情况做准备，重要的是舒适、实用、便于行动。

家庭装与家庭的气氛相称。在家里要做家务，还要休息，以便养精蓄锐，所以，家庭装应随便、舒适、格调轻松活泼。早晚穿着的有晨衣、睡衣等，但不能穿这类服装会客。

（三）补正装

补正装是指贴身服装，可以起到保温、吸汗、防污垢、保持身体清洁的作用，还能成为外衣的配衬，使外衣显得更美。补正装包括胸衣、围腰、衬裙、马甲等，其主要作用是调整或保护体型，使得外衣的形状更加完美。这种服装，应选伸缩性能好，有弹性的面料，法国服装设计大师费里，因有着肥胖厚实、强壮的身躯，一件小马甲对于他几乎成了一种规范：“我的背部太厚，而且突起呈圆弧状，背后的衣服总容易弄皱，加上一件紧身背心，不仅遮住了背后皱巴的衬衫，上衣也有了架子。”一件小小的马甲，也有很多的讲究。现代生活更要注意补正装的效果。

（四）职业装

职业装即工作服装，适合各自职业的性质，工作环境，实用又便于活动，给人整齐划一，美观整洁之感，能振奋人心，增强职业自豪感。如果是旅游接待人员的工作服，应便于人体的各部分活动，自然得体大方；而作为教师，其职业服装应显出端庄、严谨并富有亲和力的特征。

二、着装的原则

着装时，应遵循人们公认的三原则：时间原则、环境原则和个性原则。

（一）时间原则

时间原则，是指在不同时代、不同季节、不同时间应穿不同的服装。服装是有时代性的。比如，封建时代，女子一律穿旗袍，男子一律是长袍马褂、对襟开衫，若有人穿西装就会被讥笑为“假洋鬼子”。“文化大革命”时期，不分男女老少一律是蓝制服或绿军装，谁若穿着讲究一点，必然被视为“资产阶级”情调；而现在服装已成为显示风度标志、文化修养和身份地位的重要工具。服装有季节性，如在深秋时节穿一件无袖轻薄的连衣裙，很难给人留下美感。服装还有时间性。一般有日装和晚装之分。日装要求轻便、舒适，便于活动，但款式不可以使身体裸露，而晚装则要求艳丽、华贵、珠光宝气，可适当裸露。因此，日装和晚装不能颠倒。

（二）环境原则

环境原则，是指不同的工作环境、不同的社交场合，着装要有所不同。比如，一个在外贸公司工作的公关小姐，总是喜欢穿款式陈旧、色泽暗淡的服装，尽管她努力工作，能力也不错，但好几次富有吸引力的工作机会都被那些衣着更时髦、打扮更精神的同事争取到了，因为她的衣着似乎在说：“我是一个安分守己的人，我对目前的状况很满意。”因此，着装还要根据环境场合的变化而变化，上班时不必穿高档服装，不能过于艳丽、裸露，而穿端庄大方的西装、衬衫、套裙比较适合；上街不可穿居家服、睡衣睡裤；探亲访友着装应沉稳；去医院看望病人，应随意大方；郊游、运动，应轻松随便；晚会、舞会则可鲜艳华丽。

（三）个性原则

这里有两层含义：穿着对象和交际对象。也就是说，你的穿着既要适合自己，能表现自己的个性风格，又要对应别人，与你的交际对象保持协调一致。在生活中，我们常常会看到高高胖胖的女士，上穿一件淡红色紧身衣，下穿一条一步裙，露出肥厚的前胸和粗壮的大腿，令人担心那身衣服随时会崩裂；而身材矮小的小姐，却上穿一件深色蝙蝠衫，下穿一条长长的黑色呢裙，宽松肥大的衣裙把她整个人都装了进去，越发显得瘦弱憔悴。男士也是如此。五短三粗的男子却穿着包臀的萝卜裤，让人看上去十分别扭。要穿得自然得体，就得根据自己的高矮胖瘦，选择不同质地、颜色、款式的服装加以调整。

着装，还受容貌肤色、年龄、职业、性格等多种因素的影响。比如，你的相貌很老成，却总爱穿大花短上衣就显得很滑稽，你的肤色偏黄，却爱穿土黄色或黑色服装，越发像“出土文物”。你的年龄明明只有十八九岁，却总穿灰色服装，气质必然像40岁的大嫂；着装还要综合考虑自己各方面的条件和社会条件，使之穿出自我、穿出个性。比如，外形和气质都比较活泼的公关小姐，其穿着可以艺术、夸张些，一件洋红色的旗袍既可显示出其身材美，又可将其容貌映衬得鲜亮高雅。而一位女市长的服装设计，则必须在精明干练、独立果敢中透出一股温和娴雅的天性。比如，一套银灰色套裙外加一件外套比较适合她的身份。

在一些重大的社交场合，穿着在表现自我的同时，还必须与他人保持一致。曾有一位企业家去会见前来考察的德国同行，由于天气很热，他便像往常一样，穿着汗衫、短裤和凉鞋去了。岂料对方见到他后立刻露出不高兴的神色，没谈几句就起身告辞了。因为国外在这种重要场合，彼此都要西装革履，否则就意味着瞧不起对方。因此，在与人约见之前，一定要仔细考虑对方可能的穿着，并加以对应。这样才能迅速缩短对方的心理距离，博得好感和信任。

三、着装的三项注意

（一）注意协调

所谓穿着的协调，是指一个人的穿着要与他的年龄、体形、职业和所处的场合吻合，表现出一种和谐，这种和谐能给人以美感。

首先，穿着要和年龄相协调。在穿着上要注意年龄，与年龄相协调，不管青年人还是老年人，都有权利打扮自己，但是在打扮时要注意，不同年龄的人有不同的穿着要求。年轻人应穿着鲜艳、活泼、随意一些，这样可以充分体现出青年人的朝气和蓬勃向上的青春之美。而中、老年人的着装则要注意庄重、雅致、整洁，体现出成熟和稳重，透出那种年轻人所没有的成熟美。因此，无论你是青年、中年，还是老年，只要你的穿着与年龄相协调，那么都会使你显出独特的美来。

其次，穿着要与体形相协调。关于人体美的标准，古今中外，众说纷纭。有关专家综合我国人口的健美标准，提出两性不同的体形标准。女性的标准体形是：骨骼匀称、适度。具体表现为：站立时头颈、躯干和脚的纵轴在同一垂直线上。肩稍宽，四肢比例以及头、颈、胸的比例。以肚脐为界，上下身的比例符合“黄金分割”的1.618∶1，也可用近乎8∶5来表示。若身高160厘米，则其较为理想的体重是50～55公斤，肩宽是36～38厘米，胸围是84～86厘米，腰围是60～62厘米，臀围是86～88厘米。男性的标准体形应基本遵循两臂侧平举等于身高的原则，若身高167～170厘米，则其较为理想的体重是68～70公斤，胸围是95～98厘米，腰围是75～78，颈围是30～40厘米，上臂围是 32 ~ 33 厘米，大腿围是 55 ~ 56 厘米，小腿围是 37 ~ 38 厘米。

然而，在现实生活中，并非每个人的体形都十分理想，人们或多或少地存在着形体上的不完美或欠缺，或高或矮，或胖或瘦。若能根据自己的体形挑选合适的服装，扬长避短，则能实现服装美和人体美的和谐、统一。

一般来说，身材较高的人，上衣应适当加长，配以低圆领或宽大而蓬松的袖子，宽大的裙子、衬衣，这样能给人以“矮”的感觉，衣服颜色上最好选择深色、单色或柔和的颜色；身材较矮的人，不宜穿大花图案或宽格条纹的服装，最好选择浅色的套装，上衣应稍短一些，使腿比上身突出，服装款式以简单直线为宜，上下颜色应保持一致；体型较胖的人应选择小花纹、直条纹的衣料，最好是冷色调，以达到显“瘦”的效果。在款式上，胖人要力求简洁，中腰略收，后背以扎一中缝为好，不宜采用关门领，以“V”形领为最佳；体型较瘦的人应选择色彩鲜明、大花图案以及方格、横格的衣料，给人以宽阔、健壮的视觉效果；瘦人应当选择尺寸宽大、上下分割花纹、有变化的、较复杂的、质地不太软的衣服，切忌穿紧身衣裤，也不要穿深色的衣服。另外，肤色较深的人穿浅色服装，会显出健美的色彩效果，肤色较白的人穿深色服装，更能显出皮肤的柔嫩。

再次，穿着要和职业相协调。穿着除了要和身材、体形协调之外，还要与职业相协调。这一点非常重要，不同的职业有不同的穿着要求。例如，教师、干部一般要穿着得庄重一些，不要打扮得过于妖艳，衣着款式也不要过于怪异，这样可以给人留下一个良好的印象；医生穿着要力求显得稳重和富有经验，一般不宜穿着过于时髦以免给人以轻浮的感觉，这样不利于对病人进行治疗；青少年学生穿着要朴实、大方、整洁，不要过于成人化；而演员、艺术家则可以根据他们的职业特点，穿着得时尚一些。

最后，穿着要与环境相协调。穿着还要与所处的环境相协调。上班、办公室是一个很严肃的地方，因此，在穿着上就应整齐、庄重一些。外出旅游，穿着应以轻装为宜，力求宽松、舒适，方便运动。平日居家，可以穿着随便一些，但如有客人来访，应请客人稍坐，自己立即穿着整齐，如果只穿内衣内裤来接待客人，那就显得失礼了。除此之外，在一些较为特殊的场合，还有一些专门的穿着要求。例如，在喜庆场合不宜穿得太素雅、古板；庄重的场合不能穿得太宽松、随便；悲伤场合不能穿得太鲜艳，等等。对于这些穿着要求，我们在下面还要做具体的介绍。

（二）注意色彩

色彩，是服装留给人们记忆最深的印象之一，而且在很大程度上也是服装穿着成败的关键所在。色彩对他人的刺激最快速、最强烈、最深刻，所以被称为“服装之第一可视物”。

一般来说，不同色彩的服饰在不同的场合所产生的效果是不同的，为此，我们需要对色彩的象征性有一定的了解。

黑色，象征神秘、悲哀、静寂、死亡，或者刚强、坚定、冷峻；

白色，象征纯洁、明亮、朴素、神圣、高雅、恬淡，或者空虚、无望；

黄色，象征炽热、光明、庄严、明丽、希望高贵、权威；

大红，象征活力、热烈、激情、奔放、喜庆、福禄、爱情、革命；

粉红，象征柔和、温馨、温情；

紫色，象征谦和、平静、沉稳、亲切；

绿色，象征生命、新鲜、青春、新生、自然、朝气；

浅蓝，象征纯洁、清爽、文静、梦幻；

深蓝，象征自信、沉静、平静、深邃；

灰色是中间色，象征中立、和气、文雅。

人们在穿着服装时，在色彩的选择上既要考虑个性、爱好、季节，又要兼顾他人的观感和所处的场合。所以，明代卫泳在《缘饰》中说：春服宜清，夏服宜爽，秋服宜雅，冬服宜艳；见客宜重装；远行宜淡服；花下宜素服；对雪宜丽服。古人对服饰的讲究的确值得我们借鉴。

对一般人而言，在服装的色彩上要想获得成功，最重要的是掌握色彩的特性，色彩的搭配，以及正装色彩的选择三个方面。

首先，色彩的特性。色彩具有冷暖、轻重、缩扩等特性。

色彩的冷暖。使人产生温暖、热烈、兴奋之感的色彩为暖色，如红色、黄色；使人有寒冷、抑制、平静之感的色彩叫冷色，如蓝色、黑色、绿色。

色彩的轻重。色彩明暗变化程度，被称为明度。不同明度的色彩往往给人以轻重不同的感觉。色彩越浅，明度越强，它使人有上升之感、轻感。色彩越深，明度越弱，它使人有下垂之感、重感。人们平日的着装，通常讲究上浅下深。

色彩的缩扩。色彩的波长不同给人收缩或扩张的感觉有所不同。一般来讲，冷色、深色属收缩色，暖色、浅色则为扩张色。运用到服装上，前者使人苗条，后者使人丰满，二者皆可使人在形体方面避短扬长，运用不当则会在形体上出丑露怯。

其次，色彩的搭配。色彩的搭配主要有统一法、对比法和呼应法。

统一法。即配色时尽量采用同一色系中之各种明度不同的色彩，按照深浅不同的程度搭配，以便创造出和谐感。例如，穿西服按照统一法可以选择这样搭配，如果采用灰色色系，可以由外向内逐渐变浅，深灰色西服—浅灰底花纹的领带—白色衬衫。这种方法适用于工作场合或庄重的社交场合的着装配色。

对比法。即在配色时运用冷色、深色，明暗两种特性相反的色彩进行组合的方法。它可以使着装在色彩上反差强烈，静中求动，突出个性。但有一点要注意，运用对比法时忌讳上下 1/2 对比，否则给人以拦腰一刀的感觉，要找到黄金分割点即身高的 1/3 点上（即穿衬衣从上往下第四、第五个扣子之间），这样才有美感。

呼应法。即在配色时，在某些相关部位刻意采用同一色彩，以便使其遥相呼应，产生美感。例如，在社交场合穿西服的男士讲究“三一律”。所谓“三一律”，就是男士在正式场合时应使公文包、腰带、皮鞋的色彩相同，即为此法的运用。

再次，正装的色彩。非正式场合所穿的便装，色彩上要求不高，往往可以听任自便，而正式场合穿的服装，其色彩却要多加注意。总体上要求正装色彩应当以少为宜，最好将其控制在三种色彩之内。这样有助于保持正装保守的总体风格，显得简洁、和谐。正装若超过三种色彩则给人以繁杂，低俗之感。正装色彩，一般应为单色、深色并且无图案。最标准的正装色彩是蓝色、灰色、棕色、黑色。衬衣的色彩最佳为白色，皮鞋、袜子、公文包的色彩宜为深色(黑色最为常见)。

此外，肤色也关系到着装的色彩，浅黄色皮肤者，也就是我们所说的皮肤白净的人，对颜色的选择性不那么强，穿什么颜色的衣服都合适，尤其是穿不加配色的黑色衣裤，则会显得更加动人。暗黄或浅褐色皮肤，也就是皮肤较黑的人，要尽量避免穿深色服装，特别是深褐色、黑紫色的服装。一般来说，这类肤色的人选择红色、黄色的服装比较合适。肤色呈病黄或苍白的人，最好不要穿紫红色的服装，以免使其脸色呈现出黄绿色，加重病态感；皮肤黑中透红的人，则应避免穿红、浅绿等颜色的服装，而应穿浅黄、白等颜色的服装。

（三）注意场合

所谓穿着要注意场合，是说要根据不同场合来进行着装。英国女王伊丽莎白二世访问中国期间，走出机舱门第一个亮相，穿的是正黄色西服套裙，戴正黄色帽子。这位女王本人喜欢红色和天蓝色，很少穿黄衣服。但是在中国，过去的几千年里，黄色是皇帝的专用色。女王来中国访问穿正黄色，既表示尊重中国的传统习俗，又显示了她作为一国君主的高贵身份。

社交中，不同场合有不同的着装要求。这里主要介绍喜庆欢乐的场合、隆重庄严的场合、华丽高雅的场合和悲伤肃穆的场合的穿着要求。

喜庆欢乐的场合包括庆祝会、欢乐会、生日、婚日纪念活动、婚礼聚会等。喜庆欢乐场合的穿着应与人们高兴、快乐、兴奋的情绪协调，女士可以穿得色彩鲜艳、丰富一些，款式也可以新颖一些，以烘托活跃欢乐的气氛。太深沉的色彩和太古板的款式都不太适宜。男士虽不能像女士那样穿红着绿，但白色或其他浅色西装、花色漂亮醒目的领带，均可以拿出来潇洒一番，以表现男士轻松愉快的心情。

隆重庄严的场合，如开幕式、闭幕式、签字仪式、出席重要的或高层次会议、重要的会见活动、新闻发布会等。这种场合是正式的，要特别注意个人的公众形象和媒介形象，注意仪表，衬托隆重庄严的气氛，所以，不能穿得太随便。男士们应西装革履，正规、配套、整齐、洁净、一丝不苟，这是个人仪表形象的原则；女士不要花枝招展、松松垮垮、随随便便，也应穿上套装或较为素雅端庄的连衣裙，以体现职业女士在正规场合的风范。

华丽高雅的场合，多半为晚上举办的正式社交活动，如正式宴会、酒会、招待会、舞会、音乐会等。在这种场合女士的着装应较为华丽高贵，有责任把自己打扮得漂亮一点，显示出美好的气质和修养。可以穿连衣长裙、套裙，面料要华丽，质地要好，色彩应单纯（最好为单色）。服装可以用花边装饰，也可以用胸针、项链、耳环、小巧漂亮的坤包点缀。式样简洁的华丽裙装，更能体现一种脱俗美。男士们穿着深色西服，从头到脚修饰一新，就可以步入华丽高雅的殿堂。

悲伤肃穆的场合，如吊唁活动和葬礼。这时的服装色彩不能太刺眼，款式不能太引人注目。到这种场合来的人，应该抱着沉痛的心情、肃穆的情绪，为亡故者而来，而不是来展示个人的自我形象，因此，在着装上应避免突出个性，表现自我，而是将自我的个性糅进这种特殊场合的群体氛围之中。男士可以穿黑色或深色西装配白衬衣、黑领带；女士不抹口红、不戴装饰品、不用鲜艳的花手绢，全身衣装是深色或素色，使外表的肃穆与内心的沉痛协调统一起来。

四、男士西装的选择与穿着

西装是男士最常见的办公服，也是现代交际中男子最得体的着装。国外很多机构，包括一些大企业，规定工作人员不能穿西装短裤、运动服上班，要求男士必须穿西服打领带。一些剧院也规定了观看者必须西装革履。为了塑造良好的个人形象，男士必须学会穿西装。

（一）男士西装的选择

首先，要选择合适的款式。西装的款式可分为英国、美国、欧洲三大流派。尽管西装在款式上有流派之分，但是各流派之间差异并不很大，只是在后开衩的部位、扣是单排还是双排、领子的宽窄等方面有所不同。不过，在胸围、腰围的胖瘦，肩的宽窄上还是有所变化的。因此，我们在选择西装时，要充分考虑到自己的身高、体形，如身材较胖的人最好不要选择瘦型短西装；身材较矮者也最好不要穿上衣较长、肩较宽的双排扣西装。

其次，要选择合适的面料和颜色。西装的面料要挺括一些。做正式礼服用的西装，可采用深色如黑色、深蓝、深灰等颜色的全毛面料制作。日常穿的西装颜色可以有所变化，面料也不必过分讲究，但必须熨烫挺括。如果穿着皱巴巴的西装，是会损坏自己的社交形象的。

再次，要选择合适的衬衣。穿着西装时一定要穿带领的衬衣；花衣配单色的西装效果比较好，单色的衬衣配条纹或带格西装比较合适；方格衬衣不应配条纹西装，条纹衬衣也不要配方格西装。

最后，要选择合适的领带。在社交场合穿西装必须要打领带，领带的颜色、花纹和款式要与所穿的西装相协调。领带的面料以真丝为最优。在领带颜色的选择上，杂色西装应配单色领带，而单色西装则应配花纹领带；驼色西装应配金茶色领带，褐色西装则需配黑色领带等。

（二）男士西装的穿着

首先，要穿好衬衣。穿西装必须要穿长袖衬衣，衬衣最好不要过旧，领头一定要硬扎、挺括，外露的部分一定要平整干净。衬衣下摆要掖在裤子里，领子不要翻在西装外，衬衣袖长于西装袖子。

其次，要注意内衣不可过多。穿西装切忌穿过多内衣。衬衣内除了背心之外，最好不要再穿其他内衣，如果确实需要穿内衣的话，内衣的领圈和袖口也一定不要露出来。如果天气较冷，衬衣外面还可以穿上一件毛衣或毛背心，但毛衣一定要紧身，不要过于宽松，以免显得臃肿，影响穿西装的效果。

再次，要打好领带。在比较正式的社交场合，穿西装应系好领带。领带有简易打法和复杂打法之分。领带的长度要适当，以达到皮带扣处为宜。如果穿毛衣或毛背心，应将领带下部放在毛衣领口内。系领带时，衬衣的第一个纽扣要扣好，如果佩带领带夹，一般应在衬衣的第四、第五个纽扣之间。

再其次，要鞋袜整齐。穿西装一定要穿皮鞋，而不能穿布鞋或旅游鞋。皮鞋的颜色要与西装相配套。皮鞋还应擦亮，不要蒙满灰尘。穿皮鞋还要配上合适的袜子，袜子的颜色要比西装稍深一些，使它在皮鞋与西装之间显示一种过渡。

最后，要扣好扣子。西装上衣可以敞开穿，但双排扣西装上衣一般不要敞开穿。在扣西装扣子时，如果穿的是两个扣子的西装，不要把两个扣子都扣上，一般只扣上面一个。如果是三个扣子只扣中间一个，全扣上显得拘谨，扣上面一个显得土气，扣下面的一个显得流气。西装裤兜内不宜放重物。

五、女士服装的穿着

女士服装应讲究配套，款式较简洁，色彩较单纯，以充分表现出女士的精明强干，落落大方。

（一）女士西装

女士西装式样较多，它的领型就有西装“V”字领、青果领、披肩领等；款式有单排扣、双排扣；衣长也有变化，或短至齐腰处，或长至大腿；造型上有宽松的、束腰的，还可有各种图案的镶拼组合。女士西装有衣裤相配的套装，也有衣裙相配的套裙。在社交场合，无论西服套装或西服套裙款式都宜简洁大方，避免过分的花哨和夸张。

女士西服套装给人以精明干练、富有权威的感觉，显得比较呆板严肃，更适合成熟的女士或职位较高的女领导工作时穿用。而西服套装则成为社交中女士普遍适用的服装。

西服套裙的上装是西装，下装是腰裙，如西装裙、喇叭裙、百褶裙等。社交中，西服套裙的面料应是高档面料，如夏季用丝绸，华贵柔美；春秋用各类毛料，考究挺括；冬季用羊绒或毛呢织物，高贵典雅。西服套裙的色彩应呈中性，也可偏暗，一色的面料较适宜，各种条子、格子、点子面料也常用。西服套裙上下一色显得端庄，有成熟感；色彩上浅下深或上深下浅，式样上简下繁或上繁下简，花色或上轻下杂或上杂下轻，可以搭配出动感和活力，适合女士在不同场合穿出不同的风貌。

（二）女士连衣裙

连衣裙是上衣和裙子的结合体，它不但能尽显女士特有的恬静和妩媚，而且穿着便捷、舒适。连衣裙也可与西装外套等组合搭配，提高服装的使用率。连衣裙的造型丰富多彩，有前开襟、后开襟、全开襟和半开襟的；有紧身的、宽松的、喇叭形、三角形、倒三角形的；有无领的、有领的；有方领的、尖领的、圆领的；有超短的、过膝的、拖地的等各种连衣裙，它们为各种身材的女士在不同场合提供了大量的选材。

穿着连衣裙时应以个人爱好、流行时尚而定，但在社交场合时连衣裙还应以大方典雅为宜。单色连衣裙在大多数场合效果都很好，点、条、格等面料的连衣裙图案也要力求简洁。穿连衣裙要注意避免：一是受时髦潮流的影响，太流行或趋于怪异，变得俗不可耐或荒诞不经。二是不顾及环境，而穿着过低的领口，过紧的衣裙，过透的面料，使人感到极不雅观。正所谓："酌奇而不失其真，玩华而不坠其实。"

（三）女士旗袍

旗袍被公认是最能体现女性曲线美的一种服装。我国是有着300年旗袍历史的国度，近年来，旗袍以从未有过的震撼力在影响着世界各地女性的穿着，它像一种特殊的世界语，迅速被各种族的人们接受，打破了只有东方女性才适合穿着的传统论断，因而旗袍也可作为社交中的礼服。旗袍作为礼服，一般采用紧扣的高领、贴身、身长过膝，两旁开衩、斜式开襟、袖口至手腕上方或肘关节上端的款式，面料以高级呢绒绸缎为主，配以高跟鞋或半高跟鞋。

（四）职业女性的着装风格

1. 庄重大方型 。适合从事教育、文化、咨询、信息和医疗卫生等工作的职业女性。这类职业女性的着装外形正变得飘逸柔软，渐渐走出"女强人"的模式。衬衫款式以简单为宜，与套装配衬，可以选择白色、淡粉色、格子、线条等变化款式的衬衫。着装整体色彩上，可以考虑灰色、深蓝、黑色、米色等较沉稳的色系，给人留下干练朝气、充满亲和力与感染力的印象。此外，也可选择白色。考虑到职业女性一天近八小时面对公众，必须始终保持衣服形态整洁的缘故。因而，应当尽量选用那些经过处理、不易起皱的丝、棉、麻以及水洗丝等面料。

2. 成熟含蓄型 。适合从事保险、证券、律师、公司主管、公共事业和政府机关公务员等工作的职业女性。这类职业女性着装的原则是专业形象第一，女性气质其次，在专业及女性两种角色里取得平衡。不同质地和剪裁的西服西裤，能穿出不同的感觉。总的来说，西服和西裤的搭配，显得成熟稳重，帅气潇洒，自由豪迈。连衣裙适合身材窈窕的女性。常见的连衣裙款式类似套裙，长度或长或短，没有太多的限制。露肩的黑色连衣裙，长度及踝，流畅而华丽的线条，令身体的美无言地展示。神秘的黑色适合成熟含蓄的女性。这样的服装可以出现的场合比较多。优雅利落的套装，给人的印象是井然有序。至于颜色，当然，还是以白、黑、褐、海蓝、灰色等基本色为主，若嫌色彩过于单调，不妨扎条领巾；或在套装内穿件亮眼质轻的上衣。

3. 素雅端庄型 。适合从事科研、银行、商业、贸易、医药和房地产等工作的职业女性。这类职业女性的穿着除了因地制宜、符合身份、清洁、舒适外，还须记住以不影响工作效率为原则，才能适当地展现女性的气质与风度。例如，女性的衣着如太暴露，容易让男同事不知所措，自己还要时常瞻前顾后，如此会影响自己的工作效率。因此，职业女性的上班服应注重配合流行但不损及专业形象。原则是“在流行中略带保守”，是保守中的流行。太薄或太轻的衣料，会有不踏实、不庄重之感。衣服样式宜素雅，花色衣服则应挑选规则的图案或花纹如格子、条纹、人字形纹等。

4. 简约休闲型。适合从事新闻、广告、平面设计、动画制作和形象造型等工作的职业女性。这类职业女性的着装是简单中的优雅，舒适中的休闲，但简单的服饰可造就不简单的女人。白色或者深蓝色细格的棉质衬衫，修身的设计，半透明的质感，内衬白色吊带背心，简约和性感混合在一起。穿这样的衣服，会在单位人气大增。

5. 清纯秀丽型。适合网络、计算机、公关、记者、娱乐等工作的职业女性。虽然办公室里不需要风情万种，但是，女人聪明的天性以及对美丽的极度敏感，使她们能够轻而易举地将流行元素融进枯燥沉闷的上班服饰中。时尚无需复杂，一双华丽斑斓的凉鞋、一只绣有花朵的书包，都可成为将职业装穿出流行感觉的点睛之作，职业形象也能带出甜蜜的感觉。

六、服装的饰物佩戴

饰物的佩戴要注意与个人的风格、服装的质地与整体形象等相一致，具体地说是，需要注意如下事项：

（一）帽子与围巾

帽子可以遮阳，可以御寒，同时也给人的仪表增添各种不同的情趣美。帽子的种类有许多种，如法式帽、西班牙式帽、宽檐帽、鸭舌帽、滑雪帽、水手帽、棒球帽等。帽子要注意与发型、脸型及服装的式样、颜色相配，还要注意与围巾相呼应。例如，简单优雅、线条流畅的圆形滚边帽下散落一头长发，最能表现出不造作的个性；而棕色的豹纹丝绒圆帽及围巾，既流行又不失沉稳，表现出酷劲十足。单单一条围巾也可为服装增添色彩，如一条丝巾的随意变化，或围在肩上，或挂在脖子上下垂，或在头上改变发型都会起到意想不到的效果。冬季的一条长围巾披在一边的肩膀上，也会有意想不到的美感。

（二）眼镜

眼镜不仅是实用的日常用品，也可以看成是“眼睛的服饰”，眼镜的选择要适合人的脸型。正方形脸可选用稍圆或有弧度的镜片，这样可与方型脸互补，镜框顶端的位置必须凸起，远远高于下巴；长方形脸由于脸型过长，镜框必须尽可能遮住脸部中央以修短脸形，因此适合佩戴镜框较大的眼镜；圆形脸为减弱圆形的感觉，可选择有直线或有角度的镜框，黑色、咖啡色等较深色系也有改变脸型的效果；三角形脸由于前额宽、脸颊较尖，选择有细边和垂直线的镜框以平衡脸的下方，镜框不宜太高，过粗的鼻桥及深色、方形眼镜皆不合适。此外，个性也是考虑因素之一：较大鼻子要选择较大镜框来平衡；较小鼻子要戴浅色和较高鼻梁的眼镜，可使鼻子看起来较长。

（三）包

无论是男士的公文包，还是女士的坤包都应与所穿服装相协调，要保持包的清洁和美观。如果包中没有分隔夹层的话，可用几个小袋子将皮包分类。如女士的皮包中可放一些化妆品、钱、钥匙、纸巾、笔等用品，可将其分类装入不同的小袋，以免找东西时乱翻一通或需把东西全倒出来才能找到，既破坏美感又浪费时间。正式社交场合，皮包最好拿在手上，而不是背在肩上。

（四）鞋

社交中，男士的鞋一般都是皮鞋，穿民族服装和中山装也可以穿布鞋。男士的皮鞋以黑色最为通用，样子以保守一点为宜。女士的皮鞋一般为敞口鞋或冬季的短靴，布鞋、凉鞋或长筒马靴一般不适用于正式社交场合及办公场所。女士鞋的颜色也以黑色为通用，也可与服装颜色协调一致。皮鞋要求线条简洁，无过多的装饰。女士穿高跟鞋的高度一般以 3 ~ 4 厘米为宜，最高不超过 6 厘米。此外，高跟鞋的鞋跟也不可太细，以免发生危险。

（五）袜子

社交中，男士的袜子应是深色的，最好是服装与鞋的过渡色。有的人在穿西装时穿白袜子，破坏了整体的稳重感，把人的视线吸引到了脚上，一双袜子破坏了精心设计的整体美。女士穿西服套装时的袜子也是同样的道理。穿裙子时最好穿连裤长袜。它比较适合各种款式的裙子，尤其是在穿一步裙、中间或两旁开衩的裙子时，以免穿半截袜大腿露出不雅。即使穿长筒袜，也要用吊袜带以免袜子松松垮垮或滑下。长袜以肉色系列最为通用。尽量穿有透明感的长袜，除非冬季穿很厚的衣裙、大衣时才可以厚实一点。

（六）首饰

对于服饰而言，首饰起着辅助、烘托、陪衬、美化的作用。从审美的角度来看，它与服装、化妆一道被列为人们用以装饰、美化自身的三大方法之一。较之于服装，它常常发挥画龙点睛的作用。

在使用首饰时，宁肯不用也不要乱用，所以，使用首饰要注意讲究规则：在数量上以少为佳，下限是零，上限是三，必要时可以一件首饰也不戴，若有意同时戴多种时，在数量上不要超过三种，除耳环、手镯外，同类首饰不要超过一件，否则会给人凌乱之感，因此，首饰要力求简单。例如，在一本名曰《没有不散的筵席》一书中谈到在美国进行公关的宋美龄时写道：

她经常穿一件长长的中式旗袍。假如她有珠宝首饰，她却很精明从来不戴。所见到她戴的，至多是枚不起眼的普通别针或一只戒指。

罗斯福总统执政期间——我们那时不在美国——蒋夫人颇受青睐。

可见，那种浑身珠光宝气、饰品层见叠出的装扮只会起到相反的效果。

在色彩上，要力求同色，若同时佩戴两件或两件以上的首饰时，应使其色彩一致，戴镶嵌首饰时应使其色调保持一致。千万不要使所戴的几种首饰色彩斑斓，同时还要注意首饰的色彩与服装的色彩协调。

在身份上，要符合本人的身份，与自己的性别、年龄、职业、工作环境保持大体一致，而不宜使之相去甚远。如有的行业不让戴首饰，像医务工作者、宾馆服务员、厨师，这是由于行业特点决定的，该行业的人员应无条件地遵守。

在体形上，要使首饰为自己的体形扬长避短。选择首饰时应充分正视自己的形体特点。如脖子长的人适合戴短、粗的项链，脖子短的人适合戴细、长的项链；而手掌大、手指粗的人不宜戴过大或过小的戒指；而手指短粗的人适合戴线条流畅的戒指，应避免戴方戒指或大嵌宝戒。手掌与手指偏小的人不适合戴大戒指，而适合戴小巧玲珑的小型戒指或小钻戒，可令手指秀丽可爱。

在佩戴方法上，女士也应注意：戒指在不同的手指上有不同的寓意，例如，女士戴在食指上表示自己还没有男朋友，戴在中指上表示自己还在热恋，戴在无名指上表示已婚，戴在小指上表示主观上自愿独身。

项链的粗细应与脖子的粗细成正比，与脖子的长短成反比。从长度上分项链可分为四种：短项链约40公分，适合搭配低领上衣；中长项链约50公分，可广泛使用；长项链约60公分，适合在社交场合使用；特长项链约70公分，适合用于隆重的社交场合。耳环可分为耳环、耳坠、耳链，在一般情况下为女性所用，并且讲究成对使用。戴耳环时应兼顾脸型，不要选择与脸型相似的形状，以防同型相斥，使脸型方面的短处被强调夸大。胸针要注意别的部位，穿西服应别在左侧领上，穿无领上衣时应别在左侧胸前。发型偏左时胸针应当居右，发行偏右时胸针应当偏左，其高度应在从上往下数第一粒、第二粒纽扣之间。

关于服饰，我们已经讲了许多，这里还要提醒一点：值得注意的是，无论对男士来讲，还是对女士来讲，似乎“深蓝色西服＋白衬衫”的服装搭配是放之四海而皆准的、走遍全世界不出错的商业标准装。这是为什么呢？这里面有个小故事：在20世纪60年代，有一个专门负责替法院挑选陪审团的美国专家米尔斯·福斯特曾做一个调查，他发现陪审团成员倾向于相信那些着装得体，看上去像有教养、有权威的，可以引起人们信任的人。即使是恶魔般的被告人，如果能精心展示给陪审团成员一个可信、可敬的形象，他甚至会被认为是轻罪或无罪的。当然，这只是一种假说。因而律师们不但自己努力利用穿着以赢得法官和陪审团的信任，也劝被告辩护人的律师和证人以可信的形象出庭。福斯特的调查发现，深蓝色西服配以白衬衣，是被认为最可信的搭配。时至今日，蓝、白色是最常用于企业和公司制服的首选服装和衬衣色。

在商务服装选配上，专家建议的如下方案值得我们参考（见表2－1）。

表2－1　　　　商务服装选配

服装	女	男	男女适用
西服套装	黑、灰色	普通蓝、蓝色带细暗纹	深蓝、深灰、灰
长袖衬衣	浅粉5件衬衣	细条纹5～8件衬衣	白、浅蓝（纯白）
裤子	哔叽色	藏青色	黑灰、深灰
西服、外套、上衣	黑	深蓝	
鞋	蓝	深棕	黑色、与裙子、裤子同色或类似
腰带	蓝	黑	黑、与皮鞋同色
皮箱、手提文件箱			深棕或黑
领带		酱红色、蓝、深蓝、深灰、可带白、黄、银黄等简单花纹或者纯色	
手表	镶钻超薄	不易磨损钨金	表盘薄、皮带或银白、金色金属带
风衣、大衣			哔叽、布或毛与化纤合成

第三节 仪态

仪态，又称“体态”，是指人的身体姿态和风度。姿态是身体所表现的样子，风度则是内在气质的外在表现。人的一举手、一投足、一弯腰乃至一颦一笑，并非偶然的、随意的，这些行为举止自成体系，像有声语言那样具有一定的规律，并具有传情达意的功能。人们可以通过自己的仪态向他人传递个人的学识与修养，并能够以其交流思想、表达感情。正如艺术家达·芬奇所说：“从仪态了解人的内心世界、把握人的本来面目，往往具有相当的准确性和可靠性。”下面让我们看看第二次世界大战时期著名反间谍专家奥莱斯特·平托上校是如何审讯一个纳粹间谍的：

当时，盟军部队已经进入比利时，德军仓皇溃退。一天，两名士兵在驻地附近逮捕了一个叫艾米里约·布朗格尔的人。平托上校感觉到：这个人的穿着和谈吐虽然是典型的北方农民，口音也是地道的瓦隆地区（比利时某地区）的土音，但他粗壮的颈部和魁梧的运动员体型，与当地人截然不同，于是决定对他进行审讯。

第一次审讯：

问：你是农民吗？

答：过去是，现在不是。德国鬼子抢走了我的牲畜，杀死了我的家人。

问：会数数吗？

答：数数？

问：对，把桌上这盘豆子数一数吧。

答：一、二、三……（慢慢地用法语数）

在第一次审讯中，上校未发现任何破绽，但仍不气馁，决定进行第二次审讯。这次审讯换用了特殊的方式：他派人在布朗格尔的住处放了几捆草，一个士兵点着了后，烟从门的下面进到了屋里，值勤的士兵用德语大喊：“着火了！”布朗格尔惊醒，动了动，又睡了。接着平托上校用法语大声喊道：“着火了！”布朗格尔一下子跳了起来，绝望地敲打着门。这一次，上校仍未发现破绽。

第三次审讯，上校又用了新的方案。在布朗格尔被带来时，上校拿起一支从他身上搜出的铅笔。

问：你带这个干什么？

答：不就是支铅笔吗？

问：用他来写情报？

答：（流露出不屑回答的样子）

“可怜的家伙”上校用德语向身边的军官说，军官也用德语反问：“为什么？”上校说：“他还不知道明天上午就要被绞死，已经21点了。他肯定是个间谍，不会有别的下场。”

平托上校一边说一边用眼睛斜视桌布朗格尔，特别注意他的眼睛和喉头。但布朗格尔没有任何表示，他以神态证明自己不懂德语。很明显，第三次审讯没有结果，到此为止，上校几乎绝望了，开始怀疑自己以前的判断。但直觉让他进行最后一次审讯——第四次审讯。如果再没有突破，就决定立即释放了。

最后一次审讯是这样进行的：当布朗格尔像平时一样走进平托上校的办公室时，上校装作正在看一份文件，看完后拿起铅笔在上面签了字，然后抬起眼睛突然用德语对布朗格尔说：“好啦，我满意了，你自由了，现在就可以走了。”布朗格尔长长地出了一口气，动了动肩膀，像是卸了一个沉重的包袱，他仰起脸，眼睛放着光，愉快地呼吸着自由空气。当他发现平托上校嘲笑的眼光时，一切都已经晚了，身后的士兵已紧紧地抓住了他。

这个例子说明人的内心隐秘不可能每时每刻都隐藏得那么深，总有流露之时，人的体态每时每刻都在传达信息。因此，在社交中用优良的仪态礼仪表情达意，往往比语言更让人感到真实、生动。所以，在社交中必须讲究仪态美。

我们敬爱的周恩来总理堪称仪态美的典范，青年时代他在南开中学读书，南开中学教学楼的镜子上印着《镜铭》：

面必净、发必理、衣必整、纽必结；头容正、胸容宽、肩容平，背容直。颜色：勿傲、勿暴、勿怠；气象：宜和、宜静、宜庄。

周恩来自年轻时就按《镜铭》上的要求去做，加强修养，努力做到仪态美，在半个多世纪的革命生涯中，形成了独特的被称为“周恩来风格的体态语”，可谓“举手投足皆潇洒，一笑一颦尽感人”，给人以不可抗拒的吸引力。一位欧洲女作家说：“他的眼睛是他身上最惊人的特点，总是闪着光并迅速移动，人人都发现它是不可抗拒的。周在演讲时，步履矫健，昂首挺胸，神色自然，仪态万方，周身洋溢着自信与激情。他时而平静，时而激动，时而温和，时而愤怒。而这一切都是那样得体和恰如其分。独具魅力的体态语，帮助周恩来把自己塑造成为一位受到普遍欢迎的交谈伙伴，一位杰出的演说家、一位老练的谈判高手、一位劝说行家这四种角色集于一身的出色形象。”

人们修养仪态应从以下几个方面做起：

一、站姿

（一）标准的站姿

标准的站姿，从正面看，全身笔直，精神饱满，两眼正视（而不是斜视），两肩平齐，两臂自然下垂，两脚跟并拢，两脚尖张开60度，身体重心落于两腿正中；从侧面看，两眼平视，下颌微收，挺胸收腹，腰背挺直，手中指贴裤缝，整个身体庄重挺拔。

站姿的要领是：一要平，即头平正、双肩平、两眼平视；二是直，即腰直、腿直，后脑勺、背、臀、脚后跟成一条直线；三是高，即重心上拔，看起来显得高。

（二）不同场合的站姿

在升国旗、奏国歌、接受奖品、接受接见、致悼词等庄严的仪式场合，应采取严格的标准站姿，而且神情要严肃。

在发表演说、新闻发言、做报告宣传时，为了减少身体对腿的压力，减轻由于较长时间站立双腿的疲倦，可以用双手支撑在讲台上，两腿轮流放松。

主持文艺活动、联欢会时，可以将双腿并得很拢站立，女士甚至站成“丁”字步，让站立姿势更加优美。站“丁”字步时，上体前倾，腰背挺直，臀微翘，双腿叠合，亭亭玉立于众人间，富于女性魅力。

门迎、侍应人员往往站的时间很长，双腿可以平分站立，双腿分开不宜超过肩。双手可以交叉或前握垂放于腹前；也可以背后交叉，右手放到左手的掌心上，但要注意收腹。

礼仪小姐的站立，要比门迎、侍者更趋于艺术化，一般可采取立正的姿势或“丁”字步。如双手端执物品时，上手臂应靠近身体两侧，但不必夹紧，下颌微收，面含微笑，给人以优美亲切的感觉。

二、坐姿

（一）标准的坐姿

首先站好，全身保持站立的标准姿态，两腿平行于椅子前面，弯曲双膝，挺直腰背坐下。

落座时声音要轻，动作要缓。落座过程中，腰、腿肌肉要稍有紧张感。

坐立时，上身正直而稍向前倾，头、肩平正，两臂贴身下垂，两手可随意扑放在大腿上，两腿外沿间距与肩宽大致相等，两脚平行自然着地。

人在坐着时，由臀部支撑上身，减少了两腿的承受力。由于身体重心下降，上身适当放松，可减轻心脏的负担。因此坐姿是一种可以维持较长时间的姿势。它既是一种主要的白昼休息姿势，也是一般的工作、劳动、学习姿势，还是社交、娱乐的常见姿势。正因为这个缘故，坐姿要求端正、大方、舒展。

（二）不同场合的坐姿

谈判、会谈时，场合一般比较严肃，适合正襟危坐，但不要过于僵硬。要求上体正直，端坐于椅子中部，注意不要使全身的重量只落于臀部，双手放在桌上、腿上均可。双脚为标准坐姿的摆放。

倾听他人教导、知识、传授、指点时，对方是长者、尊者、贵客，坐姿除了要端正外，还应坐在座椅、沙发的前半部或边缘，身体稍向前倾，表现出一种谦虚、迎合、重视对方的态度。

在比较轻松、随便的非正式场合，可以坐得轻松、自然一些。全身肌肉可适当放松，可不时变换坐姿，以做休息。

三、走姿

（一）标准的走姿

有人编了走路的动作口诀，体现了走姿的要领：双眼平视臂放松，以胸领动肩轴摆，提髋提膝小腿迈，跟落掌接趾推送。

标准的走姿为：上身基本保持站立的标准姿势，挺胸收腹，腰背笔直；两臂以身体为中心，前后自然摆动。前摆约 35 度，后摆约 15 度，手掌朝向体内；起步时身子稍向前倾，重心落前脚掌，膝盖伸直；脚尖向正前方伸出，行走时双脚踩在一条线缘上。

正确的行走，上体的稳定与下肢的频繁规律运动形成对比和谐、干净利落、鲜明均匀的脚步；形成节奏感，前后、左右行走动作的平衡对称，都会呈现行走时的形态美。

（二）不同场合的走姿

参加喜庆活动，步态应轻盈、欢快，有跳跃感，以反映喜悦的心情。

参加吊丧活动，步态要缓慢、沉重，有忧伤感，以反映悲哀的情绪。

参观展览、探望病人，环境安谧，不宜出声响，脚步应轻柔。

进入办公场所，登门拜访，在室内这种特殊场所，脚步应轻而稳。

走入会场、走向话筒、迎向宾客，步伐要稳健、大方、充满热情。

举行婚礼、迎接外宾等重大正式场合，脚步要稳健，节奏稍缓。

办事联络，往来于各部门之间，步伐要快捷又稳重，以体现办事者的效率、干练。

陪同来宾参观，要照顾来宾行走速度，并善于引路。

四、表情

美国心理学家登布在其《推销员如何了解顾客心理》一文中说：“假如顾客的眼睛朝下看，脸转向一边，表示你被拒绝了；假如他的嘴唇放松，笑容自然，下颚向前，则可能会考虑你的提议；假如他对你的眼睛注视几秒钟，嘴角以至鼻翼部位都显出微笑，笑得很轻松，而且很热情，这项买卖就做成了。”由此可见，面部表情在传情达意方面有着重要的作用。面部表情作为丰富且复杂的体态语的一个重要方面，它包括脸色的变化、肌肉的舒展以及眉、鼻、嘴等的动作，我们这里主要重点介绍一下眼神和微笑。

（一）眼神

俗话说：眼睛是心灵的窗户。它是人体传递信息最有效的器官，而且能表达最细微、最精妙的差异，显示出人类最明显、最准确的交际信号。正如著名印度诗人泰戈尔所说：“在眼睛里，思想敞开或是关闭，放出光芒或是没入黑暗，静悬着如同落月，或者像忽闪的电光照亮了广阔的天空。那些自有生以来除了嘴唇的颤动之外没有语言的人，学会了眼睛的语言，这在表情上是无穷无尽的，像海一般的深沉，天空一般的清澈，黎明和黄昏，光明与阴影，都在自由嬉戏。”据研究，在人的视觉、听觉、味觉、嗅觉和触觉感受中，惟独视觉感受最为敏感，人由视觉感受的信息占总信息的83%。在汉语中用来描述眉目表情的成语就有几十个，如“眉飞色舞”、“眉目传情”、“愁眉不展”、“暗送秋波”、“眉开眼笑”、“瞠目结舌”、“怒目而视”……这些成语都是通过眼语来反映人们的喜、怒、哀、乐等情感的，人的七情六欲都能从眼睛这个神秘的器官内显现出来。

眼神主要由注视的时间、视线的位置和瞳孔的变化三个方面组成。

1.注视的时间。据有人调查研究，人们在交谈时，视线接触对方脸部的时间约占全部谈话时间的30%～60%，超过这一平均值，可以认为对谈话者本人比谈话内容更感兴趣；低于平均值，则表示对谈话内容和谈话者本人都不怎么感兴趣。不难想像，如果谈话时心不在焉、东张西望，或只是由于紧张、羞怯不敢正视对方，目光注视的时间不到谈话的1/3，这样的谈话，必然难以被人接受和信任。当然，必须考虑到文化背景，不能一概而论，如南欧人注视对方可能会造成冒犯。

2.视线的位置。人们在社会交往中，不同的场合和对象，目光所及之处也是有差别的。有的人在与比较陌生的人打交道时，往往因为不知把目光怎样安置而窘迫不安；已被人注视而将视线移开的人，大多怀有相形见绌之感；仰视对方，一般体现“尊敬、信任”的语义；频繁而又急速的转眼，是一种反常的举动，常被用作掩饰的一种手段。当然，如果死死地盯着对方或者东张西望，不仅是极不礼貌，而且也显得漫不经心。

3．瞳孔的变化。瞳孔的变化即视觉接触时瞳孔的放大或缩小。心理学家往往用瞳孔变化大小的规律，来测定一个人对不同的事物的兴趣、爱好、动机等。兴奋时，人的瞳孔会扩张到平常的4倍大；相反，生气或悲哀时，消极的心情会使瞳孔收缩到很小，眼神必然无光。所谓“脉脉含情”、“怒目而视”等都多与瞳孔的变化有关。所以说，古时候的珠宝商人已注意到这种现象，他们能窥视顾客的瞳孔变化而猜测对方是否对珠宝感兴趣，从而决定是抬高价钱还是跌价。

在社交过程中，与朋友会面或被介绍认识时，可凝视对方稍久一些，这既表示自信，也表示对对方的尊重。双方交谈时，应注视对方的眼鼻之间，表示重视对方及对其发言感兴趣。当对方缄默不语时，就不要再看着对方，以免加剧因无话题本来就显得不安的尴尬局面。当别人说了错话或显拘谨时，务请马上转移视线，以免对方把自己的眼光误认为是对其的嘲笑和讽刺。如果希望在争辩中获胜，那就不要移开目光，直到对方眼神转移为止。送客时，要等客人走出一段路，不再回头张望时，才能转移目送客人的视线，以示尊重。

在谈判中，也很讲究眼神的运用。一方让眼镜滑落到鼻尖上，眼睛从眼镜上面的缝隙中窥探，就是对对方鄙视和不敬的情感表露。一方在不停地转眼珠，就要提防其在打什么新主意。双目生辉，炯炯有神，是心情愉快、充满信心的反应，在谈判中持这种眼神有助于取得对方的信任与合作。而双眉紧锁、目光无神或不敢正视对方，都会被对方认为无能，可能导致对自己不利的结果。

眼神还可传递其他信息，已被人注视而将视线移开的人，大多怀着相形见绌之感，有很强的自卑感。无法将视线集中在对方身上或很快收回视线的人，多半属于内向型性格。仰视对方，表示怀有尊敬、信任之意；俯视对方表示有意保持自己的尊严。频繁而急速的转眼，是一种反常的举动，常被用做掩饰的一种手段，或内疚，或恐惧，或撒谎，需据情做出判断。视线活动多且有规则，表明其在用心思考。听别人讲话，一面点头，一面却不将视线集中在谈话人身上，表明其对此话题不感兴趣。说话时对方将视线集中在你身上的人，表明他渴望得到你的理解和支持。游离不定的目光传递出来的信息，是心神不宁或心不在焉。

眼神表达出异常丰富的信息，但微妙的眼神有时是只可意会，难以言传，只能靠我们在社会实践中用心体察、积累经验、努力把握，方能在社交中灵活运用眼神。

（二）微笑

著名画家达·芬奇的杰作《蒙娜丽莎》是文艺复兴时期最出色的肖像作品之一。画中女士的微笑给人以美的享受，使人们充满对真善美的渴望，至今让人回味无穷。

微笑，是一种特殊的语言——“情绪语言”。它可以和有声语言及行动相配合，起“互补”作用，沟通人们的心灵，架起友谊的桥梁，给人以美好的享受。工作、生活中离不开微笑，社交中更需要微笑。

微笑是世界通用的体态语，它超越了各种民族和文化的差异。微笑是人人都喜爱的体态语，正因为如此，无论是个人还是组织，都充分重视微笑及其作用。美国有一个城市被称为微笑之都，它就是爱达荷州的波卡特洛市，该市通过一项法令，该法令规定全体市民不得愁眉苦脸或拉长面孔，否则违者将被送到“欢容遣送站”去学习微笑，直到学会微笑为止。该市每年都举办一次“微笑节”，可以想象，“微笑之都”的市民的微笑绝不比“蒙娜丽莎”逊色。

世界著名的希尔顿饭店的总经理希尔顿，每当遇到员工时，都要询问这样一句话：“你今天对顾客微笑了没有？”他指出：“饭店里第一流的设备重要，而第一流服务员的微笑更重要，如果缺少服务员的美好微笑，好比花园里失去了春日的太阳和春风。假如我是顾客，我宁愿住进虽然只有破旧地毯，却处处可见到微笑的饭店，而不愿走进只有一流设备而不见微笑的地方。”正是因为希尔顿深谙微笑的魅力，才使希尔顿饭店誉满全球。

近年来，日本许多公司员工都在业余时间参加“笑”的培训，他们认为这样可以增强企业内部凝聚力，改善对外服务，提高企业效益。根据日本传统，无论男人和女人，遇到高兴、悲伤或愤怒时，都必须学会控制情绪，以保持集体和睦。因为日本人认为，藏而不露是一种美德。但自从日本经济进入衰退期后，生意越来越难做，商家竞争日趋激烈。于是乎，为招揽顾客，日本商家，特别是零售业和服务业，新招迭出。其中之一就是让员工笑脸迎客。在今天的日本，数以百计的“微笑学校”应运而生。日本一些公司的员工一般在下班后去学校接受培训，时间为90分钟，连续受训一个星期。据称，经过微笑培训，日本不少公司的销售额“直线上升”。日本许多公司招工时，都把会不会“自然地微笑”作为一个重要条件。

微笑是有规范的，一般要注意四个结合：一是口眼结合。要口到、眼到、神色到，笑眼传神，微笑才能扣人心弦。二是笑与神、情、气质相结合。这里讲的“神”，就是要笑得有情入神，笑出自己的神情、神色、神态，做到情绪饱满，神采奕奕；“情”，就是要笑出感情，笑得亲切、甜美，反映美好的心灵；“气质”就是要笑出谦逊、稳重、大方、得体的良好气质。三是笑与语言相结合。语言和微笑都是传播信息的重要符号，只有注意微笑与美好语言相结合，声情并茂，相得益彰，微笑服务方能发挥出它应有的特殊功能。四是笑与仪表、举止相结合。以笑助姿、以笑促姿，形成完整、统一、和谐的美。

尽管微笑有其独特的魅力和作用，但若不是发自内心的真诚的微笑，那将是对微笑语的亵渎。有礼貌的微笑应是自然的坦诚，内心真实情感的表露。否则强颜欢笑，假意奉承，那样的“微笑”则可能演变为“皮笑肉不笑”、“苦笑”。比如，拉起嘴角一端微笑，使人感到虚伪；吸着鼻子冷笑，使人感到阴沉；捂着嘴笑，给人以不自然之感。这些都是失礼之举。

五、手势

手是人体上最富灵性的器官。如果说眼睛是心灵的窗户，那么手就是心灵的触角，是人的第二双眼睛。手势在传递信息，表达意图和情感方面发挥着重要作用。

手的“词汇”量是十分丰富的。据语言专家统计，表示手势的动词有近二百个。“双手紧绞在一起”，显示的意义是精神紧张。用手指或笔敲打桌面，或在纸上涂画，显示不耐烦、无兴趣。搓手，显示的意义是有所期待，跃跃欲试，也可表示着急或寒冷。摊开双手，表示真诚和坦直。用手支着头，显示的意义是不耐烦、厌倦。用手托摸下巴，说明老练、机智。用手不停地磕烟灰，表明内心的冲突和不安。突然用手把没吸完的烟掐灭，表明紧张地思考问题，等等。

又如招手致意、挥手告别、握手友好、摆手回绝、合手祈祷、拍手称快、拱手答谢（相让）、抚手示爱、指手示怒、颤手示怕、捧手示敬、举手赞同、垂手听命，等等。可见，丰富的手势语在人们交往间是不可缺少的。

在社会交往中，手势有着不可低估的作用，生动形象的有声语言再配合准确、精彩的手势动作，必然能使交往更富有感染力、说服力和影响力。

（一）手势的区域

手势活动的范围，有上、中、下三个区域。此外，还有内区和外区之分。肩部以上称为上区，多用来表示理想、希望、宏大、激昂等情感，表达积极肯定的意思；肩部至腰部称为中区，多表示比较平静的思想，一般不带有浓厚的感情色彩；腰部以下称为下区，多表示不屑、厌烦、反对、失望等，表达消极否定的意思。

（二）手势的类型

人的手势一般可分为如下四种；

1. 情意性手势。主要用于带有强烈感情色彩的内容，其表现方式极为丰富，感染力极强。比如，在说“我非常爱她”时，用双手捧胸，以表示真诚之情。

2. 象征性手势。主要用来表示一些比较复杂的感情和抽象的概念，从而引起对方的思考和联想。例如，把大军乘胜追击的场面，用右手五指并齐，并用手臂前伸这个手势来形容，象征着奋勇进发的大军，就能引起听众的联想。

3. 指示性手势。主要用于指示具体事物或数量，其特点是：动作简单，表达专一，一般不带感情色彩。如当讲到自己时，用手指向自己；谈到对方时，用手指向对方。

4. 形象性手势。其主要作用是模拟事物的形状，以引起对方的联想，给人一种具体明确的印象。如说到高山，手向上伸；讲到大海，手平伸外展。

（三）手势的原则

手势语能反映出复杂的内心世界，但运用不当，便会适得其反，因此，在运用手势时，需要注意这样几个原则：首先，要简约明快，不可过于繁多，以免喧宾夺主。其次，要文雅自然。因为拘束低劣的手势，会有损于交际者的形象。再次，要协调一致，即手势与全身协调，手势与情感协调，手势与口语协调。最后，要因人而异，不可能要求每个人都做几个统一的手势动作。

（四）常见的手势

1. 引领的手势。在各种交往场合都离不开引领动作，例如请客人进门，客人坐下，为客人开门等，都需要运用手与臂的协调动作，同时，由于这是一种礼仪，还必须注入真情实感，调动全身活力，使心与形体形成高度统一，才能做出色彩和美感。引领动作主要有以下几种表现形式：

（1）横摆式。以右手为例，将五指伸直并拢，手心不要凹陷，手与地面呈45度角，手心向斜上方。腕关节微屈，腕关节要低于肘关节。动作时，手从腹前抬起，至横膈膜处，然后，以肘关节为轴向右摆动，到身体右侧稍前的地方停住。同时，双脚形成右丁字步，左手下垂，目视来宾，面带微笑。这是在门的入口处常用的谦让礼的姿势。

（2）曲臂式。当一只手拿着东西，扶着电梯门或房门，同时要做出“请”的手势时，可采用曲臂手势。以右手为例：五指伸直并拢，从身体的侧前方，向上抬起，至上臂离开身体的高度，然后以肘关节为轴，手臂由体侧向体前摆动，摆到手与身体相距20厘米处停止，面向右侧，目视来宾。

(3) 斜下式。请来宾入座时，手势要斜向下方。首先用双手将椅子向后拉开，然后，一只手曲臂由前抬起，再以肘关节为轴，前臂由上向下摆动，使手臂向下成一斜线，并微笑点头示意来宾。

2. “OK”的手势。拇指和食指合成一个圆圈，其余三指自然伸张。这种手势在西方某些国家比较常见，但应注意在不同国家其语义有所不同。比如，美国表示“赞扬”、“允许”、“了不起”、“顺利”、“好”；在法国表示“零”或“无”；在印度表示“正确”；在中国表示“零”或“三”两个数字；在日本、缅甸、韩国则表示“金钱”；在巴西则是“引诱女人”或“侮辱男人”之意；在地中海的一些国家则是“孔”或“洞”的意思，常用此来暗示、影射同性恋。

3. 伸大拇指手势。大拇指向上，在说英语的国家多表示“OK”之意或是搭车之意；若用力挺直，则含有骂人之意；若大拇指向下，多表示坏、下等人之意。在我国，伸出大拇指这一动作基本上是向上伸表示赞同、好等，向下伸表示蔑视、不好等之意。

4. “V”字形手势。伸出食指或中指，掌心向外，其语义主要表示胜利(英文 Victory 的第一个字母)，掌心向内，在西欧表示侮辱、下贱之意。这种手势还时常表示“二”这个数字。

5 伸出食指手势。在我国及亚洲一些国家表示“一”、“一个”、“一次”等；在法国、缅甸等国家则表示“请求”、“拜托”之意。在使用这一手势时，一定要注意不要用手指指人，更不能在面对面时用手指着对方的面部和鼻子，这是一种不礼貌的动作，且容易激怒对方。

6. 捻指作响手势。就是用手的拇指和食指弹出声响，其语义或表示高兴，或表示赞同，或是无聊之举，有轻浮之感。应尽量少用或不用这一手势，因为其声响有时会令他人反感或觉得没有教养，尤其是不能对异性运用此手势，这是带有挑衅、轻浮之举。

六、举止

一个人的举止端庄、行为文明、动作规范，是良好素养的表现，它能帮助个人树立美好形象，也能为组织赢得美誉；反之则会损害组织形象。《人民日报》有过这样一则报道：

中国长江医疗机械厂经过艰难的谈判即将与美国客商约瑟先生签订“输液管”生产线的合同。然而，在参观车间时，厂长陋习难改，在地上吐了一口痰，约瑟看后一言不发，掉头就走，只留给厂长一封信：“我十分钦佩您的才智和精明，但您吐痰的一幕使我彻夜难眠。一个厂长的卫生习惯可以反映一个工厂的管理素质。况且我们合作的产品是用来治病的，人命关天。请原谅我的不辞而别，否则上帝都会惩罚我的。

一口痰毁了一项合同，可见，日常举止是优美仪态的一个重要组成部分，端庄的举止，文明的行为体现在日常生活中的方方面面，社交中也要求人们的举止有一定的约束。例如，以下不受欢迎的坏习惯和不良举止就应在交际中努力戒除：

（一）打呵欠

当你在与人谈话的时候，尤其是当对方在滔滔不绝地发表意见时，你也许感到疲倦了，这时要按捺住性子，让自己不打呵欠，因为这会引起交际对象的不快。打呵欠在社交场合中给人的印象是：表现出你不耐烦了，而不是你疲倦。

（二）掏耳和挖鼻

有的人有这类不雅的小动作，大家正在喝茶、吃东西的时候，掏耳的小动作往往令旁观者感到恶心，这个小动作实在不雅，而且失礼。即使你想“洗耳恭听”，此时此地也不是时候。同样，用手指挖鼻也是非常失礼的动作。

（三）剔牙

在宴会上，谁也免不了人有剔牙的小动作，既然这个小动作不能避免，就得注意剔牙时不要露出牙齿，而且不要把碎屑乱吐一番，最好用左手掩嘴，头略向侧偏，吐出碎屑时用纸巾接住。

（四）搔头皮

有些头皮屑多的人，在社交的场合也忍耐不住头皮屑刺激的搔痒，而搔起头皮来。搔头皮必然使头皮屑随风纷飞，这不仅难看，而且令旁人大感不快。搔头皮这种现象在社交场合是非常失礼的。特别是在宴会上，或者较为严肃、庄重的场合，这种小动作是很难让人谅解的。

（五）双腿抖动

这种小动作多发生在坐着的时候，站立时较为少见。这种小动作，虽然无伤大雅，但双腿颤动不停，令对方觉得不舒服，而且也给人情绪不安定的感觉，这也是失礼的。同样，让跷起的腿儿钟摆似的打秋千也是相当难看的姿态。

（六）频频看表

在与人交谈时，如果无其他重要约会，最好少看自己的手表。这样的小动作会使对方认为你还有什么重要的事情，不会使谈话继续下去；同时，你的这种小动作可能引起对方的误会，认为你没有耐心再谈下去。如果你确实有事在身的话，不妨婉转地告诉对方改日再谈，并表示歉意。

七、风度

风度是社交活动中给人印象深刻的内在潜质的综合反应，风度不但是人的一种性格特征的表现，还是一种内在涵养的表现。风度是一个人的姿态举止、言谈、作风等表现出来的美。这种美既是一种外在美，又是一个人内心美的自然流露，也就是内在美和外在美的和谐统一。所以，屈原说："给吾既此内在美兮，又重之以修能。"

看过《周恩来外交风云》的人都不会忘记，在日内瓦会议上，在万隆会议上，周恩来以其卓越才智和个人魅力，为和平解决印度支那问题，促进亚非会议做出了历史性的贡献。他的举手投足，都展现出一个彬彬有礼、温文尔雅、和蔼可亲的东方美男子形象。1954 年，当周恩来代表中国出现在日内瓦会议上，他的风采、他的气质、他的落落大方、不卑不亢的外交才干令所有人都为之惊叹、为之折服，令西方国家对新中国的总理刮目相看。在万隆会议上，周恩来又以其风度与个人魅力从会前需要"老前辈"介绍而变为会后公认的"外交明星"。他所倡导的"和平共处五项原则"、"求同存异"的方针，也产生了深远的影响，被广泛承认为处理国与国之间关系的基本准则。

周恩来那优雅的充满独特魅力的翩翩风度，倾倒了多少不同国度、不同民族甚至不同信仰的人，令多少人为之惊叹与折服!

周恩来在一次东南亚之行中，在告别前举行的记者招待会上，周恩来彬彬有礼地回答每一位记者的提问。会场上，所有记者即使不能得到满意的答复，也无法挑剔周恩来的风度。在记者招待会即将结束前，一个外国姑娘向周总理问道："周恩来先生，能不能问您一个私人问题?"

周恩来很坦诚地点头，微笑着说："可以。"

"您已经 60 多岁了，为什么仍然神采奕奕，记忆非凡，显得这样年轻、英俊?"

场内顿时响起友善的笑声和议论声，看得出聪明的中国人很多都认为自己的总理配有长生不老药。

当这位素有"东方第一美男子"之称的周恩来总理，声音洪亮地回答道："因为我是按照东方人的生活习惯生活，所以我至今很健康"时，场内顿时掌声如潮！多少年来，东方人从来都是贫穷、落后、愚昧、病夫的代名词。而如今，有了受人尊敬的周恩来成为东方人的代表，顷刻间，不分国家、不分政见、不分肤色，只要是东方人都感到了荣幸与骄傲!

因此，我们既要重视化妆、服饰与姿态的美，更要看重内在的修养，何况外在仪表本身就渗透着个人内含。要想在社交场合风度翩翩，应从根本做起。

（一）风度的培养是人内在气质的展现

气质不佳者，难有好的风度。内在气质的优化是靠平时修养、陶冶而成。

因而它会不经意地显露出风度。《世说新语》记载：曹操个子较矮，一次匈奴来使，应由曹操接见，可是，曹操怕使者见自己矮而看不起，于是请大臣崔琰冒充自己，曹操则持刀扮成卫士站在崔琰的旁边观察使者。崔琰“眉目疏朗，须长四尺，甚有威重”。接见后，曹操派人去探听使者的反应，使者说：“魏王雅望非常，然床头提刀者，此乃英雄也。”曹操具有高度的政治、军事、文化素养，养成了封建时代的政治家特有的气质，因此，他的风度并不因他身材矮小而受到影响，也不因他扮成地位低下的卫士而被掩盖。

（二）风度的培养离不开良好的德、才、学、识

良好的文化素养，脱俗的思想境界，渊博的学识，精深独到的思辨能力，是构成风度美的重要内在因素。宽宏的气度与气量是自古以来的君子之风，知识丰富且善于辞令，时而妙语连珠，时而幽默风趣，这些风度也可通过语言举止、服饰和作风等转换为外在的形式。如毛泽东有运筹帷幄的政治家风度；周恩来有才思敏捷、风姿潇洒的外交家风度；鲁迅有“横眉冷对”的铮铮铁骨；宋庆龄则留下端庄自然的慈母风度，等等，高尚的道德修养与高超的学识造就了卓然的风度。

（三）风度的培养应注意经常的训练

培养风度要先对自己的气质、性格、经历、知识和文化程度，乃至身材、面容等条件有个自知之明。既不能听之任之，对自己毫无要求，以“本色”、“自然”自夸；也不能乞求过高，操之过急，以致矫揉造作，生硬别扭，或东施效颦，欲美反丑。而审度自己，科学地进行自我设计，持久地实践、训练，自然能水到渠成。例如，根据自身特点坚持训练站姿、坐姿、走姿、言谈举止的技术，在各种场合、环境下都能运用自如，心理从容自信，风度也随之而来。正如一位艺术家所言：“只有你自己才能识别自己的长处和魅力。它们也许是你的低回浅笑，也许是你的开怀畅谈，也许是你的亲切和蔼。它可能是你对生活乐趣的领悟，也可能是你的沉静安详。不管你那特有的吸引力是什么，它都会因为魅力的技术因素而得到加强。”

1. 与人交谈时，应避免手在摆弄钢笔、餐具等小动作，也不要摆弄发型或抓耳挠腮。

2. 与人进餐时，不要狼吞虎咽、咋嘴咋舌，“吃相难看”，女士注意不要将口红印留在杯上。

3. 女士上小轿车时，应先将臀部坐在座位边上，然后双脚再插进车中，调整位置；下车应先将臀部移至车座位边缘的位置，然后双足并在一起伸至地面，上身再出车门。

4. 男人抽烟应在吸烟室或允许抽烟的场所，并应征得女士的同意，与人谈话时应把烟从嘴上拿下来。

5. 注意不能在公共场所挖鼻孔、掏耳朵、化妆等。

6. 咳嗽、打喷嚏，应背过人用手帕捂住嘴，等等。

第四节 界域

从生物学的角度看，每一个生命都有自己的领空，人们叫它“生物圈”。一旦异物侵入这个范围，就会使其感到不安并处于防备状态。美国心理学家罗伯特·索默经过观察与实验认为，人人都具有一个把自己圈住的心理上的个体空间，它像生物的“安全圈”一样，是属于个人的空间。一般情况下，每个人都不想侵犯他人的空间，但也不愿意他人侵犯自己的空间。双方关系越亲密，人际距离就越短。

美国人类学家和心理学家霍尔将人类的交往空间划分为四种区域，这就是所谓社交中的界域语。

第一，亲密距离（45 厘米以内），又称亲密空间。其语义为亲切、热烈，只有关系亲密的人才可能进入这一空间。比如，夫妻、父母、子女、恋人、亲友等。亲密距离又可分为两个区间，其中，（15 厘米以内）为亲密状态距离，常用于爱情关系、亲友、父母、子女之间的关系；16～45 厘米为亲密疏远状态，身体虽不相接触，但可以用手相互触摸。

第二，个人距离（46～120 厘米），其语义为“亲切、友好”，其语言特点是语气和语调亲切、温和，谈话内容常为无拘束的、坦诚的。比如，个人私事，在社交场合往往适合于简要会晤、促膝谈心或握手。这是个人在远距离接触所保持的距离，不能直接进行身体接触。个人距离的接近状态为 46～75 厘米，可与亲友亲切握手，友好交谈；个人距离的疏远状态为 76～120 厘米，在交际场所，任何朋友、熟人都可自由进入这一区间。

第三，社交空间（120～360 厘米），其语义为“严肃、庄重”。这个距离已超出了亲友和熟人的范畴，是一种理解性的社交关系距离。社交距离的接近状态为 120～210 厘米，其语言特点，为声音高低一般、措辞温和，它适合于社交活动和办公环境中处理业务等；社交距离的疏远状态为 210～360 厘米，其语言特点为声音较高、措辞客气。它用于比较正式、庄重、严肃的社交活动，如谈判、会见客人等。

第四，公共距离（360 厘米以上），这是人们在较大的公共场所保持的距离，其语义为“自由、开放”。它实用于大型报告会、演讲会、迎接旅客等场合。其语言特点为声音洪亮，措辞规范，讲究风格。

在现代交际中，要讲究如下界域礼仪规范：

一、注重文化差异

界域行为是有文化差异的。这里我们要引入一个近体度的概念，近体度是指交往双方保持空间位置的接近程度，它表示双方对个人和社会空间理解。据笔者观察，农村人比城里人的近体度要小。比如，两个陌生人交谈，城里人大约相距 70 厘米，而农村人相距大约 40 厘米。西方国家比中国要大，教室里的座椅摆放就是证明。我们的座椅是两个一排，所以，有一首流行歌曲叫做《同桌的你》。而西方却没有同桌，都是一个一个独立摆放的，他们不喜欢两个人离得很近。还有像儿童一出生就有自己的卧室、自己的床等客观因素，都形成了他们近体度比较大的习惯。在东方国家，日本的近体度比较大，其次是中国，再次是韩国。美国界域学专家霍尔比较了西方和阿拉伯文化，他指出：“在西方，人这个词的意思和在皮肤之内的这个具体的人是一码事，在北欧，人的皮肤，甚至是衣服都会是不可侵犯的……可是阿拉伯人的人和身体往往可以分开，人存在于身体内部的一个什么地方。不过自我并未完全藏住，很容易被人侮辱。”

大部分阿拉伯人没有在公共场合被侵犯的观念，他们认为，公共的就是公共的。所以，就是如果某甲站在一个街角处，而某乙也看到了这块地方，某乙就有权力把某甲挤到一边去。阿拉伯人不觉得碰撞别人有什么不对，他们的社交距离是美国的 1/3。

南美人、地中海人、东欧人的近体度也比较小。他们可能只相聚 45 厘米站着，静静地谈话，美国人正常的交往距离是 1.5 米，在南美等地看来，是冷冰冰的疏远的距离。

德国人的界域观念比较强。许多德国人认为，一个人在屋子里看到了外边的人，就是侵扰了别人。对这些德国人来说，不一定要进到一所房子里面才算侵犯，就是对别人看上一眼，不管那个人站得多么远，都算是侵犯。德国人很在乎门的作用。他们的门又厚又重，而且总是关着的。他们认为，让门开着是粗心，乱糟糟的，而关上门就保持了房间的完整，提供了人与人之间的保护界限。同样，不少德国人认为，把家具搬来搬去，尤其是两个人说话时把椅子挪近些，也是对个人空间的侵犯。比如，有一位移居美国的德国报纸编辑对美国人随意调整家具的习惯深恶痛绝。他把客人坐的椅子，用带子拴在他认为距离合适的地方，不让客人挪动。在德国，家具都是又笨又重的，就像是有意要对付那些不懂德国规矩的人似的。

英国人的界域观念也比较强。他们习惯于保留一个很大的身体缓冲带。即使是同很亲密的人谈话，也想站得远于90厘米。英国人想自己一个人待着的时候，电话铃响了，他们都不会去接。在英国，打电话常常没有人接听，除非是事先约好了的急事或谈买卖的事，没有什么事打电话被认为是粗鲁和没有教养。如果想同别人联络，又不想亲自去，最好是写信或发电报，而不要打电话。

总之，近体度比较大的有德、英、美、奥、日等国家，近体度比较小的是阿拉伯、南美、非洲、东欧、中欧等地区。当我们同外国朋友交谈时，我们要有近体度意识。不能用我们习惯的距离同对方交谈。如果无从了解对方的习惯，我们可以观察试探：如果对方向前靠，说明距离应该再近一些；向后退表示需要远些；不动时说明合适。

二、选择空间形式

空间是物质存在的形式，也是人类存在的形式。每一个人都需要占据一定的空间。在人际交往中，人们彼此间的位置也会构成各种不同的形式。交际的目的不同、场合不同，所采用的形式也就不同，据观察研究，我们把这种形式大致分为封闭式、开放式、相向式和平行式四种。

（一）封闭式

封闭式是个体或群体独处时所采取的形式，表示不愿受到他人的干扰。一个学生在校园里看书，他会背对着有人走动的地方，面朝湖水、花草、树林等。两人密谈则都向内侧身。三人密谈，两人则两端向里侧伸，把中间的人围在圈里，形成关闭。三人以上一般是面朝里围成一个圆圈。比如，球场暂停时，教练员面授机宜。

（二）开放式

开放式是指交际双方大约形成90度的位置。开放的意思有两个：一个是与封闭相对，允许别人加入；另一个是指交谈者的心理开放即双方的自我开放区域较大，这种形式比较适用于感情的交流或长时间交谈，会客、门诊多采用这种形式，开放式使双方不易产生沟通障碍，交流效果较好。有些家庭的客厅里习惯把沙发摆在一条线上，主客做在一条线上交谈，最容易疲劳，起码脖子一会儿就扭酸了，思想感情上的交流自然也会受到一些影响。因此，在条件允许的情况下，客厅的沙发应摆成开放式的。

（三）相向式

相向式是指面对面的形式，表示竞争的意思，谈判时多选择相向式同对方隔桌相望就座，桌子自然成为防护屏障，造成竞争气氛，使双方更加坚定自己的立场观点，一般用于处理公事，如法庭，比赛下达命令，如果领导要同下级谈事时，他就不会坐在办公桌后面，而要变化一下形式。所以，领导的办公室除了写字台以外，还要安放沙发、茶几，就是用来供领导选择的，如果领导要用非正式的方法来对待来访者，他就会离开办公桌，同客人一道坐在茶几旁的沙发上交谈。如果谈话是极为正式的，他就会仍旧会坐在办公桌后面。

（四）平行式

平行式是指肩并肩的形式，表示合作关系。一般是指地位相等、目的相同的人使用。如夫妻、好友逛马路，同台演出朗诵、小合唱。电视节目中的两位主持人，或四五位被邀请来的嘉宾也多采用这种形式。

三、讲究界域礼貌

讲究界域礼貌对赢得公众，广结善缘有重要意义。具体要从以下几方面做起：

（一）保持距离

距离产生美感。在与人交谈的时候，要注重远近适当，太远了使人感到傲慢，架子大；太近了，又显得不够重视。

在行进中不但要保持距离，而且要适当的变换，比如，不要以两米左右的距离尾随在陌生人的后面，以免引起误会；骑自行车或开车时，不要离前面的车靠得太近，不要强行超车。

看到别人围成一个圈形成封闭式的交谈，就要绕开行走，不要从中穿越。公园的长椅上，如果已经有人坐上，就不要再去挤座位。

（二）变换体位

体位是指身体所处的位置，根据交际的目的和场合，我们还要经常改变自己身体所处的位置。比如，从前往后，从左到右，由坐而站，等等。

1. 移动位置。这是我们向对方表示诚意的界域行为。比如，我国对外国国家元首的迎送仪式中就有这方面的规定："国宾抵达北京首都机场（车站）时，陪同团团长等赴机场（车站）迎接并陪同来访国宾乘车前往宾馆下榻。……国宾离京回国，我出面接待的领导人到宾馆话别，由陪同团团长前往机场（车站）送行。"对一般的来访者也是如此："对应邀前来访问的来访者，无论是官方人士、专业代表团、民间团体、知名人士，在他们抵离时，均安排相应身份的人前往机场（车站、码头）迎送。"

美国学者莫里斯把这种移动称为"不便的展示"。他说："客人前来和主人去接的距离也是一种不便。不便越大，表示诚意越高。国家元首去机场迎接重要客人，兄弟驾车去机场迎接外国来的姊妹 。这种移位的举动，是主人所能表现的最大的不便。由于各种不同层次相对缩减，要看主人的距离而定，因此，有的去当地车站，有的候在门前，有的等门铃响了再去。有的干脆就在他自己的房内等候，让仆人或小孩去开门……分别时，不便的展示再度重演。”

移位可以表示尊重，也可表示妥协或服从。比如，当你开汽车或骑自行车违章被交通警察拦住时，就应马上下车，赶快主动撤到指定地点。然后，在警察接近车子之前走近警察，因为警察离他的岗位越远，不信任和敌意就会强烈。总之，主动、迅速地向警察靠近，表示出对他的服从态度，可以避免相应的处罚。

2. 改变高度。这是变换体位的另一种方式。比如，降低身高，表示对对方的尊重，能获得好感。朱丽叶斯·法斯特介绍说，我认识一个青年，他足有6英尺高，在做买卖时，他极其走运，原因是他有感化合伙人的本事。观察了一些他的成功的买卖动作后，我发现，我随时随地只要可能就偏向弯腰。或者半坐下来，以便让合伙人得到统治权，感到优越。

降低身高要看场合，有的时候降低了，反而不尊敬了。比如，晚辈在一起聊天，长辈到场，晚辈需站起来，如果仍旧保持低位，或坐，或躺，那么就说明他对来者的蔑视。莫里斯是这样分析原因的：“弯身表示服从动作，主要作用是要使行礼的人感到不便和不舒服，让居高位的人舒舒服服地坐着，不会因为降低高度就丧失他的威严。”从历史的发展变化来看，古代的皇位设于高处，君主坐在那里当然要比站在下面的臣子还要高。现在不设高位了，大家在一张桌子旁议事，地位低者站立的习惯却仍旧保留下来，或用于高位者到场的一种礼节性动作。

总之，无论是横向移动，还是纵向升降，我们都应根据不同的交际目的，以及当时的情景，随时变换我们的界域行为。一个坐下后，就不知起来的人，会给人留下傲慢至少是懒惰的印象，进而影响交际的顺利进行。

（三）尊重他人的领域权

1. 不乱动他人物品。主人不在场时，不要私自动用其领域内的物品。未经许可，一般不要翻动亲友，甚至是子女的抽屉、书包、信件等，因为这种揭人隐私的行为会伤害对方的自尊。

2. 不随意进入他人领域。在进入他人领域之前，一定要征得同意，经过允许，比如，到朋友家做客，进门先按铃或敲门，经主人允许后方可进入。不经主人邀请，或没有获得主人同意，不得要求参观主人卧室。即使是较熟悉的朋友，也不要去触动他的个人物品和室内陈设，对家庭成员也应尊重。在公众场合，要尽量避免侵犯他人的空间。有一些人往往不注重自己的界域行为。在无意之中，伤害了他人，也损害了自己的形象。比如，在公共汽车上，横着站，两手抓两边的把手，使别人无法通过。坐着时，跷起二郎腿，让路过的人给他擦皮鞋。在剧场里，或扒在前面的背椅上，或把腿登在前排的座椅上。

目光侵入也属于侵犯空间。孔子曰："非礼勿视。"我们现在有的地方却无视这个问题，有这样的旅馆，每个客房门上都开着一个玻璃窗口，窗帘安在外边，管理人员可以随时监控，真让客人们哭笑不得。还有些人喜欢在地铁里面看旁边人的报纸。主人看正面，他看反面，主人翻报纸时，他甚至干涉说先别翻，我还没看完呢。这种界域行为中国人还可以容忍，西方是不可以接受的。

3. 不污染他人的界域。空气污染，比如，当众抽烟，冲着人打喷嚏，张着嘴出气，在餐桌上端起碗来用嘴吹等。国家之间如核电站泄漏事件，都属于污染别人的界域，因为别人的身体虽然没有侵入，但是空气被污染了。

噪音污染，比如，音乐会时，手机此起彼伏，在北京国际音乐节上，把指挥大师都气坏了。停下来，以示抗议，如在楼道里大声喧哗，影响邻居们休息，记得侯宝林大师有这样一个段子：

有一小伙，下了夜班，上楼的脚步特别重，吵得楼下的老先生神经衰弱，每天夜里都要等小伙子噔噔噔噔上楼，开门，脱下皮鞋噔噔两声一摔之后，才能心跳渐趋正常，再慢慢入睡。有一天，老先生给小伙子提了个建议，小伙子满口答应，下班后，他已经忘记了这事，又噔噔噔噔上楼。进门之后，脱了一只鞋往地上一摔之后，突然想起来，于是第二只鞋就轻轻的放在了地上。

第二天，他问老人："昨天睡得好点吗?"

老人说："我昨天一夜都没有睡!"

"怎么了?"

"我等你那第二只鞋呢！心一直悬着!"

可见，讲究界域礼貌，不污染他人的界域是非常重要的。

此外，在空间距离的处理上还应注意交往对象生熟、性别、性格等方面的差异。俗话说："熟则远，亲则近"，空间距离与交际对象陌生还是熟悉是有一定区别的。交往的双方，互相认识，又是亲朋好友，可以近些，以致拍肩碰肘、抚摸、拥抱、依偎等都没有什么不好，有时反而能促进关系的密切。相反，交往双方是初次见面，要做上述举动，会引起对方的不快和反感。

交往对象的性别不同，交往时空间距离也是有明显区别的。心理学家做实验发现：男子挤在一间小屋子里，容易引起相互的怀疑，甚至发生斗争；女子在这种环境中，更友善、更亲密、更容易找到共鸣。如果给一个女子换一个大些的房间，她会感到不大理想。正由于男女之间的这种心理差别，男子与男子交谈的距离不宜太近，近则会有不和谐之感，女子与女子交谈的距离不宜太远，远则会有不投机之嫌。

在交往中，对不同性格的人，在空间距离上应有不同的区别。与内向型的人交往，空间距离可稍远些，因为距离太近，性格内向的人会感到不自在；与性格外向的人交往，距离可近些。若与性格外向的人相聚，可老远打招呼，以表示热情；与内向型的人相遇，倘老远打招呼，不一定会得到回应，往往是用微笑或点头来代替回答。

思考·讨论·训练

1. 判断正误：

(1) 事实上，修饰与维护，对于仪容的优劣而言往往起着一定的作用。

(2) 通常要三天左右洗一次头。

(3) 女士出席宴会、舞会的场合，妆可以化得浓一些。

(4) 女士工作时间可以化妆。

(5) 身材娇小者适宜留短发或盘发。

(6) 穿西装时一定要加穿背心。

(7) 女士不能采用跷“二郎腿”的姿势就座。

(8) 穿着要与年龄、职业、场合等相协调。

(9) 穿冷色、深色服装使人感觉更苗条，这是因为冷色、深色属于收缩色的缘故。

(10) 穿的是两个扣子的西装，一般只扣下面一个。

(11) “OK”手势在法国表示正确。

(12) 个人距离为46~120厘米，其语意为严肃、庄重。

2. 应从哪些方面训练自己的仪态，使自己符合礼仪规范要求？

3. 如何保持整洁的仪态？

4. 化妆的步骤和方法是什么？

5. 日常生活中违反服装礼仪规范的常见现象有哪些？

6. 如何进行服装色彩的搭配？

7. 男士如何选择适合自己的西装，穿西装有哪些要求？

8. 为什么在人际交往中需要多一点微笑？怎样才能做到恰到好处的微笑？

9. 请检查自己在站姿、坐姿和行姿等方面是否正确？找出自己的毛病并加以纠正。

10. 站姿训练：

(1) 个人靠墙站立，要求后脚跟、小腿、臀、双肩、后脑勺都紧贴墙，每次训练20分钟左右，每天一次。

(2) 在头顶放一本书，使其保持水平促使人把颈部挺直，下巴向内收，上身挺直，每天训练20分钟左右，每天一次。

11. 坐姿训练：按坐姿基本要领，着重脚、腿、腹、胸、头、手部位的训练，可以配舒缓、优美的音乐，以减轻疲劳，每天训练20分钟左右，经常坚持。

12. 走姿训练：在地面上画一条直线，行走时双脚内侧踩在绳或线上。若稍稍碰到这条线，即证明走路时两只脚几乎是在一条直线上。训练时配上行进音乐，音乐节奏为每分钟60拍。

13. 目光训练，以下两种方法坚持天天训练，不要间断，必使目光明亮有神：

(1) 点上一只蜡烛，视点集中在蜡烛火苗上，并随其摆动，坚持训练可达目光集中、有神，眼球转动灵活。

(2) 追逐鸽子飞翔可使目光有神。

14. 微笑训练：

(1) 情绪记忆法，即将自己生活里最高兴的事件中的情绪储存在记忆中，当需要微笑时，可以想起那件最使你兴奋的事件，脸上会流露出笑容。注意：练微笑时，要使双颊肌肉用力向上抬，嘴里念“一”音，用力抬高口角两端，注意下唇不要过分用力。

(2) 对着镜子，做最使自己满意的表情，到离开镜子时也不要改变它。

(3) 当一个人独处时，深呼吸、唱歌或听愉快的歌曲，忘掉自我和一切的烦恼，让心中充满爱意。

15. 如何才能培养出良好的风度？

16. 案例分析：

风景秀丽的某海滨城市的朝阳大街，高耸着一座宏伟楼房，楼顶上“远东贸易公司”六个大字格外醒目。某照明器材厂的业务员金先生按原计划，手拿企业新设计的照明器材样品，兴冲冲地登上六楼，脸上的汗珠未来得及擦，便直接走进了业务部张经理的办公室，正在处理业务的张经理被吓了一跳。“对不起，这是我们企业设计的新产品，请您过目”。金先生说。张经理停下手中的工作，接过金先生递过的照明器材，随口赞道：“好漂亮啊！”并请金先生坐下，倒上一杯茶递给他，然后拿起照明器材仔细研究起来。金先生看到张经理对新产品如此感兴趣，如释重负，便往沙发上一靠，跷起二郎腿，一边吸烟一边悠闲地环视着张经理的办公室。当张经理问他电源开关为什么装在这个位置时，金先生习惯性地用手搔了搔头皮。好多年了，别人一问他问题，他就会不自觉地用手去搔头皮。虽然金先生做了较详尽的解释，张经理还是有点半信半疑。谈到价格时，张经理强调：“这个价格比我们的预算高出较多，能否再降低一些？”金先生回答：“我们经理说了，这是最低价格，一分也不能再降了。”张经理沉默了半天没有开口。金先生却有点沉不住气，不由自主地拉松领带，眼睛盯着张经理，张经理皱了皱眉，“这种照明器材的性能先进在什么地方？”金先生又搔了搔头皮，反反复复地说：“造型新、寿命长、节电。”张经理托辞离开了办公室，只剩下金先生一个人。金先生等了一会儿，感到无聊，便非常随便地抄起办公桌上的电话，同一个朋友闲谈起来。这时，门被推开，进来的却不是张经理，而是办公室秘书。

请指出金先生的失礼之处。

17. 列举生活中不礼貌的界域行为，并分析原因。

18. 如何根据交际的不同目的和场合选择界域形式？

19. 案例分析：

吴菲，某高校文秘专业高材生，毕业后就职于一家公司做文员。为适应工作需要，上班时，她毅然放弃了“清纯少女妆”，化起了整洁、漂亮、端庄的“白领丽人妆”：不脱色粉底液，修饰自然、稍带棱角的眉毛，与服装色系搭配的灰度高偏浅色的眼影，紧贴上睫毛根部描画的灰棕色眼线，黑色自然型睫毛，再加上自然的唇型和略显浓艳的唇色，虽然化了妆，却好似没有化妆，整个妆容清爽自然，尽显自信、成熟、干练的气质。

在公休日，她又给自己来了一个大变脸，化起了久违的“清纯少女妆”：粉蓝或粉绿、粉红、粉黄、粉白等颜色的眼影，彩色系列的睫毛膏和眼线，粉红或粉橘的腮红，自然色的唇彩或唇油，看上去娇嫩欲滴，鲜亮淡雅，整个身心都备感轻松。

心情好，自然工作效率就高。一年来，吴菲以自己得体的外在形象、勤奋的工作态度和骄人的业绩，赢得了公司同仁的好评。

你如何评价吴菲的两种妆容？对“化妆不只是技术，还是一门艺术、一种生活”这句话你是如何理解的？

20．案例分析：

阿美和阿娟是一所美容学校的学生，初学化妆，非常感兴趣，走在大街上，总爱观察别人的妆容，因此发现了一道道奇特的风景线：

一位中年妇女没有做其他化妆，光涂了一个嘴唇，而且是那种很红很艳的唇膏，只突出了一张嘴。一位女士的妆容看起来真的很漂亮，只可惜脸上精彩纷呈，脖子却粗糙、马虎，在脸庞轮廓上有明显的分界线，像戴了面具一样。再看，还有的女士用粗的黑色眼线将眼睛轮廓包围起来，像个“大括号”，看上去是那么生硬、不自然。一位很漂亮的女士，身穿蓝色调的时装，却画着橘红色的唇膏……

请帮助阿美和阿娟分析一下，针对以上几种情形，自己化装时应注意那些问题？

21．案例分析：

2002年，著名表演家艺术家程冰如在香港遭遇了着装带给他的窘境。那次境遇让程冰如改变了一成不变的老观念：穿衣服确实不能忽视场合。当时，正在香港的某影星获悉程冰如也到了香港，邀请他出席胞兄的画展，并嘱咐他一定去帮忙“捧场”。程冰如到展厅的时间不早不晚，展厅里的人熙熙攘攘，程冰如深深地感到人们的装束无不得体异常，而自己的一身打扮实在有失体面。

程冰如回想起当时的情景还感慨不已：“我身边的几位老总穿得都很到位：精制西装，风度翩翩，头发抹得光亮整齐，整齐得能看出梳子在头发上划过的一绺绺痕迹。那位明星一头短发，上衣的两个大尖领，像两把刀一样锋利地伸向两肩，腴白的脖子上是金光闪闪的小珠子项链。胡慧中身穿明艳的晚礼服，黑色套头衫，显得那么帅气、那么干练。我呢，尽管西服料子不错，也合体，只是在香港穿了一个星期没离身，裤线早没了，上衣的兜盖不知怎么的反了向了，兜口老是张着，领带呢，恰巧又忘了戴。”

程冰如说最发怵的是头和脚。头发乱，因为他从不来抹油，习惯于早上起床后用梳子随便扒两下就算完事。“当时，每根头发都各自为政地在头上横躺竖卧，尤其是脑后‘旋儿’旁边的那一绺，高高地矗着，不照镜子都能‘心知肚明’。脚下一双皮革更显得寒酸，因为我穿着它已经走了整整一个星期。不亮不说，整个都走了形，像两个大鲶鱼头套在脚上。”

程冰如说他感到了一种不自在，一种被环境隔离开来的不自在。更不自在的是很多人都认识他，知道他是内地著名的相声艺术家，这个握手，那个交谈，问这问那，他则答非所问，因为脑子里老想着头上‘旋儿’边的那一绺站立着的头发……

从那以后，程冰如非常注意在不同时间、不同场合、不同环境的服饰穿着和饰物的搭配，使处自己的形象更完美。

程冰如在画展上为什么会有“一种被环境隔离开来的不自在”的感觉？

22. 案例分析：

飞机起飞前，一位乘客请空姐给他倒一杯水吃药，空姐很有礼貌地说：“先生，为了您的安全，请稍等片刻，等飞机进入平衡飞行后，我会立刻把水给您送过来，好吗？”

15分钟后，飞机早已进入平衡飞行状态。突然，乘客服务铃急促地响了起来，空姐猛然意识到：糟了，由于太忙，她忘记给那位乘客倒水了。当空姐来到客舱，看见按响服务铃的果然是刚才那位乘客，她小心翼翼地把水送到那位乘客眼前，微笑着说：“先生，实在对不起，由于我的疏忽，延误了您吃药的时间，我感到非常抱歉。”这位乘客抬起左手，指着手表说道：“怎么回事，有你这样服务的吗？你看看，都过了多久了？”空姐手里端着水，心里感到很委屈，但是，无论她怎么解释，这位挑剔的乘客都不肯原谅她的疏忽。

在接下来的飞行途中，为了弥补自己的过失，每次去客舱给乘客服务时，空姐都会特意走到那位乘客面前，面带微笑地询问他是否需要水，或者别的什么帮助，然而，那位乘客余怒未消，摆出不合作的样子，并不理会空姐。

临到目的地前，那位乘客要求空姐把留言本给他送过去，很显然，他要投诉这名空姐，此时空姐心里很委屈，但是仍然不失职业道德，显得非常有礼貌，而且面带微笑地说道：“先生，请允许我再次向您表示真诚的歉意，无论您提出什么意见，我都会欣然接受您的批评！”那位乘客脸色一紧，嘴巴准备说什么，可是没有开口，他接过留言本，开始在本子上写了起来。

等到飞机安全降落，所有的乘客陆续离开后，空姐本以为这下完了，没想到，等她打开留言本，却惊奇地发现，那位乘客在本子上写下的并不是投诉信，相反，这是一封热情洋溢的表扬信。

是什么使得这位挑剔的乘客最终放弃了投诉呢？在信中，空姐读到这样一句话：“在整个过程中，你表现出的真诚的歉意，特别是你的十二次微笑深深地打动了我，使我最终决定将投诉信写成表扬信！你的服务质量很高，下次如果有机会，我还将乘坐你们这趟航班。”

微笑有何作用？微笑应注意什么？

23. 案例分析：

郭晓凡是一位外贸公司的业务经理，有一次，郭先生因为工作的需要，在国内设宴招待一位来自英国的生意伙伴。有意思的是，那一顿饭吃下来，令对方最为欣赏的，倒不是郭先生专门为其所准备的丰盛菜肴，而是郭先生在陪同对方用餐时的一处细小的举止表现。用那位英国客人当时的原话来讲就是："郭先生，你在用餐时一点儿响声都没有，使我感到你的确具有良好的教养。"

英国客人为什么欣赏郭先生的举止表现？这说明了一个什么问题？

判断正误答案：(1) 正确 (2) 正确 (3) 正确 (4) 错误 (5) 正确 (6) 错误 (7) 错误 (8) 正确 (9) 正确 (10) 错误 (11) 错误 (12) 错误

第三章 交际礼仪

一个人在社会中如欲生存和发展，就必须以各种形式与其他人进行交往。因为没有交往就难以合作；没有合作就难以生存和发展。对于交际，不但要积极参与，总结经验，吸取教训，更要重视基本交际礼节的学习，并在实践中正确地加以应用，这样才能备尝交际成功带来的欢乐。

第一节 称呼

在社会交往中，交际双方见面时如何称呼对方，这直接关系到双方之间的亲疏和了解程度、尊重与否及个人修养等。一个得体的称呼，会令彼此如沐春风，为以后的交往打下良好的基础，否则，不恰当或错误的称呼，可能会令对方心里不悦，影响到彼此的关系乃至交际的成功。

如著名传记作家叶永烈在着手写陈伯达传记时，必须采访陈伯达，采访时究竟怎样称呼陈伯达，叶永烈颇费了一番心思。采访的前一天晚上，叶永烈辗转反侧，明天见到了陈伯达到底该叫他什么呢？叫他陈伯达同志，不合适，因为陈伯达是在监狱中服刑的犯人，叫他老陈，也不行，因为陈伯达已经是84岁的老人了，而自己才48岁，究竟应怎样称呼他呢，突然叶永烈灵机一动，称呼他陈老，这是再恰当不过的称呼了。果然，第二天采访时，叶永烈一声“陈老”的亲切得体的称呼，令陈伯达听了感动万分，眼里充满了泪花。由此可见，一个得体的称呼真可谓交际的“敲门砖”啊！

一、通常的称呼

（一）称呼姓名

一般的同事、同学关系，平辈的朋友、熟人，均可彼此之间以姓名相称。例如，“王小平”、“赵大亮”、“刘军”。长辈对晚辈也可以如此称呼，但晚辈对长辈却不可这样做。为了表示亲切，可以在被称呼者的姓名前分别加上“老”、“大”、“小”字相称，而免称其名。例如，对年长于己者，可称“老张”、“大李”；对年幼于己者，可称“小吴”、“小周”。但这种称呼多在职业人士间常见，不适合在校学生。对同性的朋友、熟人，若关系极为亲密，可以不称其姓，而直呼其名，如“春光”、“俊杰”。对于异性一般则不可这样做。因为若如此，那不是其家人，就是其配偶了。

（二）称呼职务

在工作中，以交往对象的职务相称，以示身份有别、敬意有加，这是一种最常见的称呼方法。具体做法上可以仅称呼职务，如“局长”、“经理”、“主任”，等等；可以在职务前加上姓氏，例如，“王总经理”、“李市长”、“张主任”，等等；还可以在职务之前加上姓名，这仅适用于极其正式的场合。例如，“×××主席”、“×××省长”、“×××书记”，等等。

（三）称呼职称

对于有职称者，尤其是有高级、中级职称者，可以在工作中直接以其职称相称。可以只称职称，例如，“教授”、“律师”、“工程师”，等等；可以在职称前加上姓氏，例如，“张教授”、“王研究员”、“刘工程师”，当然有时可以简化，如将“刘工程师”简化为“刘工”，但使用简称应以不发生误会、歧义为限；可以在职称前加上姓名，它适用于十分正式的场合。例如，“王久川教授”、“周蕾主任医师”、“孙小刚主任编辑”，等等。

（四）称呼学衔

在工作中，以学衔作为称呼，可增加被称呼者的权威性，有助于增强现场的学术氛围。可以在学衔前加上姓氏，例如，“黄博士”；可以在学衔前加上姓名，如“张明博士”。一般对学士、硕士不称呼学衔。

（五）称呼职业

称呼职业，即直接以被称呼者的职业作为称呼。例如，将教员称为“老师”，将教练员称为“教练”或“指导”，将专业辩护人员称为“律师”，将财务人员称为“会计”，将医生称为“大夫”或“医生”，等等。一般情况下，在此类称呼前，均可加上姓氏或姓名。

（六）称呼亲属

亲属，即与本人直接或间接有血缘关系者。在日常生活中，对亲属的称呼业已约定俗成，人所共知。面对外人，对亲属可根据不同情况采取谦称或敬称。对本人的亲属应采用谦称。称辈分或年龄高于自己的亲属，可以在其称呼前加“家”字，如“家父”、“家叔”。称辈分或年龄低于自己的亲属，可在其称呼前加“舍”字，如“舍弟”、“舍侄”。称自己的子女，则可在其称呼前加“小”，如“小儿”、“小女”、“小婿”。对他人的亲属，应采用敬称。对其长辈，宜在称呼前加“尊”字，如“尊母”、“尊兄”。对其平辈或晚辈，宜在称呼之前加“贤”字，如“贤妹”、“贤侄”。若在称呼前加“令”字，一般可不分辈分与长幼，如“令堂”、“令爱”、“令郎”。

二、几种称呼的正确使用

（一）同志

志同道合者才称同志。如政治信仰、理想、爱好等相同者，都可称为同志。在我国，同志这个称呼流行于新中国成立后，这一词已成为我国大陆公民彼此之间最普遍和常用的称呼。这一称呼不分男女、长幼、地位高低，除了亲属之外，所有人都可以称同志。今天，在改革开放之后，这一称谓的使用率相对减少，因此在使用同志一词时应有所区别。如在同一党内，同一组织内，对解放军和国内的普通公民，这一称呼皆可使用。但对于儿童，对于具有不同政治信仰、不同价值观、不同国家的人，尽量少使用或不使用。

（二）老师

这一词原意是尊称传授文化、知识、技术的人，后泛指在某些方面值得学习的人。孔子曰："三人行，必有我师焉。"这说明，在古代，"老师"这一称呼已泛指所有值得学习的人。现代社会，老师这一称谓一般用于学校中传授文化科学知识、技术的教师。目前，老师这一称谓在社会上也比较流行，有时人们出于对交际对象的学识、经验或某一方面的敬佩和尊重，常常以"姓＋老师"来称呼对方，尤其在文艺界比较常见。这种称谓，使交际的对方一般会感到受到了尊重，心情比较舒畅。

（三）先生

在我国古代，一般称父兄、老师为先生，也有称郎中（医生）、道士等为先生的。有些地区还有已婚妇女对自己的丈夫或称别人家的丈夫为先生的，现在在我国南方某些地区仍这样使用。新中国成立后，先生一词则很少使用，有时只有对教师称为先生。改革开放以后，随着对外交流的增多，"先生"一词又流行起来，不过，其概念已与以前有所不同。目前，先生一词泛指所有的成年男子。在西方国家，对成年男子一般都称呼先生。不过也有例外，如在美国，对12岁以上的男子就可以称先生；在日本，对身份高的女子也称先生。在我国知识界，也喜欢对有学问的女子称先生。先生这一称谓大方得体，既显示了彼此的尊重，又有彼此平等之意，有利于提高交际效果。

（四）师傅

这一词原意是指对工、商、戏剧行业中传授技艺的人的一种尊称，后泛指对所有有技艺的人的称谓。到了20世纪五六十年代，师傅这一词在社会中比较流行，有虚心请教、尊敬对方之意。但师傅这一称呼大多用于非知识界的人士。师傅这一称呼一般不用于称呼有职称、有学位的人，否则可能会产生误解，有漠视之嫌。在现代交际中，采用师傅这一称谓已基本恢复其原意，即称呼工、商、戏剧行业中传授技艺的人。但是，在我国北方使用比较频繁，人们对不认识的人都称呼师傅，因此“康师傅”方便面卖得那么火就不足为怪了！

(五) 小姐

在《现代汉语词典》中，“小姐”一词被解释为：旧时对未婚女子的称呼；母家的人对已出嫁的人也称为小姐。“小姐”这一称谓在我国可谓冷热几十年，宠辱一口间，颇体现出了中国特色。

五十多年前，一个女性如能被人称为小姐，那么她不是大家闺秀也是文化丽人。小姐这两个字，一般人是配不上的。要不然怎么会有“小姐的身子丫环的命”一说呢？

二十多年前，“小姐”一词臭了，你叫人一声小姐，不但被叫者不高兴，叫人者也要倒霉。那时男女老少流行统称同志，小姐是被批判的“封资修”的东西。

十几年前，面对年轻的女子，你再称一声“小姐”，对方不仅沾沾自喜，还会感到受宠若惊。“小姐”一词被《国家公务员条例》列为国家公务员的指定礼貌用语。

然而在今天，“小姐”一词又贬值了。北京一男士携妻购物，女店员笑容可掬：“先生，您给小姐买点什么？”这位妻子当即相斥：“你才是小姐呢。”小姐沾了“三陪”的光，成了“黄”称。而在国外，“小姐”这个称呼不知叫了多少年也没有什么变化，它就是对未婚女子的称呼，而且你如果对年龄偏大的女士叫一声小姐，对方不但不会责怪你，还会在心里暗暗高兴呢！因为这样有夸她年轻之意，她往往愿意接受。

三、称呼的技巧

(一) 初次见面更要注意称呼

初次与人见面或谈业务时，要称呼姓+职务，要一字一字地说得特别清楚，比如，“王总经理，你说得真对……”如果对方是个副总经理，可删去那个“副”字；但若对方是总经理，不要为了方便把“总”字去掉，而变为经理。

(二) 称呼对方时不要一带而过

在交谈过程中，称呼对方时，要加重语气，称呼完了停顿一会儿，然后再谈要说的事，这样能引起对方的注意，他会认真地听下去。如果你称呼得很轻又很快，有种一带而过的感觉，对方听着不会太顺耳，有时也听不清楚，就引不起听话的兴趣。相比之下，如果太不注意对方的姓名，而过分强调了要谈的事情，那就会适得其反，对方不会对你的事情感兴趣了。所以，一定要把对方完整的称呼，很认真很清楚很缓慢地讲出来，以显示对对方的尊重。

（三）关系越熟越要注意称呼

与对方十分熟悉之后，千万不要因此而忽略了对对方的称呼，一定要坚持称呼对方的姓+职务（职称），尤其是有其他人在场的情况下。人人都需要被人尊重，越是朋友，越是要彼此尊重，如果熟了就变得随随便便，“老王”、“老李”甚至用一声“唉”、“喂”来称呼了，这样极不礼貌，是令对方难以接受的。

第二节　介绍

介绍是社交活动最常见，也是最重要的礼节之一，它是初次见面的陌生的双方开始交往的起点。介绍在人与人之间起桥梁与沟通作用，几句话就可以缩短人与人之间的距离，为进一步交往开个好头。

一、介绍的基本规则

在为他人做介绍时，必须遵守“尊者优先了解情况”的规则，在为他人做介绍前，先要确定双方地位的尊卑，然后先介绍位卑者，后介绍尊者。具体说明如下：

（一）先将男士介绍给女士

例如，介绍王先生与李小姐认识，介绍人应当引导王先生到李小姐面前，然后说：“李小姐，我来给你介绍一下，这位是王先生。”注意在介绍的过程中，被介绍者的名字总是后提。

（二）先将年轻者介绍给年长者

把年轻者引见给年长者，以示对前辈、长者的尊敬。比如，“王教授，让我来介绍一下，这位是我的同学张明。”“张阿姨，这是我的表妹王丽。”“刘伯伯，我请您认识一下我的表弟李强。”在介绍中，应注意有时虽然男士年龄较大，但仍然是将男士介绍给女士。

（三）先将未婚女子介绍给已婚女子

比如，“张太太，让我来介绍一下，这位是李小姐。”注意：当被介绍者无法辨别其是已婚还是未婚时，则不存在先介绍谁的问题，可随意介绍，比如，“张女士，我可以把我的女朋友李小姐介绍给你吗？”

（四）先将职位低的介绍给职位高的

在实业界或公司中，在商务场合要先将职位低的介绍给职位高的。比如，“王总，这位是××公司的总经理助理刘女士。”注意：这里我们先提到的是王总经理，这是因为我们把王总经理的职位看做高于刘女士，尽管王总经理是一位男士，仍不先介绍他。

（五）先将家庭成员介绍给对方

在向别人介绍自己的家庭成员时，应谦虚地说出对方的名字。这不仅是出于礼貌，而且对介绍自己的家庭成员也比较方便。比如，“张先生，我想请你认识一下我的女儿晓芳。”“张先生，请允许我介绍一下我的妻子。”

（六）集体介绍时的顺序

在被介绍者双方地位、身份大致相似，或者难以确定时，应当使人数较少的一方礼让人数较多的一方，一个人礼让多数人，先介绍人数较少的一方或个人，后介绍人数较多的一方或多数人。

若被介绍者在地位、身份之间存在明显差异，特别是当这些差异表现为年龄、性别、婚否、师生以及职务有别时，则地位、身份为尊的一方即使人数较少，甚至仅为一人，仍然应被置于尊贵的位置最后加以介绍，而先介绍另一方人员。

若需要介绍的一方人数不止一人，可采取笼统的方法进行介绍，例如，可以说：“这是我的家人”，“他们都是我的同事”，等等。但最好还是要对其一一进行介绍。进行这种介绍时，可按位次尊卑顺序进行介绍。

若被介绍双方皆不止一人，则可依照礼规，先介绍位卑的一方，后介绍位尊的一方。在介绍各方人员时，均需由尊到卑，依次进行。

二、自我介绍

在不同场合，遇见对方不认识自己，而自己又有意与其认识，当场没有他人从中介绍，往往需要自我介绍。

（一）自我介绍的时机

因业务关系需要相互认识，进行接洽时可自我介绍。

当遇到一位你知晓或久仰的人士，他不认识你，你可自我介绍：“×××（称呼），您好！我是××××（单位）的×××（姓名），久仰大名，很荣幸与您相识。”

第一次登门造访，事先打电话约见，在电话里应自我介绍。

参加一个较多人的聚会，主人不可能一一介绍，与会者可以与同席或身边的人互相自我介绍。自我介绍前应有一句引言，以使对方不感到突然，如“我们认识一下吧。我叫×××，在德力公司公关部工作。”

在出差、旅行途中，与他人不期而遇，并且有必要与之建立临时接触时，可适当自我介绍。

初次前往他人居所、办公室，进行登门拜访时要自我介绍。

应聘求职时需首先做自我介绍，等等。

(二) 自我介绍的要求

自我介绍时，要及时、清楚地报出自己的姓名和身份。大方自然地进行自我介绍，可以先面带微笑，温和地看着对方说声：“您好！”以引起对方的注意，然后报出自己的姓名、身份，并简要表明结识对方的愿望或缘由。进行自我介绍一定要力求简洁，尽可能地节省时间，以半分钟为佳。

进行自我介绍，态度务必自然、友善、亲切、随和。要充满信心和勇气，敢于正视对方的双眼，显得胸有成竹。介绍时语气要自然、语速要正常，语音要清晰，这对自我介绍的成功十分有好处。

进行自我介绍时所表述的各项内容，一定要实事求是，真实可信。没有必要过分谦虚，一味贬低自己去讨好别人，但也不可自吹自擂，夸大其词。在自我介绍时掺水分，会得不偿失。

他人进行自我介绍时也要注意：一是引发对方做自我介绍时应避免直话相问，缺乏礼貌，比如，“你叫什么名字”，而应该尽量客气一些，用词更敬重些：“请问尊姓大名”、“您贵姓”、“您是……”。二是他人做自我介绍时要仔细聆听，记住对方的姓名、职业等。如果没有听清楚，不妨在个别问题上再仔细问一遍，这比他人做过自我介绍，而你还是不明情况要好。三是等一个人做了自我介绍后，另一个人也做相应的回报，这才是礼貌的。

三、他人介绍

(一) 他人介绍的时机

他人介绍即社交中的第三者介绍。在他人介绍中，为他人做介绍的人一般有社交活动中的东道主、社交场合中的长者、家庭聚会中的女主人、公务交往活动中的公关人员（礼宾人员、文秘人员、接待人员）等。他人介绍的时机包括：在家中接待彼此不相识的客人；在办公地点接待彼此不相识的来访者；与家人外出，路遇家人不相识的同事或朋友；陪同亲友，前去拜会亲友不相识者；本人的接待对象遇见了其不相识的人士，而对方又跟自己打了招呼；陪同上司、长者、来宾时，遇见了其不相识者，而对方又跟自己打了招呼；打算推介某人加入某一交际圈；受到为他人做介绍的邀请。

(二) 他人介绍的注意事项

在为他人做介绍时，介绍者对介绍的内容应当字斟句酌，慎之又慎。

在正式场合，内容以双方的姓名、单位、职务等为主。比如，“我来给两位介绍一下。这位是A公司的公关部主任李芳女士，这位是B公司的总经理汪洋先生。”

在一般的社交场合，其内容往往只有双方姓名一项，甚至可以只提到双方姓氏为止。接下来，则由被介绍者见机行事。比如，“我来介绍一下，这位是老张，这位是小王，你们认识一下吧。”

在比较正规的场合，介绍者有备而来，有意将某人举荐给某人，因此在内容方面，通常会对前者的优点加以重点介绍。比如，“这位是李明先生，这位是我们公司的林楠总经理。李先生是一位管理方面的专业人士，他还是北大的MBA。林总我想您一定很想认识他吧！”

在进行他人介绍时，介绍者与被介绍者都要注意自己的表达、态度与反应。介绍者为被介绍者介绍之前，不仅要尽量征求一下被介绍者双方的意见，而且在开始介绍时还应再打一下招呼，切勿上去开口即讲，显得太突然，让被介绍者措手不及。

被介绍者在介绍者询问自己是否有意认识某人时，一般不应加以拒绝或扭扭捏捏，而应欣然表示接受。实在不愿意时，则应说明缘由。

当介绍者走上前来，开始为被介绍者进行介绍时，被介绍双方应起身站立，面含微笑，大大方方地注视介绍者或者对方，神态庄重、专注。

当介绍者介绍完毕后，被介绍者双方应依照合乎礼仪的顺序进行握手，并且彼此问候对方。此时的常用语有：“你好”；“很高兴认识你”；“久仰大名”；“认识你非常荣幸”；“幸会，幸会”，等等。必要时还可做进一步的自我介绍。

介绍时要注意实事求是，掌握分寸，不能胡吹乱捧。

介绍姓名时，一定要口齿清楚，发音准确，把易混的字咬准，如“王”和“黄”、“刘”和“牛”，等等；对同音字、近音字必要时要加以解释，如“邹”和“周”、“张”和“章”、“徐”和“许”，等等。

第三节 握手

相传在刀耕火种的年代，人们经常持有石头或棍棒等武器，陌生者相遇，双方为了表示没有敌意，便放下手中的武器，并伸出手掌，让对方抚摩掌心。久而久之，这种习惯便逐渐演变为今日的握手礼节。当今，握手已成为世界上最为普遍的一种礼节，其应用的范围远远超过了鞠躬、拥抱、接吻等。在日常交际中，我们必须注意握手的基本礼节。

一、握手的次序

根据礼仪规范，握手时双方伸手的先后次序，一般应当遵守“尊者先伸手”的原则，应由尊者首先伸出手来，位卑者只能在此后予以响应，而绝不可贸然抢先伸手，不然就是违反礼仪的举动。其基本规则如下：

（一）男女之间握手

男女之间握手，男士要等女士先伸出手后才握手。如果女士不伸手或无握手之意，男士向对方点头致意或微微鞠躬致意。男女初次见面，女方可以不和男士握手，只是点头致意即可。男女握手时，男士要脱帽和脱右手手套，如果偶遇匆匆忙忙来不及脱，要表示道歉。女士除非对长辈，一般可不必脱手套。

（二）宾客之间握手

宾客之间握手，主人有向客人先伸出手的义务。在宴会、宾馆或机场接待宾客，当客人抵达时，不论对方是男士还是女士，女主人都应该主动先伸出手。男士因是主人，尽管对方是女宾，也可先伸出手，以表示对客人的热情欢迎。而在客人告辞时，则应由客人首先伸出手来与主人相握，在此表示的是"再见"之意。

（三）长幼之间握手

长幼之间握手，年幼的一般要等年长的先伸手。和长辈及年长的人握手，不论男女，都要起立趋前握手，并要脱下手套，以示尊敬。

（四）上下级之间握手

上下级之间握手，下级要等上级先伸出手。但涉及主宾关系时，可不考虑上下级关系，做主人的应先伸手。

（五）一个人与多人握手

若是一个人需要与多人握手，则握手时亦应讲究先后次序，由尊而卑，即先年长者后年幼者，先长辈后晚辈，先老师后学生，先女士后男士，先已婚者后未婚者，先上级后下级，先职位、身份高者后职位、身份低者。

值得注意的是，在商务、公务场合，握手时伸手的先后次序主要取决于职位、身份。而在社交、休闲场合，它则主要取决于年纪、性别、婚否。

二、握手的方式

握手的标准方式，是行礼时行至距握手对象约 1 米处，双腿立正，上身略向前倾，伸出右手，四指并拢，拇指张开与对方相握。握手时应用力适度，上下稍许晃动三四次，随后松开手来，恢复原状。具体应注意如下几点：

（一）神态

与人握手时神态应专注，热情、友好、自然。在通常情况下，与人握手时，应面含微笑，目视对方双眼，并且口头问候。在握手时切勿显得三心二意，敷衍了事，漫不经心，傲慢冷淡。如果在此时迟迟不握他人早已伸出的手，或是一边握手，一边东张西望，目中无人，甚至忙于跟其他人打招呼，都是极不应该的。

（二）力度

握手时用力应适度，不轻不重，恰到好处。如果手指轻轻一碰，刚刚触及就离开，或是懒懒地慢慢地相握，缺少应有的力度，会给人勉强应付、不得已而为之之感。一般来说，手握得紧是表示热情，男人之间可以握得较紧，甚至另一只手也加上，包括对方的手大幅度上下摆动，或者在手相握时，左手又握住对方胳膊肘、小臂甚至肩膀，以表示热烈。但是注意既不能握得太使劲，使人感到疼痛，也不能显得过于柔弱，不像个男子汉。对女性或陌生人，轻握是很不礼貌的，尤其是男性与女性握手应热情、大方、用力适度。

（三）时间

通常是握紧后打过招呼即松开。但如亲密朋友意外相遇，敬慕已久而初次见面，至爱亲朋依依惜别，衷心感谢难以表达等场合，握手时间就长一点，甚至紧握不放，话语不休。在公共场合，如列队迎接外宾，握手的时间一般较短。握手的时间应根据与对方的亲密程度而定。

三、握手的禁忌

在人际交往中，握手虽然司空见惯，看似寻常，但是由于它可被用来传递多种信息，因此在行握手礼时应努力做到合乎规范，并且注意下述几点：一是不要在握手时争先恐后，而应当遵守秩序，依次而行。二是不要戴着手套握手，在社交场合女士的晚礼服手套除外。三是不要在握手时戴着墨镜，只有患有眼疾或眼部有缺陷者才能例外。四是不要在握手时将另外一只手插在衣袋里。五是不要在握手时另外一只手依旧拿着香烟、报刊、公文包、行李等东西而不肯放下。六是不要在握手时面无表情，不置一词，好似根本无视对方的存在，而纯粹是为了应付。七是不要在握手时长篇大论，点头哈腰，滥用热情，显得过分客套，让对方不自在，不舒服。八是不要在握手时把对方的手拉过来、推过去，或者上下左右抖个没完。九是不要在与人握手之后，立即揩拭自己的手掌，好像与对方握一下手就会使自己受到感染似的。

四、握手与性格

美国著名盲聋女作家海伦·凯勒曾说："我接触的手，虽然无言，却极有表现力。有的人握手能拒人千里之外……我握着冷冰冰的手指，就像和凛冽的寒风相握手一样。而有些人的手充满阳光，他们伸出来与你相握时，你会感到很温暖。"由此可见，握手传递的性格方面的信息是何等丰富。

握手方式与性格特点大致可分为如下七种类型：

（一）控制式

用掌心向下或向左下的姿势握住对方的手。这种人想表达自己的优势、主动、傲慢或支配地位。一般具有说话干净利落、办事果断、高度自信的特点。凡事一经自己决定，就很难改变观点，作风不大民主。

（二）谦恭式

即用掌心向上或向左上的手势与对方握手。这种人往往性格软弱，处于被动、劣势地位，处世比较谦和、平易近人，不固执，对对方比较尊重、敬仰，甚至有几分畏惧。

（三）对等式

即握手时两人伸出的手心都不约而同地向着左方握在一起。这种人比较友好，也可能是很遵守游戏规则的平等的竞争对手。

（四）双握式

即在右手相握的同时，再用左手加握对方的手背、前臂、上臂或肩部。加握部位越高，其热情友好的程度也显得越高。这种人热情真挚、诚实可靠、信赖别人。

（五）捏手指式

即只捏住对方的几个手指或手指尖部。女性与男性握手时，为了表示自己的矜持与稳重，常采取这种方式。如果是同性别的人之间这样握手，就显得有几分冷淡和生疏。若换成显贵人物，则其意在显示自己的“尊贵”。

（六）拉臂式

即将对方的手拉到自己的身边相握。这种人往往过分谦恭，在他人面前唯唯诺诺、轻视自我，缺乏主见与敢作敢为的精神。

（七）死鱼式

即握手时伸出一只无任何力度、质感，不显示任何积极信息的手。这种人的性格不是生性懦弱，就是对人冷漠无情，待人接物消极傲慢。

五、握手的技巧

在商务场合，握手应注意掌握如下技巧：

（一）主动与每个人握手

在商务场合，如谈判开始之前，双方都要互相介绍认识一下。这时候，你最好表现得积极一些，主动一些，表示你很高兴与他们认识。为了表达你的这种善意，你可以主动地与他们每一个人握手。因为你主动，就说明你对对方尊重，只有在你尊重别人时，才会受到别人的尊重。

（二）有话想让对方出来讲，握手时不要松开

有时你找对方谈一些事，不巧的是里边还有其他人在，你想与对方单独谈，耐心等了很久以后仍没有机会，那你只好想办法让对方出来说了。但你不

能明白告诉对方："我有点事，咱们到外边说"，这显然是不礼貌的。你得想办法让对方起身相送。在你起身告辞时，对方站起来，你就边与对方交谈，边向外走。如果对方无意起身，你就走近他，很礼貌地与他握手，出于礼貌，对方会站起身离开自己的座位，然后你边说边往外走，千万不能断了话。因为当你还有话要说时，对方是很不好意思不送你的。说话时，眼睛也要看着对方，不要只顾走。走到门口对方要与你告辞，你主动伸手与他握手，握手之后不要马上松开，要多握一会儿，并告诉对方，"你看我还有件事……"你说得缓慢些，对方也就意识到了，他也就主动走出来了。

（三）握手时赞扬对方

握手时的寒暄话是非常重要的，在你与对方握手的时候，可以对对方表示一下关心和问候，或赞扬对方两句。

握手时双方的距离很近，对方的衣着服饰可以尽收眼底，如果你用心观察，肯定会有某一方面值得你赞扬。而每个人又都有自己特别注重修饰的地方，有人特别爱惜自己的发式，每天整理头发，使自己神采奕奕；有人特别注意领带，不惜高价买一条，或用一枚精制的领带夹子点缀一下，使自己容光焕发；有人穿了一件新西装，质地优良、做工讲究；有人穿了一件衬衣，色彩和谐明快，显得年轻漂亮。握手时不能对这些熟视无睹，要加以赞美。双方会因此显得亲近，你则显得格外大方、热情、细心，因而会给人留下一个好印象。

六、常见的其他见面礼

在国内外交往中，除握手之外，以下会面礼也颇为常见。

（一）点头礼

点头礼适用于路遇熟人，在会场、剧院、歌厅、舞厅等不宜与人交谈之处，在同一场合碰上已多次见面者，遇上多人又无法一一问候之时。行礼的做法是：头部向下轻轻一点，同时面带笑容，不宜反复点头不止，也不必点头的幅度过大。

（二）举手礼

行举手礼的场合与行点头礼场合大致相似，它最适合向距离较远的熟人打招呼。其做法是右臂向前方伸直，右手掌心向着对方，其他四指并齐、拇指分开，轻轻向左右摆动一两下。不要将手上下摆动，也不要在手摆动时用手背朝向对方。

（三）脱帽礼

戴着帽子的人，在进入他人居所，路遇熟人，与人交谈、握手或行其他会面礼时，或在进入娱乐场所，升降国旗，演奏国歌等情况下，应自觉主动地摘下自己的帽子，并置于适当之处，这就是所谓脱帽礼。女士在社交场合可以不脱帽。

（四）注目礼

具体做法是：起身立正，抬头挺胸，双手自然下垂或贴放于身体两侧，神情庄重严肃，双目正视于被行礼对象，或随之缓缓移动。一般在升国旗时、游行检阅、剪彩揭幕、开业挂牌等情况下，使用注目礼。

（五）拱手礼

拱手礼是我国民间传统的会面礼，主要适用于过年时举行团拜活动，向长辈祝寿，向友人恭喜结婚、生子、晋升等，向亲朋好友表示无比感谢，以及与海外华人初次见面时表示久仰大名。行礼时应起身站立，上身挺直，两臂前伸，双手在胸前高举抱拳，自上而下，或者自内向外，有节奏地晃动两三下。

（六）鞠躬礼

在日本、韩国、朝鲜等国，鞠躬礼十分普遍。目前，在我国主要适用于向他人表示感谢、领奖或讲演之后、演员谢幕、举行婚礼或参加追悼活动。行礼时应脱帽立正，双目凝视受礼者，然后上身弯腰前倾。男士双手应贴放于身体两侧裤线处，女士的双手则应下垂搭放于腹前。下弯的幅度越大，所表示的敬重程度就越大。

（七）合十礼

在东南亚、南亚信奉佛教的地区以及我国的一些少数民族聚居区，合十礼最为普遍。行合十礼时，双掌十指在胸前相对合，五指手指合拢向上，掌尖和鼻尖基本持平，手掌向外侧倾斜，双腿立直站立，上身微欠低头，可以口颂祝词或问候对方，亦可面带微笑，但不准手舞足蹈，反复点头。一般而论，行此礼时，合十的双手举得越高，越体现出对对方的尊重，但原则上不可高于额头。

（八）拥抱礼

在西方，特别是在欧美国家，拥抱礼是十分常见的见面礼与道别礼。在人们表示慰问、祝贺、欣喜时，拥抱礼也十分常用。正规的拥抱礼，讲究两人正面面对站立，各自举起右臂，将右手搭在对方左肩后面；左臂下垂，左手扶住对方右腰后侧。首先各向对方左侧拥抱，然后各向对方右侧拥抱，最后再一次各向对方左侧拥抱，一共拥抱三次。在普通场合行礼，不必如此讲究，次数也不要求如此严格。

（九）亲吻礼

亲吻礼，也是西方国家常用的见面礼。有时它会与拥抱礼同时使用。行礼时，通常忌讳发出亲吻的声音，而且不应将唾液弄到对方脸上。在行礼时，双方关系不同，亲吻的部位也有所不同。长辈吻晚辈，应当吻额头；晚辈吻长辈，应当吻下颌或吻面颊；同辈之间，同性应当贴面颊，异性应当吻面颊。接吻，即吻嘴唇，仅限于夫妻与恋人之间，而不宜滥用，不宜当众进行。

(十) 吻手礼

吻手礼，主要流行于欧美国家。它的做法是，男士行至已婚妇女面前，首先垂手立正致意，然后以右手或双手捧起她的右手，俯首以自己微闭的嘴唇，去象征性地轻吻一下其手背或是手指。行吻手礼的地点，以在室内为佳。吻手礼的受礼者，只能是妇女，而且应是已婚妇女。

第四节 交谈

美国前哈佛大学校长伊立特曾说：“在造就一个有修养的人的教育中，有一种训练必不可少，那就是优美、高雅的谈吐。”交谈是交流思想和表达感情最直接、最快捷的途径。在人际交往中，因为不注意交谈的礼仪规范，或用错了一个词，或多说了一句话，或不注意词语的色彩，或选错话题等而导致交往失败或影响人际关系的事，时有发生。因此，在交谈中必须遵从一定的礼仪规范，才能达到双方交流信息，沟通思想的目的。

一、讲究语言艺术

语言作为人类的主要交际工具，是沟通不同个体心理的桥梁。交谈的语言艺术包括以下几个方面：

(一) 准确流畅

在交谈时，如果词不达意、前言不搭后语，很容易被人误解，达不到交流的目的。因此，在表达思想感情时，应做到口音标准、吐字清晰，说出的语句应符合规范，避免使用似是而非的语言。应去掉过多的口头语，以免语句割断；语句停顿要准确，思路要清晰，谈话要缓急有度，从而使交流活动畅通无阻。

语言准确流畅还表现在让人听懂，因此言谈时尽量不用书面语或专业术语，因为这样的谈吐让人感到太正规，受拘束或是理解困难。古时有一笑话说的是有一书生，突然被蝎子蜇了，便对其妻子喊道：“贤妻，速燃银烛，你夫为虫所袭！”他的妻子没有听明白，书生更着急了：“身如琵琶尾似钢锥，叫声贤妻，打个亮来，看看是什么东西！”其妻仍然没有领会他的意思，书生疼痛难熬，不得不大声吼道：“快点灯，我被蝎子蜇了！”真乃自作自受！

（二）委婉表达

交谈是一种复杂的心理交往，人的微妙心理，自尊心往往在里面起重要的控制作用，触及它，就有可能产生不愉快。因此，对一些只可意会不可言传的事情、人们回避忌讳的事情、可能引起对方不愉快的事情，不能直接陈述，只能用委婉、含蓄、动听的话去说。常见的委婉说话方式有：

避免使用主观武断的词语，比如，“只有”、“一定”、“惟一”、“就要”等不带余地的词语，要尽量采用与人商量的口气。

先肯定后否定，学会使用“是的……但是……”这个句式。把批评的话语放在表扬之后，就显得委婉一些。

间接地提醒他人的错误或拒绝他人。

（三）掌握分寸

谈话要有放有抑有收，不过头，不嘲弄，把握“度”；谈话时不要唱“独角戏”，夸夸其谈，忘乎所以，不让别人有说话的机会；说话要察言观色，注意对方情绪，对方不爱听的话少讲，一时接受不了的话不急于讲。开玩笑要看对象、性格、心情、场合。一般来讲，不随便开女性、长辈、领导的玩笑；一般不与性格内向、多疑敏感的人开玩笑；当对方情绪低落、心情不快时不开玩笑；在严肃的场合、用餐时不开玩笑。

（四）幽默风趣

交谈本身就是一个寻求一致的过程，在这个过程中常常会因为出现不和谐的地方而产生争论或分歧，这就需要交谈者随机应变，凭借机智抛开或消除障碍。幽默还可以化解尴尬局面或增强语言的感染力，它建立在说话者高尚的情趣、较深的涵养、丰富的想像、乐观的心境、对自我智慧和能力自信的基础上，它不是要小聪明或“要嘴皮子”，它应使语言表达既诙谐又入情入理，应体现出说话者一定的修养和素质。举个例子：有一次，梁实秋的幼女文蔷自美返台探望父亲，他们便邀请了几位亲友，到“鱼家庄”饭店欢宴。酒菜齐全，惟独白米饭久等不来。经一催二催之后，仍不见白米饭踪影。梁实秋无奈，待服务小姐入室上菜之际，戏问曰：“怎么饭还不来，是不是稻子还没收割？”服务小姐眼都没眨一下，答称：“还没插秧呢！”本是一个不愉快的场面，经服务小姐这一妙答，举座大乐。

二、使用礼貌用语

使用礼貌用语，是人类文明的标志，也是全世界共同的心声。使用礼貌用语不仅会得到人们的尊重，提高自身的信誉和形象，而且还会对自己的事业起到良好的辅助作用。在我国，政府有关部门向市民普及文明礼貌用语，基本内容为十个字："请"、"谢谢"、"你好"、"对不起"、"再见"。在实际的社会交往中，日常礼貌用语远不止这十个字。归结起来，主要可划分为如下几类：

（一）问候语

人们在交际中，根据交际对象、时间等的不同，常采用不同的问候语。比如，在中国实行计划经济的年代，由于经济发展水平不高，人们面临的首要问题是温饱问题，因而人们见面的问候语是："你吃了吗？"今天，在中国不发达的农村，这句问候语仍然比较普遍，而经济比较发达的农村和城市，这句问候语已经很少听到了。人们见面时的问候语是"您好"、"您早"等。在英国、美国等说英语的国家，人们见面的问候语根据见面的时间、场合、次数等不同而有所区别。如双方是第一次见面，可以说"How do you do!"（您好！）如果双方第二次见面，可以说：" How are you!"（您好！）如在早上见面可以说："Good morning!"（早上好！）中午可以说："Good noon!"（中午好、午安！）下午可以说："Good afternoon!"（下午好！）晚上可以说："Good evening!"（晚上好！）或"Good night !"（晚安！）等。在美国的非正式场合人们见面时，常用"Hi，Hello"等表示问候。在信仰伊斯兰教的国家，人们见面时常用的问候语是"真主保佑"，在信奉佛教的国家，人们见面时常用的问候语是"菩萨保佑"或"阿弥陀佛"。

（二）欢迎语

交际双方一般在问候之后常用欢迎语。世界各国的欢迎语大都相同。如"欢迎您！"（Welcome you!）"见到您很高兴！"（ Nice to meet you!）"再次见到您很愉快！"（It is nice to see you again !）

（三）回敬语

在社会交往中，人们常常在接受对方的问候、欢迎或鼓励、祝贺之后，使用回敬语以表示感谢。由此，回敬语又可称为致谢语。回敬语的使用频率较高，使用范围较广。俗话说礼多人不怪。通常情况下，当你受到了对方的热情帮助、鼓励、尊重、赏识、关心、服务等时，都可使用回敬语。在我国使用频率最高的回敬语是"谢谢"、"多谢"、"非常感谢"、"麻烦您了"、"让你费心了"等。在西方国家回敬语的使用要比中国更为广泛而频繁。在公众交往中，凡是得到别人提供的服务，在中国人认为没有必要或是不值得向人道谢的情况下，也要说声谢谢，否则是失礼行为。

（四）致歉语

在社会交往中，常常会出现由于组织的原因或是个人的失误，给交际对象带来了麻烦或损失，或是未能满足对方的要求和需求的情况，此时应使用致歉语。常用的致歉语有："抱歉"或"对不起"（Sorry），"很抱歉"（Very sorry, So sorry），"请原谅"（Pardon），"打扰您了，先生"（Sorry to have bothered you, sir），"真抱歉，让您久等了"（So sorry to keep you waiting so long）等。

真诚的道歉犹如和平的使者，不仅能使交际双方彼此谅解、信任，而且有时还能化干戈为玉帛。道歉也有艺术。在人际交往中，有些人有时放不下架子或碍于面子，不愿直接道歉，这也是人之常情。其实，道歉的方式很多，道歉时可采用委婉的手法。比如，今天的交际对象是你以前曾经冒犯过的人，那么你可以说："真是不打不相识啊，俗话说得好，不是冤家不聚头，来，让我们从头开始！"道歉并非降低你的人格，及时、得体的道歉能充分反映出你的宽广胸襟、真诚情感和敢于承担责任的勇气。

（五）祝贺语

在交际过程中，如果你想与交际对象建立并保持友好的关系，你应该时刻关注着交际对象，并与他们保持经常性联系。比如，当你的交际对象过生日、加薪、晋升或结婚、生子、寿诞，或是你的客户开业庆典、周年纪念、有新产品问世或获得大奖等，你可以以各种方式表示祝贺，共同分享快乐。

祝贺用语很多，可根据实际需要进行选择。如节日祝贺语："祝您节日愉快"（Happy the festival），"祝您圣诞快乐"（Merry christmas to you）；生日祝贺语："祝您生日快乐"（Happy birthday）；当得知交际对象取得事业成功或晋升、加薪等，可向他表示祝贺："祝贺你"（Congratulation）。常用的祝贺语还有："恭喜恭喜"、"祝您成功"、"祝您福如东海，寿比南山"、"祝您新婚幸福"、"祝您好运"、"祝您健康"。

此外，还可通过贺信，在新闻媒体刊登广告等形式祝贺。比如，"庆祝大连国际服装节隆重开幕！""××公司恭贺全国人民新春快乐！"等等。总之，在当今社会，适时使用祝贺用语，对交际来说有百益而无一害。

（六）道别语

交际双方交谈过后，在分手时，人们常常使用道别语，最常用的道别语是"再见"（Goodbye），若是根据事先约好的时间可说"回头见"（See you later）、"明天见"（See you tomorrow）。中国人道别时的用语很多，如"走好"、"慢走"、"再来"、"保重"等。英、美等国家的道别语有时比较委婉，常常有祝贺的性质，如"祝你做个好梦"、"晚安"等。

（七）请托语

在日常用语中，人们出于礼貌，常常用请托语，以示对交际对象的尊重。最常用的是"请"；人们还常常使用"拜托"、"劳驾"、"借光"等。在英、美等国家，人们在使用请托语时，大多带有征询的口气。如英语中最常用的“Will you please……”“Can I help you?”（你想买点什么？）“Could I be of service?”（能为您做点什么？）以及在打扰对方时常使用“Excuse me”，也有征求意见之意。日本常见的请托语是“请多关照”。

三、有效选择话题

话题是人们在交谈中所涉及的题目范围和谈资内容，也是一些由相对集中的同类知识、信息构成的谈话资料及其相应的语体方式、表述语汇和语气风格的总和。在人际交往中，学会选择话题，就能使谈话有个良好的开端。

（一）宜选的话题

在交际中，选择话题应注意以下几个问题：

第一，应选既定的话题，即交谈双方业已约定，或者一方先期准备好的话题，如征求意见、传递信息、研究工作等。

第二，选择内容文明、格调高雅的话题，如文学、艺术、哲学、历史、地理、建筑等，这类话题适合各类交谈，但忌不懂装懂。

第三，选择轻松的话题，这类话题令人轻松愉快、身心放松，适用于非正式交谈，允许各抒己见，任意发挥。主要包括文艺演出、流行时装、美容美发、体育比赛、电影电视、休闲娱乐、旅游观光、名胜古迹、风土人情，名人轶事、烹饪小吃、天气状况，等等。

第四，选择时尚的话题，即以正在流行的事物作为谈话的中心，这类话题变化较快，不太好把握。例如，2001 年中国完成了三件大事：申奥的成功、中国足球冲出亚洲走向世界和加入世界贸易组织，这些都是当时的时尚话题。

第五，选择话题时还要注意选择擅长的话题，尤其是交谈对象有研究、有兴趣的话题。比如，青年人对于足球、通俗歌曲、电影电视的话题较多关注，而老年人对于健身运动、饮食文化之类的话题较为熟悉；公职人员关注的多是时事政治，国家大事，而普通市民则更关注家庭生活、个人收入等；男人多关心事业、个人的专业，而妇女对家庭、物价、孩子、化妆、衣料、编织等更容易津津乐道。在交谈时，要注意交谈的话题有所忌讳。在交谈中，若双方是初交，则有关对方年龄、收入、婚恋、家庭、健康、经历这一类涉及个人隐私的话题，切勿加以谈论。

（二）扩大话题储备

由于人们的经历、职业、兴趣等不同，每个人所掌握的话题状况各不相同，都有一定的局限性，因此，必须尽量扩大话题储备。为此，要有知识储备。对于掌握话题广度影响最大的是自身的学习状况和进取精神。一个人如果有理想、有追求，思想境界高，而且肯下工夫学习，爱读书看报，并关注社会现实生活，有较多的朋友，把看到、听到的东西有意识地加以记忆和积累，就会变得学识渊博，对时事政策、天文地理、政治外交、文艺体育、花鸟鱼虫、音乐美术几乎无所不知，由于视野开阔，谈资和知识面自然会比别人宽得多。

四、学做最佳听众

有人说："人为什么两只耳朵一张嘴？即耳朵的数量是嘴的两倍，那是因为上帝造人的时候就要求我们少说多听"，此话颇有一点意思。我国古代就有："愚者善说，智者善听"之说。听，可以从对方谈话中获得必要的信息，领会谈话者的真实意图。如果不能认真地聆听，就无法了解和满足对方的需求，和谐的人际关系也只能是空谈。况且聆听本身还是尊重他人的表现。因此，应充分重视听的功能，讲究听的方式，追求听的艺术。

（一）要耐心

在对方阐述自己的观点时，应该认真地听完，并真正领会其意图。许多人在听的过程中，一听到与自己意见不一致的观点或自己不感兴趣的话题，或者因为产生了强烈的共鸣就禁不住打断对方或做出其他举动，致使他人思路中断、意犹未尽，这都是不礼貌的表现。当别人正讲在兴头上时，不宜插话，如必须打断，应适时示意并致歉后插话；插话结束时，要立即告诉对方："请您继续讲下去。"聆听中还应注意自己的仪表，不应该从自己的举止或姿态中流露出不耐烦、疲劳或是心不在焉的情绪，因为这样会伤害对方的自尊。

（二）要专心

在听对方说话时，应该目视对方，以示专心。要真正了解对方，语言只传达了部分信息，所以还应注意说话者的神态、表情、姿势以及声调、语气等非语言符号的变化传递的非语言信息，以便全面、准确地了解对方的思想感情。同时，以专注的目光表示认真聆听，对说话者来说也是一种尊重和鼓励，可以使其感到自己谈话的重要性和必要性。

（三）要热心

在交谈中，强调在与对方谈话时目视对方、认真专心地去听，并不是说聆听者完全被动地、默默地听。经验告诉人们，在说话时，如果对方面无表情、目不转睛地盯着自己看，便会使谈话者怀疑自己的仪表或讲话有什么不妥之处而深感不安。因此，聆听者在听取信息后，为使对方感到你的确在听而非发呆，可以根据情景，或微笑，或点头，或发出"哦"、"嗯"的应答声，甚至可以适时插入一两点提问，例如，"哦，原来这样，那后来呢？"、"真的吗？"等。这样就能够实现谈话者与聆听者不断的交流，形成心理上的某种默契，使谈话更为投机。

五、注意提问的方式

提问是交谈的一项重要内容，在交谈中要注意提问的方式，问得其所，问到所需。

（一）认清对象，问得适宜

俗话说："到什么山上唱什么歌。"提问同样也得注意这一点。年龄、收入、婚姻关系、家庭背景往往是交谈中应避免的话题。如果问到这类问题，尽管提问者并无恶意，但却在客观上给对方造成不愉快，甚至恼怒。不同的公众，性格特征也不一样，有的开朗外向，能言善辩；有的严肃内向，不善言辞。对前者提问可以开门见山，连连发问，而对后者，则要善于引发诱导，由浅入深，启发对方把心里话说出来。不同的公众也有不同的学识、阅历，作为提问者应先了解对方这方面的背景，适当地发问，且不可问明显是对方不懂的问题，使其感到难堪。万一遇上这种情况，提问者切不可露出鄙夷、嘲笑的神态，而应当尽快使对方解脱困境。总之，一把钥匙开一把锁，商务人员要针对不同对象采用不同的对策进行提问，让对方轻松自如地说出你想获得的信息。

（二）抓住关键，讲究技巧

提问还要注意问题不要过于笼统，缺乏逻辑性，以免对方难以开口或一开口就无法讲下去。对敏感性较强的问题，正面提问往往效果不佳，若能转化成具体的、侧面的问题，常有利于对方坦率地说出自己的想法。发问的措辞也有讲究，要想知道所需的信息，就必须注意提问的措辞。例如，有一个教士问主教："我祈祷时可以抽烟吗？"这个请求遭到主教的断然拒绝。另一名教士也去问他的主教："我抽烟时能祈祷吗？"他的抽烟请求得到了允许。可见，提问的技巧很有讲究，它是公众交往的敲门砖。

六、掌握闲谈技巧

在交际场合中，闲谈可以帮助你与别人建立亲密的关系，缓和紧张气氛，帮你树立一个平易近人的良好形象，让别人从你的闲谈中感受你的见多识广，彼此的性格和建立私人关系。你自己也可以从闲聊的过程中知晓各种有益的商业信息，人们往往在不经意的闲聊中获得有用的信息。闲聊能反映一个人的知识、修养，追求与爱好。善于与别人闲聊的人往往能得到别人的喜欢，获得更多的朋友，也让别人得到信息和感到幽默的快乐。

（一）闲谈的含义

闲谈是指社交人士在见面之后、谈判之前随意、轻松地简短地谈论一些无关的话题，以达到交流的目的或缓和气氛的目的。

人们往往在办公室的门厅、走廊、班车上相遇时，免不了要随便聊一聊，找一些共同关心的话题来说一说，以交流感情和沟通信息。有一定闲谈的技巧可以为你建立更宽广的人际关系网，树立一个平易近人的形象。员工与老板的闲聊可以多一些让老板熟悉你、了解你的机会，尤其对那些新人，更是需要这些机会；反过来，老板经常与员工闲聊可以发现工作中的问题，可以树立一个关心下属、和蔼可亲的领导形象。

（二）闲谈的作用

不要认为闲聊是无关的事情。掌握好闲谈的机会并能恰当地谈论一些话题，会对你和你所代表的组织有着重要的作用。

第一，闲聊可以为你和你的组织带来很重要的信息。很多时候，我们的信息是在与其他商务人员的闲聊中获得的。因为，我们在正式的工作中，往往是不要闲谈的，神经绷得很紧，没有时间去闲聊，谈话的内容也仅限于工作上的专业信息，而在闲聊的时候，每个人在彻底放松的情况下，可以无话不谈，这常常是我们获得重要信息的机会。

第二，闲聊可以为你和你的组织建立较广阔的商业关系网络。让你的老板可以多一个渠道了解你，因为平时人是通过非常正式的渠道下了解你的，例如，你的书面报告或你的口头汇报，如果顶头上司说你的坏话，则总经理对你的印象就会大打折扣，而只有你与最高经理直接交流才能改变一下他对你的印象。不会与在走廊里碰到的总裁聊天的可能会被视为拘谨、自己则失去了一次让总裁了解你的机会。现在，国外风行的关系营销就是指要通过一定的非正式的场合来建立组织与个人的商业关系。这种关系不是仅指双方在谈业务时的关系，而是在商谈业务之前或之后有意地建立的熟悉的朋友式的关系，但不是我们通常意义上的朋友，而是商业关系的“朋友”，闲谈往往对这种关系的建立起着很重要的作用，例如，在每天花一两分钟给一个商业上的重要的客户、媒体、记者、政府官员等打一个电话，让对方知道你是一个很有情趣的商业伙伴，而不是在用得着他们的时候才想起了他。

第三，闲聊可以帮助你建立一个融洽的商务环境。通过闲谈可以缓和特定的商务环境的气氛，例如，第一次见面之后的寒暄、谈判之前的友好气氛的创造，都需要短暂的闲谈。法国人在谈判的时候最喜欢一边谈一边聊，这与他们的民族的浪漫性有关。不会掌握洽谈前的闲谈气氛的主管，可能会被视为鲁莽、迟钝或急躁。

（三）闲谈的技巧

1. 选择话题，注意话题的安全性。在闲谈时一定要选择安全的话题，例如，谈一谈孩子、天气状况、交通堵塞、特价、环境问题、社会或城市的毛病等话题，不要涉及他人的收人、小道消息、私生活等话题，要避开办公室的有关公事。另外，最好找到双方共同感兴趣的话题，不要只顾自己高兴，而冷落了他人，这是不礼貌的，也是没有交际技巧的表现。

2. 适时提问。在交谈中，适时提问可以引起交谈按照某个目的继续进行，调整交谈的气氛。同时，我们必须在事先没有准备的情况下根据对方的身份、地位、场合、关系来决定你的提问，而使问题更得体。巧妙的提问能使你获得需要的信息、知识和利益，并且证明你十分重视对方的谈话，从而引起对方的兴趣，向你提供更多的信息。

3. 注意反应。闲谈中要注意察言观色，当你提出问题后，对方避而不答或转移话题，则就要换一个对方感兴趣的话题了。

4. 闲谈的语言要求。要注意礼貌对人，不要出语伤人，要注意机智幽默。闲谈中临场发挥的特点决定了双方都要注意高度的机智性和灵活性。幽默的人往往容易受到人们的欢迎。

（四）闲谈中的注意事项

1. 不要随便打断对方的讲话。有的人有这样的毛病，总喜欢打断对方的交谈，这对对方不尊重，应该是等对方把话说完，再进行发言。

2. 避免行话、术语。不论是在跨国际交流还是在本国的交流中，一定要注意不要使用行话、术语和方言，甚至发音也不一样；术语也是一样，很多术语一般人是不懂的，尤其是不同的文化背景的人，更应该注意。

3. 不要胡乱幽默。在闲谈的时候，不要使用双方从来没有使用过的幽默，因为在你认为可笑的事情，在别人尤其是外国人，就不一定明白你讲的幽默的可笑之处，所以，当一方已经笑得前仰后合的时候，而另一方却不知道怎么回事，这种场合是很尴尬的。所以，闲谈的时候，在谈话刚开始或只有仅仅几分钟的时候，最好不要讲难懂的幽默。

4. 不要与别人抬杠、争执。在商务交往中，和气生财，和气才能保证广交朋友，而不要与人发生无谓的争执，不要争强好胜，否则是不礼貌的。

5. 避免搬弄是非。在正式商业场合中，一言一语都会成为影响商务交往的重要信息，不能将是非与闲话进行搬弄，不要传播别人的信息，不要传播小道消息。朋友对你说的心里话，不要当作闲谈的资料去到处宣扬，这样做是不道德的。当然，你可能会因此失去很多朋友。

第五节　名片

名片是现代社会中必不可少的社交工具。两人初次见面，先互通姓名，再奉上名片，单位、姓名、职务、电话等历历在目，既回答了一些对方心中想问而有时又不便贸然出口的问题，又使相互之间的距离一下子接近了许多。在交往中，熟悉和掌握名片的有关礼仪是十分重要的。

有趣的是，作为礼仪之邦，中国古代就有这种功能类似于现在的“名片”。清代学者赵翼在《陔馀丛考》卷三十“名帖”中说：“古人通名，本用削木书字，汉时谓之谒，汉末谓之刺。汉以后虽则用纸，而仍相沿曰刺。”按照他的说法，汉代的名片是木质。上面墨书文字，名称叫做“谒”，汉末改称为“刺”，汉以后随着造纸术的发明和推广，名片虽改为纸制，但仍沿用了“刺”这一名称。

名片在中国古代一直被使用，时至明清，使用更为广泛，每临春节，商人们都要制作大量的红纸名片，上书商号，除夕之夜，派人广为散发，不管认识与否，有无来往，见门就塞，以示恭贺新春。这里面当然有“多多光临”的意思，收到名片的人家就把它贴到墙上，以烘托喜庆的气氛。就因为如此，才有了于右任遇难得救的故事。1905 年，于右任因为写了一本《半哭半笑楼诗草》，抨击时政，陕甘总督升允见后，认为“逆竖昌言大逆不道”而密奏清政府，慈禧阅后批复就地处决。此时于右任在开封，他的同学李合甫的父亲李丙田探知消息后，雇人日夜兼程送信。于右任获信后，当即转移，临行时，他随手揭下了旅馆墙上的二十多张名片，沿途每遇人盘查，便拿出一张，以名片中的姓名应付，蒙过重重关卡，结果名片用完了，他也逃出了虎口。

在现代交往中，名片已不仅仅用于拜访，在交往中，人们不仅可以用它做自我介绍，介绍友人相识或托人取物，也可以作为简单的礼节性通信往来，表示祝贺、感谢、劝慰、吊唁，等等。随着社会文明的发展，小小的名片在人们之间的信息传递中，扮演了一个不可缺少的角色。正如一位名人所说：“在现代生活中，一个没有个人名片，或是不会正确地使用个人名片的人，就是一个缺乏现代意识的人。”

一、名片的制作

（一）名片的规格、材质与色彩

名片一般为 10 厘米长、6 厘米宽的白色卡片。我们经常使用的规格略小，长 9 厘米，宽 5.4 厘米。值得说明的是，如无特殊需要，不应将名片制作得过大，甚至有意搞折叠式，免得给人以标新立异、虚张声势之感。

印制名片，最好选用好纸张，并以耐折、耐磨、美观、大方的白卡纸、再生纸、合成纸、布纹纸、麻点纸、香片纸为佳。至于高贵典雅、纸质挺括的钢骨纸、皮纹纸，则可量力而行，酌情选用。必要时，还可覆膜。

印制名片的纸张，宜选庄重朴素的白色、米色、淡蓝色、淡黄色、淡灰色，并且以一张名片一色为好。

(二) 名片的内容

很多企业认为名片是宣传组织的一个极好的媒体，若所有工作人员，特别是业务员的名片设计得风格一致，个性鲜明，将会给人一种统一的视觉印象，而这种个性很大程度表现在名片的内容设计上。

例如，以下几位艺术家和社会名流的名片就颇具个性，独领风骚，使人睹名片如见其人，接名片如沐春风。

棋圣聂卫平的名片“棋”高一着，上部是自己的漫画像，中部用钢笔签名，下部是一幅围棋谱局。图文并茂，一目了然。

青年舞蹈家杨丽平的名片印着“孔雀头”手形剪影的特有标志，将其优美的孔雀舞姿再现于名片之上，形态栩栩如生，惟妙惟肖，而艺术化的“YLP”三个英文字母即姓名缩写，设计新颖别致，浑然一体，令人叫绝。

著名作家沙叶新的名片也设计得别具一格，其名片左下方是其右手挟书、左手拿笔的漫画像，右上方是个大括号，内书：

我，沙叶新，
上海人民艺术剧院院长——暂时的
剧作家——永久的
某某委员、某某理事、某某教授、某某顾问——这些都是挂名的。

一般来说，名片上应该印上工作单位、姓名、身份、地址、邮政编码等。工作单位一般印在名片的上方，社会兼职紧接工作单位排列下来；姓名印在名片中央，右侧印有职务、职称；名片的下方为地址、邮政编码、电话号码、电子邮件地址等。

名片的背面，一般都印上相应的英文，作为对外交往时用。但也有些名片在背面印上企业、公司的简介、经营范围、产品及服务范围，以方便客户和作为宣传。例如，大连市某县有一名副县长的名片，就是除了姓名、职务等内容之外，还有一幅本县的风光图片。照他的说法，这样做有利于增强人们的环保意识。原来该县是个海岛县，风光秀丽，近年来，迅速发展的旅游业已成为该县经济的支柱产业之一。在开发旅游资源的时候，他们首先想到的是保护自然环境，为子孙后代留下一片蓝天和碧水。因此，该副县长的名片的这一设计，既介绍了个人，又宣传了本地与普及环保意识，效果较好。

很多企业有标准的员工名片格式，有的要加印公司的标识，甚至企业经营理念，并且规定名片统一规格、格式等。

二、名片的用途

对现代人来讲，名片是一种物有所值的实用型交际工具，其用途很多。

（一）介绍自身

名片最主要的用途是介绍自身。会客交友，取出一张名片，自我基本情况跃然纸上，让他人一目了然。它在介绍中的好处是简明扼要，介绍方便。在当着一两个人口头自我介绍时，总是很简短，几乎就是姓名、单位。有时候职务都不便开口说出，因为介绍自己的一官半职总有自我炫耀之嫌，当身兼数职时更不好一一启齿，但有了名片，一切都写得清清楚楚，不用为难和啰嗦，他人就能较多地了解你。

（二）维持联系

名片犹如“袖珍通讯录”，利用它所提供的资料，即可与名片的提供者保持联系。正因为有了名片上所提供的各种联络方式，人们的“常来常往”才变得更加现实和方便。

（三）显示个性

通过名片展示个性，获得他人对自我多方面和深层次的了解。可以在名片上印上代表自己个性的爱好和特点，如“酷爱足球，性喜笔耕，嗜辣如命，钟情绿色，崇尚真诚”，这样的名片很快就让别人读懂了自己，也赢得了友善。也有的人在名片上印上自己的座右铭或喜爱的格言及与对方相识的真诚的话语等，如“一握你的手，永远是朋友”、“不握你的手，照样是朋友”，这样的名片很容易给对方留下好感，加深交往。

（四）拜会他人

初次前往他人居所或工作单位进行拜会时，可将本人名片交由对方门卫、秘书或家人，转交给被拜访者，以便对方确认“来系何人”，并决定见与不见。这种做法比较正规，可以避免冒昧造访。

此外，名片在交往中有多种用途，如代替请柬、喜庆告友、祝贺升迁等。

三、名片的交换

要使名片在人际交往中正常地发挥作用，还须在交换名片时做到得法。遇到以下几种情况时需与对方交换名片：一是希望认识对方时；二是被介绍给对方时；三是对方提议交换名片时；四是对方向自己索要名片时；五是初次登门拜访对方时；六是通知对方自己的变更情况时；七是打算获得对方的名片时。

（一）递交名片

名片的持有者在递交名片时动作要洒脱、大方，态度从容、自然，表情要亲切、谦恭。应当事先将名片放在身上易于掏出的位置，取出名片握在手里，然后再在适当的时机得体地交给对方。

递交名片的姿势是：要双手递过去，以示尊重对方。将名片放置手掌中，用拇指夹住名片，其余四指托住名片反面，名片的文字要正向对方，以便对方观看，若对方是外宾，则最好将名片上印有对方认得的文字的那一面面对对方，同时讲些“请多联系”、“请多关照”、“我们认识一下吧”、“有事可以找我”之类友好客气的话。

递交名片的时间，应当根据具体情况而定。如果名片持有者与人事先有约，一般可在告辞时再递上名片。如果双方只是偶然相遇，则可在相互问候，得知对方有与你交往的意向时，再递交名片。

与多人交换名片时，要注意讲究先后次序，或由近而远，或由尊而卑。一定要依次进行，切勿采取“跳跃式”，当然也没有必要像散发传单似的，站在人流拥挤处随意滥发名片。

（二）接受名片

接受他人名片时，应恭恭敬敬，双手捧接，并道感谢。接受名片者应当首先认真地看看名片上所显示的内容，必要时可以从上到下，从正面到反面重复看一遍，也可把名片上的姓名、职务（较重要或较高的职务）读出声来，如“您就是张总啊。”以表示对赠送名片者的尊重，同时也加深了对名片的印象。然后把名片细心地放进名片夹或笔记本、工作证里夹好。

在别人给了名片后，如有不认识或读不准的字要虚心请教。请教别人的姓名，丝毫不会降低你的身份，反而会使人觉得你是一个对待事情很认真的人，增加对你的信任。

接受名片时应避免：马马虎虎地用眼睛瞄一下，然后顺手不经意地塞进衣袋；随意往裤子口袋一塞、往桌上一扔；名片上压东西、滴到了菜汤油渍；离开时把名片忘在桌子上。名片是个人人格的象征，这些行为是对其人格的不尊重，这样都会使人感到不快。

当然在收了别人的名片后，也要记住给别人自己的名片，因为只收别人的名片，而不拿出自己的名片，是无礼拒绝的意思。

（三）索取名片

如果没有必要最好不要强索他人名片。若索取他人名片，则不宜直言相告，而应委婉表达：可向对方提议交换名片、主动递上本人的名片；询问对方："今后如何向您请教？"（向尊长者索要名片时多用此法）询问对方："以后怎么与您联系？"（向平辈或晚辈索要名片时多用此法）

反过来，当他人向自己索取名片时，自己不想给对方时，不宜直截了当，而应以委婉的方式表达，可以说："对不起，我忘带名片了。"或"抱歉，我的名片用完了。"

四、名片的存放

（一）名片的放置

在参加交际活动之前，要提前准备好名片，并进行必要的检查。随身所带的名片最好放在专用的名片夹里，也可放在上衣口袋里。不要把名片放在裤袋、裙兜、提包、钱包里等，那样既不正式，又显得杂乱无章。在自己的公文包以及办公桌抽屉里，也应经常备有名片，以便随时使用。在交际场合，如感到要用名片，则应将其预备好，不要在使用时再去瞎翻乱找。

参加交际活动后，应立即对所收到的他人名片加以整理收藏，以便今后利用方便。不要将它随意夹在书刊、材料中，压在玻璃板底下，或是扔在抽屉里面。存放名片的方法大体上有四种，它们还可以交叉使用：按姓名的外文字母或汉语拼音字母顺序分类；按姓名的汉字笔划的多少分类；按专业或部门分类；按国别或地区分类。

若收藏的名片甚多，还可以编一个索引，那么用起来就更方便了。

（二）名片的利用

随着人际交往的不断深入，还可在收藏的他人名片上随手记下可供本人参考的资料，使其充当社交的记事簿。在收藏的他人名片上可记的有利于人际交往的资料有：

收到名片时的具体情况。包括收到名片的地点、时间，以及是否与对方亲自交换等。在国外有一种做法，即把名片的右上角向下折，然后再使其恢复原状，它表示该名片是对方亲自与自己交换的。

交换名片者个人的资料。例如，性别、年龄、籍贯、学历、专长、爱好等。这既可备忘，也可充做资料。交换名片者在交换名片后变化的情况，例如，单位、部门的变化，职业的变动，职务、学衔的升降，联络方式的改变等。

第六节 通联

世界已经进入信息时代，人们之间的联系交流正因为科学技术提供的先进通信工具和手段而变得更加方便、准确和及时。过去人们通联主要是写信、拍发电报，现在不仅固定电话普及，移动电话、电子邮件、传真机等也都成为现代交际活动的重要通信工具。电报这种过去的重要通讯工具在现代交际活动中使用越来越少，逐渐居于次要地位，但传统的书信通联依然具有其独特的功效和魅力。在享受通联便捷与快乐时，请不要忘记通联时的礼貌。

一、使用电话礼仪

电话是人们开展社交活动不可缺少的工具，在日常生活和工作交往中，都要利用电话与别人取得联系和交谈。据美国《电话综述》资料，一个人一生平均有 8760 小时在打电话。在录像电话还没普及之前，人们通过电话给人的印象完全靠声音和使用电话时的习惯，要想有“带着微笑的声音”或者通过电话赢得信任，就必须掌握使用电话的礼节与技巧。

(一) 电话语言要求

目前，大部分电话能传输的信号都是声音，但这一信号载体却包含着许多信息。说话人想做什么，要做什么，是高兴还是悲伤，还有对另一方的信任感、尊重感，彼此都可以清楚地得知。这些都取决于电话的语言与声调。因此，电话语言要求礼貌、简捷和明了，以准确地传递信息。

1. 态度礼貌友善。当我们使用电话交谈时，我们不能简单地将对方视做一个“声音”，而应看做是面对一个正在交谈的人。尤其是对办公人员来说，我们面对的是组织的一名公众，如果你们是初次交往，那么，这样一次电话接触便是你给公众的第一次“亮相”，应十分慎重。因此，在使用电话时，多用肯定语，少用否定语，酌情使用模糊用语；多用些致歉语和请托语，少用些傲慢语、生硬语。礼貌的语言、柔和的声音，往往会给对方留下亲切之感。正如日本一位研究传播的权威所说：“不管是在公司还是在家庭里，凭这个人在电话里的讲话方式，就可以基本判断出其‘教养’的水准。”

2. 传递信息简洁。电话用语要言简意赅，将自己所要讲的事用最简洁、明了的语言表达出来。因为通话的一方尽管有诸如紧张、失望而表情异常的体态语言，但通话的另一方不知道，他所能得到的判断只能是来自他听到的声音。在通话时最忌讳发话人吞吞吐吐，含糊不清，东拉西扯，正确的做法是：问候完毕对方，即开宗明义，直言主题，少讲空话，不说废话。

3. 控制语速语调。通话时语调温和、语气，语速适中，这种有魅力的声音容易使对方产生愉悦感。如果说话过程语速太快，则对方会听不清楚，显得应付了事；太慢，则对方会不耐烦，显得懒散拖沓；语调太高，则对方听得刺耳，感到刚而不柔；太低，则对方会听得不清楚，感到有气无力。一般说话的语速、语调和平常的一样就行了，即使是长途电话，也无须大喊大叫，把受话器放在离嘴两三寸的地方，正对着它讲就行了。另外，在通电话时，周围有种种异样的声音，会使对方觉得自己未受尊重而变得恼怒，这时应向对方解释，以保证双方心情舒畅地传递信息。

4. 使用礼貌用语。在电话交际中应使用礼貌用语。现以实例列表说明(见表3－1和表3－2)。

表3－1　　打一般商务交际电话的礼貌用语及应对要点

接电话者（对方）	打电话者（自己）	应对的重点
▲您好，这里是国际公司门市部	●我是中华公司业务部的张××。请问李某先生在吗?	◇首先把要和对方谈的事情用备忘录整理好，并将会用到的资料事先准备妥当。
▲请稍等一下		
▲我是李××。	●您好，我是中华公司业务部的张××。前天您订的货已经来了，我打算早一点送过去，您觉得如何?	◇要找的人一接电话，就恭敬地再打一次招呼。 ◇不要只配合自己的情况，也要问问对方是否方便。
▲哦，是这样啊！明天送过来怎么样?	●好，我知道了，那么明天几点，要送到哪里比较方便呢?	
▲三点送到总务科，交给赵××。 ▲能不能向您请教一下商品的使用方法?	●好，明天三点送到总务科，给赵××先生。 ●好的，我明天会过去为您详细解说，我手上有说明书，马上用传真机传过去。若看不清楚给我来电话。	◇为避免错误把对方的话重复一遍。 ◇打电话前必要的资料要先拿在手上。 ◇用传真机输送，输送以前，都须以电话确认。
▲好，我明白了。传真收到了，很清楚，谢谢！	●明天再拜访了，谢谢您，再见！好，我知道了，再见！	◇别忘了结束时的道别。

资料来源：李兴国主编：《现代商务礼仪》，第175页，黑龙江科学技术出版社，1998年。

表 3－2　　接一般商务交际电话的礼貌用语及应对要点

接电话者（对方）	打电话者（自己）	应对的重点
	●（电话铃响）这里是中华公司业务部	◇电话铃响两声，就拿起话筒。如果中午前，别忘了道一声早安。
▲麻烦您找张××先生听电话。	●对不起，请问您是哪一位？	
▲我是国际公司的李××。	●张先生他在，请稍等。 ●抱歉，让您久等了，他大概三点会回来。请问，您有何事？能否让我转达？	◇反复确认对方。 ◇倘若叫人要花点时间，要问对方是否方便等。 ◇如果要找的人不在，不要只告知“他不在”，其后的应对不要忘记。
▲不可以，这事除了张先生之外，别人不明白。那么能不能麻烦您请他四点钟左右打电话给我？ ▲好的，1234567	●是。但为防万一，能不能留下您的电话号码？ ●我确定一下，是不是1234567，敝人姓杨，等张先生回来我一定转告他四点左右给您打电话。	◇如果对方愿告知什么事，用备忘录记好。 ◇对方交代的事情一一重复确认。 ◇在留言备忘录中，要记上对方打来的电话及对方的姓名。
▲拜托您了	●不客气。那么再见。	◇确定对方已挂断电话后，再轻轻放下听筒。

资料来源：李兴国主编：《现代商务礼仪》，第 177 页，黑龙江科学技术出版社，1998 年。

（二）接电话

1. 迅速接听。接电话首先应做到迅速接，力争在铃响三次之前就拿起话筒，这是避免让打电话的人产生不良印象的一种礼貌。电话铃响过三遍后才做出反应，会使对方焦急不安或不愉快。正如日本著名社会心理学家铃木健二所说：“打电话本身就是一种业务。这种业务的最大特点是无时无刻不在体现每个人的特性。”“在现代化大生产的公司里，职员的使命之一，是一听到电话铃声就立即去接。”接电话时，也应首先自报单位、姓名，然后确认对方，比如，“您好！这是××公司营销部。”如果对方没有马上进入正题，可以主动请教：“请问您找哪位通话？”

2. 积极反馈。作为受话人，通话过程中，要仔细聆听对方的讲话，并及时作答，给对方以积极的反馈。通话汇总听不清楚或意思不明白时，要马上告诉对方。在电话中接到对方邀请或会议通知时，应热情致谢。

3. 热情代转。如果对方请你代转电话，应弄明白对方是谁，要找什么人，以便与接电话人联系。此时，请告知对方"稍等片刻"，并迅速找人。如果不放下话筒喊距离较远的人，可用手轻捂话筒或按保留按钮，然后再呼喊接话人。如果你因别的原因决定将电话转到别的部门，应客气地告之对方，你将电话转到处理此事的部门或适当的职员。比如，"真对不起，这件事是由财务部处理，如果您愿意，我帮您转过去好吗?"

4. 做好记录。如果要接电话的人不在，应为其做好电话记录，记录完毕，最好向对方复述一遍，以免遗漏或记错。可利用电话记录卡片做好电话记录。电话记录卡片如图 3－1 所示。

给 ______________

日期 ______________ 时间 ______________

他不在办公室时

______________ 公司的 ______________ 先生 / 女士 / 小姐

电话 ______________

○电话 ○请打电话回去

○要求来访 ○还会打电话来

○是否紧急 ○回你的电话

留言 ______________

____

图 3－1 电话记录卡片

（三）打电话

1. 时间适宜。打电话的时间应尽量避开上午七时前、晚上十时以后的时间，还应避开晚饭时间。有午休习惯的人，也请不要用电话打扰他。电话交谈所持续的时间也不宜过长，事情说清楚了就可以了，一般以 3～5 分钟为宜。因为在办公室打电话，要照顾到其他电话的进、出，不可过久占线，更不可将办公室的电话或公用电话做聊天的工具，这是惹人讨厌的行为。著名相声表演艺术家马季曾说过一段相声，名叫《打电话》就是讽刺的这种人。

2.有所准备。通话之前应该核对对方公司或单位的电话号码、公司或单位的名称及接话人姓名。写出通话要点及询问要点，准备好在应答中使用的备忘纸和笔，以及必要的资料和文件。估计一下对方情况，决定通话时间。

3.注意礼节。接通电话后，应主动友好，自报一下家门和证实一下对方的身份。应先说明自己是谁，除非通话的对方与你很熟悉，否则就该同时报出你的公司及部门名称，然后再提一下对方的名称。打电话要坚持用“您好”开头、“请”字在中，“谢谢”收尾，态度温文尔雅。若你找的人不在，可以请接电话的人转告，比如，“对不起，麻烦您转告×××……”，然后将你所要转告的话告诉对方。最后别忘了向对方道一声谢，并且问清对方的姓名。切不可“咔嚓”一声就把电话挂了，这样做是不礼貌的，即使你不要求对方转告，你也应该说一声：“谢谢，打扰了。”打电话结束时，要道谢和说声：“再见”，这是通话结束的信号，也是对对方的尊重。注意声音要愉快，听筒要轻放。一般来说，应使打电话的人先搁下电话，接电话的人再放下电话。但是，假如是与上级、长辈、客户等通话，无论你是通话人还是发话人，都最好让对方先挂断。

（四）使用手机的礼仪

1.遵守秩序。使用手机时不允许有意、无意之间破坏了公共秩序，具体来说，这项要求主要包括以下几个方面：

(1) 不允许在公共场合，尤其是楼梯、电梯、路口、人行道等人来人往之处，旁若无人地使用手机。

(2) 不允许在要求“保持寂静”的公共场所，如音乐厅、美术馆、影剧院、歌剧院等大张旗鼓地使用手机，在体育比赛场馆，观看射击等比赛项目，运动员需要安静的环境，这是也应注意使手机关机或处于静音状态。

(3) 不允许在聚会期间，例如，开会、会见、上课时，使用移动通信工具，从而分散他人注意力。

2.注意安全。使用手机时必须牢记“安全至上”，否则不但害人，还会害己。要注意以下几点：

(1) 不要在驾驶汽车时，使用手机电话，或是查看寻呼机内容，以防止发生车祸。

(2) 不要在病房、油库等地方使用手机，免得他们所发出的信号有碍治疗，或引发火灾、爆炸。

(3) 不要在飞机飞行期间起用手机，否则极可能使飞机“迷失方向”，造成严重后果。

3. 置放到位。手机要放在合乎礼仪的位置，不要在未使用时将其拿在手中，或挂在上衣口袋之外，那样有招摇之嫌。一般应将手机放在随身携带的公文包内。

二、收发传真、电子邮件礼仪

（一）收发传真礼仪

传真机是远程通讯方面的重要工具，因其方便快捷，在现代商务活动中使用越来越多，可部分取代邮递业务。传真件也是一种普遍认可的文书形式。起草传真时应做到简明扼要，文明有礼。由于传真机使用非常普及，因而有其独特的使用规则。

1. 规范操作。如有可能，在发传真之前，应先打电话通知对方，因为很多单位是大家公用一台传真机，如果不通知对方，信件就可能会落到别人的手里或因别人不知道是谁的信件而被丢入垃圾桶。

传真机有自动和手动两种方式。手动方式需接听传真电话的人给传真开始的信号，传送者在听到嘀嘀的长音后再开始传真文档。自动方式不需对方人工操作，在拨通传真电话后，在几声正常电话回音后，就会自动出现嘀嘀的长音，此后就可以开始传真文档。

不应用传真机传送太长的文件，由于传真机所用的纸张质量一般不高，印出的字迹可能不太清楚，要长久保存请将传真件复印。如果接收人需要原件备案，诸如一些需要主管人员亲笔签字的合同等资料，则应在传真后将原件用商业信函的方式寄出。

2. 明确信息。为了明确传真的有关信息，正式的传真必须有封面，封面页一般较为正式。有的企业使用“填空式”或封面专用纸。发急件时应在封面正面页注明，因为有的大企业定时分批发送公函和信笺，如不标明急件，就容易被耽误。其上注明传送者与接受者双方的公司名称、人员姓名、日期、总页数等，如此接收者可以一目了然。如果不是非常正式的，也必须标明传真页码，如果其中某一张传真不清楚或是未收到，则可以请对方再将此页传一次。可以使用本企业名称的公文纸，并注明时间与日期。一般应在第一页写明接收人姓名、电话号码以及所在部门名称；如果需要，可写明发送人的姓名、传真号、电话号码及所在部门名称等。

3. 注意保密。未经事先许可，不应传送保密性强的文件或材料，因为公共传真机保密性不高，任何刚好经过传真机旁边的人，都可以轻易窥得传真纸上的内容，所以传真件不能确保完全保密。因此，若是任何较私密的事，最好不用传真机传达，除非你想让事件变成“公开的秘密”。

4. 行文礼貌。书写传真件时，在语气和行文风格上，应做到清楚、简洁，且有礼貌。传真信件时必须用写信的礼仪，如称呼、敬语等均不可缺少，尤其是信尾签字不可忽略，这不仅是礼貌问题，而且只有签字才代表这封信函是发信者同意的。

（二）收发电子邮件礼仪

电子邮件是一种重要的通讯方式，因其方便快捷，费用低廉，深受人们喜爱，使用者越来越多，尤其是国际间通讯交流和大量信息交流更是优势明显。对待电子邮件，应像对待其他通联工具一样讲究礼仪。

1. 书写规范。虽然是电子邮件，但是写信的内容与格式应与平常书信一样，称呼、敬语不可少，签名则仅以打字代替即可。写电子邮件语言要简略，不要重复，不要闲聊，写完后要检查一下有无错误。因为发出去的邮件很可能被对方打印出来研读或是贴在公告牌上。写完后还要核定所用字体和字号大小，太小的字号不仅收件人读起来费力，也显得粗心和不够礼貌。写邮件时最好在主题栏写明主题，以便让收件人一看就知道来信的主旨。

2. 发送讲究。电子邮件的发送有如下讲究：最好不要将正文栏空白只发送附件，除非是因为各种原因出错后重发的邮件，否则不仅不礼貌，还容易被收件人当做垃圾邮件处理掉。重要的电子邮件可以发送两次，以确保能发送成功。发送完毕后，可通过电话等询问是否收到邮件，通知收件人及时阅读。应尽快回复来信，如果暂时没有时间，就先简短回复，告诉对方自己已经收到其邮件，有时间会详细说明。

3. 注意安全。电子邮件是计算机病毒重要的传染源和感染病毒的主要渠道。收发电子邮件都要注意远离计算机病毒。发送电子邮件时要注意尽可能不使邮件携带计算机病毒。因此，如果没有反病毒软件适时监控，发送邮件前务必要用杀毒程序杀毒，以免不小心把有毒信件寄给对方。要是没有把握不妨用贴文的方式代替附加文档。

接收电子邮件时的安全问题更为重要，来历不明的信件必须谨慎处理，若不确定则最好删除。目前一般计算机都安装有监控邮件病毒的反病毒软件，如金山毒霸的金山网镖、KV－3000 的病毒王等进行实时监控。由于监控软件考虑安全性较多，因此，许多正常邮件也会给出可能有病毒的提醒，需要及时判断处理，有时宁可损失信息也要果断删除一些可能含有病毒的不明邮件，以免计算机感染病毒。对于没有正文仅有附件的不明邮件，除非与发件人熟悉或事先约定好了，原则上都不应该打开邮件；对正文中提示的邮件地址不熟悉，一般也不要轻易打开，因为这往往是陷阱，许多国际电话费骗子就把诱饵放在这里。在删除了怀疑的病毒邮件后，要及时清空邮件回收箱，否则，病毒还会在计算机硬盘中。

此外，要注意定期及时清理邮件收件箱、发件箱、回收箱，空出有限的邮箱容量空间。及时将一些有用的电子邮件地址记下来并存入通讯簿也是很必要的。

三、信函礼仪

（一）信函的一般礼仪要求

信函通常指信件，一般包括社交信函、商务信函、公务信函等。信函的格式和要求，各个国家有不同的标准。下面介绍一下中国的信函及其礼貌用语。

信：是一种按照习惯的格式把要说的话用文字等符号写下来，给指定对象阅读的一种文书。信又称书信、信件等，是人们在社交活动中经常采用的一种交际工具。书信可分为社交书信和公务书信两种。社交书信一般指私人间来往的信件；公务书信指用在公务活动中的各种信件，如介绍信、证明信、保证书、申请书等。

函：原义是指信的封套，后转义将别人来的信件尊称为“函”。函目前是我国行政机关确定的公文的一种，用于平行机关或不相隶属机关之间商洽工作，询问和答复问题时使用的一种公文。上级机关对下级机关有所询问或答复询问时也可以用函。函可分为公函和便函两种。公函是指按照正规公文手续处理较重要问题时所使用的函件，它有完备的公文格式。便函则是指处理一般性事务时所使用的函件，它行文较自由，格式要求不太严格。

信函的格式通常包括称呼、正文、署名、日期以及信封等几部分。

1. 称呼。称呼表明发信函者与收信函者之间的关系，要求在第一行顶格写，称谓要使用礼貌用语，并加上冒号，表示下面有话要说。

2. 正文。正文是信函的主要内容。正文通常包括问候语、正文主体、祝颂语三部分。

(1) 问候语。正文通常以问候语开头。问候对方是书信中的一种礼节礼貌，它体现出发信函者对收信函者的一种关切。书面问候语与口头问候语有所不同，书面问候语一般比较简捷文雅，常用的书面问候语是“您好”、“近好”、“新年好”等，问候语一般在称呼之下另起一行空两格书写，并自成一段。

(2) 启始语。启始语是在正文开始之前的引子。通常是表达双方之间互通信息情况、情感、思念、钦佩、关切、问病、祝贺、致谢、志哀等。试举几例如下：

表情感：惠书敬悉，甚以为慰；久不通函，甚是为念；数奉手书，热情诚挚之情溢于言表。

表思念：见信如面，分手多日，别来无恙；鸿雁传书，千里咫尺，海天在望，不尽依依。

表钦佩：奉读大示，向往尤深；新作拜读，敬佩之至。

表时令问候：春光明媚，想必合家安康；气候多变，起居何似?

表问安：闻君贵体欠安，甚念。

表自述：贱体初安，可请勿念。

表贺喜：喜闻足下新婚燕尔，特申祝贺。

表致谢：承赐忠喜，心感至极。

表致歉：久未通信，甚以为歉。

表志哀：惊悉×老不幸逝世，不胜哀悼。

(3) 正文的主体。这是发信函者要书写的中心内容。无论中心内容是什么，在书写时都要注意语言的表述：一要真诚，这是书写信函的关键；二要得体，即符合双方的关系及实际；三要简捷，即语言精练、简洁，字迹工整、清楚，切不可字迹潦草；四是表述要准确。信函的内容一旦跃然纸上，发给对方，便是“君子一言，驷马难追”，故对表述内容要仔细考虑，三思而后写，切不可草率下笔，自寻烦恼。

(4) 结束语。结束语通常是总结全篇，表达书写者的情感和意图等。俗话说“编筐编篓，全在收口”，有礼貌的结束语会令人回味。结束语的内容常用于请托、承诺、婉辞、请教、商讨、馈赠礼物、邀约、催办、附言、代言以及其他客套用语等。试举几例如下：

表请托：拜托之处，乞费神代办，不胜感激。

表承诺：托付之事，不敢忘怀，敬请放心。

表婉辞：所托之事，能力所限，无法奉命，尚希见谅。

表请教：拙作幼稚，恳请斧正。

表商讨：相见以诚，请恕不谦。

表赠物：千里鹅毛，聊表寸心。

表邀约：祈望一会，共叙友情。

表催办：如蒙速复，不胜感激。

表情感：言不尽思，再祈珍重。

(5) 祝颂语。祝颂语是对对方的一种祝福和祈愿。祝颂语可分为两部分：第一部分是一般祝颂语，常紧接正文之后写或另起一行空两格书写；第二部分是特殊祝颂语（专门祝颂语），一般要根据具体情况来选择使用，常另起一行顶格书写。

祝颂语是一种礼貌用语，常用的祝颂语参见表 3 – 3。

表 3 – 3

<table>
<tr><th>一般祝颂语</th><th>专门祝颂语</th><th>针对对象、环境等</th></tr>
<tr><td rowspan="12">此致、此祝
此询、此贺
此问
祝好
敬祝、敬贺
敬询、敬候
恭祝、恭请
恭问、恭贺
恭候
顺祝、顺贺
顺询、顺问
顺颂
肃颂、肃清
谨祝、谨贺
谨问、谨请
即颂、即请</td><td>敬礼、礼、日安、近安、近祺、
刻安、日绥、近绥、时绥、顺意、
万事如意、万事皆佳</td><td>一般性问候</td></tr>
<tr><td>大安、金安、崇安、荣寿</td><td>长辈、尊者</td></tr>
<tr><td>春安、夏安（暑安）、秋安、冬安
春祺、夏祺、秋祺、冬祺</td><td>四季</td></tr>
<tr><td>新喜、春喜、新年好</td><td>新年、新春</td></tr>
<tr><td>撰安、撰祺、祝安、祝福
文安、文祺、教安、教祺
编安、编祺</td><td>作家、学者
教师、编辑
等知识分子</td></tr>
<tr><td>学安、学祺、进步</td><td>学生</td></tr>
<tr><td>勋祺、勋祉、戎绥、戎安</td><td>军人</td></tr>
<tr><td>痊安、愈安、健康、早愈</td><td>病人</td></tr>
<tr><td>旅安、客安、行安、游安</td><td>出门远行者</td></tr>
<tr><td>俪安、俪祉</td><td>夫妇</td></tr>
<tr><td>合家欢乐、合府康福、合家安好</td><td>全家人</td></tr>
</table>

3. 署名与日期。署名和日期一般都写在祝颂语下一行末端处。署名占一行，日期另起一行，在末端处紧接上一行署名下书写。

署名也有谦称、敬称等。如果是给朋友、同学的信函，可直接署上自己的名字或用习惯的自称，比如，王刚、小王、刚等。如果是写给父母长辈的信函，通常在署名前加上相应的自称，比如，小儿（小女）、儿子（女儿）等。如果是长辈给晚辈的信函，一般只署自称，比如，爸爸、妈妈或者说父字、母字等。如果是夫妻间的书信，则可随意，或署名，或自称，或爱称皆可。如果是普通的私交信函，则应郑重署名，以示尊重。如若是学生给老师的信函，则可署您的学生 × × ×，后面还要写上敬上、谨上等，以示尊敬。如是公务信函，则可在署名前加上单位或内部科室名称，然后再署全名，有的也可在名称前署上自己的职务、职称等。

日期一项则书写当日时间或确切时刻，也可在日期一栏加上写作地点，如

1998 年 1 月 30 日于半璧斋。

4. 信封。中国的信封由国家统一标准、统一格式。信封上的内容包括收信人的邮政编码、收信人的详细地址、收信人姓名、寄信人详细地址、寄信人姓名及寄信人邮政编码。中国的标准信封长 220 毫米，宽 110 毫米，左上角为邮政编码和收信人详细地址，右上角为贴邮票处，中间为收信人的姓名和收信人详细地址，下面为寄信人详细地址、寄信人姓名、右下角为寄信人邮政编码。

信封上的邮政编码和地址、人名一定要写准确，地址须写省、市、单位或区（县）街道的全称，不能写简称，字迹要工整、清楚，不能潦草，以便于邮政人员辨识以及微机检索。

（二）商务信函的礼仪规则

在现代商务活动中，商务信函依然是商务通讯的基础和重要内容之一，传真件、电子邮件等通讯文件的书写依然要遵循和借鉴书信礼仪规范，书面商务信函仍然是普遍承认的具有法律效力的经济交往工具，因此，商务书信礼仪的地位仍然很重要。商务信函的礼仪规则如下：

1. 格式正确。商务信函应使用印有公司抬头的专用纸，质量应尽可能优良。这种纸张一般只能用于公司业务，不书写私人信件，以免收信人在阅读全文之前分不清来函的性质。所有信函的结构，大体都分三部分，即开头、正文与结尾。开头是收信者和主题；正文用于说明和讨论问题的细节；结尾则说明发信人将采取何种行动或希望对方采取何种行动以及落款和日期。信函格式应美观大方。不可密密麻麻一大片，令人看而生厌，要留足页边。段落要有长有短，句型要参差有致。重点地方不妨加框，采用列表形式，或使用黑体字、斜体字，给人以美感。

2. 称谓得体。称谓也叫称呼语，信函的称呼语要准确，符合寄信人与收信人的特定关系，要正确表现收信人的身份、性别等。称呼语使用不当，可能会得罪人，也可能使收件人没兴趣往下看信件的具体内容。

要正确使用对方的姓名与头衔，这是一个重要的礼节问题。一般平时对对方称呼什么就写什么。在格式上，称呼语在信的第一行起首的位置单独成行，以示尊重。如果是自己尊敬的领导和长辈，要写成“尊敬的某某”；写给非亲属的长辈和业务伙伴，一般在姓氏、名字或姓名后加职务、学衔或职称，如张经理、卫国书记、赵志坚博士、王工程师等。中国人习惯称职务，欧美人一般愿意被称呼学衔，如果不知道对方的姓名和头衔，在发函前最好先打电话询问收信人的姓名与头衔。

一般称女性为“小姐”是可接受的称呼，公函上常用。如果对方喜欢被称做“夫人”，那就称呼“夫人”，如果弄不清称呼“夫人”还是“小姐”时，不妨统称“女士”，不是万不得已不写“亲爱的先生/小姐”和“致有关人士”的称呼，这等于告诉对方，你连他是谁，是男是女都尚不清楚。如打听不到收信人的姓名，可以用职务等中性名称代替，比如称对方为经理、代表之类，并在前面加上其公司或部门的名称。如果从姓名上判断不出对方的性别，可称其全名，在前面加上“尊敬的”而略去“先生”、“小姐”等字样。

3. 内容得当。正文是商务书信的主体，即写信人要说的话，要交代的事情。正文一般从信的第二行前面空两格开始。书信尽管内容写法各不相同，但是都要表情达意，以具体准确为原则，要字迹工整、言之有物、语句通顺，还要措辞得体，根据收信人的特点和写信人与收信人的关系来进行措辞。应避免写错字或打字错误，这不仅不礼貌，还会给人粗心的印象。恰当驾驭语言文字能产生影响力，即使是书面联系也能对他人的感受和行动产生久远的影响，并通过语言文字的魅力给对方留下好感。有时即使对方不同意你的意见或建议，也会对你流利的书法、通畅的文字和彬彬有礼的态度留下深刻的印象。

写信的目的是为了让人看懂，因此写信时应做到清晰易懂、开门见山、直截了当，以便收信人看过一遍就能完全领会你的意思。信写完后应仔细检查并阅读一遍，如果读起来感觉欠佳，那对方收到后阅读的效果也不会好，应重新进行修改。通信不像打电话或面对面交谈，你的文字和语句没有声调，对方看不见你的表情，听不见你的声音，弄不好就会产生误解。一些无伤大雅的幽默可以使信函更活泼、更亲切，但切记慎用，以防误用而无意中伤害他人，使人产生误解和不快。一般来说，信件还是以简明为宜，不要啰嗦，尽可能不浪费他人的时间。

内容要丰富，但应尽量简练，避免重复，重复表述相同的意思容易引起混乱。用词也应尽可能简练。例如，“未解决的问题”可以写成“问题”；“预先提出警告”可以简单地写成“警告”，等等。为了少用词语，有时可列出所有要点，并在每行之前标以序号，既清楚又醒目。要多用常用词。词汇越丰富，用词就越准确。但不可使用只有在大辞典中才能找到的生僻、晦涩的词，这样，对方会认为你在故弄玄虚，卖弄学问；还要避免使用对方不懂的行话。各行各业都有其独特的行话，非本行业的人极难明白其中真正含义；同样，一些文绉绉的老式用语，也以不用为宜，免得被人视为“老古董”。如“于兹附上”可写成“内附”，“望予俯允”可写成“请求”，“前举”可写成“上述”，“惠予通告”可写成“请告知”，等等。

4. 语言规范。含有性别歧视或易产生歧义的词语不宜使用。要从收信人的角度突出说明:“他为什么要关心此事?”“这事与他有什么关系?”以及“这对他有什么好处?”让读信人一开始就进入角色。要开门见山，把最重要的内容写在最前面，对收信人可能提出的问题应尽量先做回答。这样，即使收信人看了一半时中断阅读，也会了解书信的基本内容。书信中使用反面或否定的语言显得粗鲁，极易使人产生受责备的感觉，因此，要尽量使用正面、肯定的词语。用正面而有礼的表达方式可以增加亲切感，使人更容易接受。比如，有利、得益、慷慨、成功、务请、为您骄傲等都是正面词语，而失误、遗憾、软弱、疏忽、马虎、无能、错误等等都是反面词语。比如，要求对方及时送来报告，写成“请按时将报表寄来”，比“这份报表不可延误”来得婉转。还要正确使用过渡词语如，“因此”、“所以”、“此外”、“例如”、“仍然”、“然而”、“其结果是”、“更有甚者”等，这样可使文字显得流畅，但不宜滥用以免啰嗦。注意使用正确的语法、拼写和标点，在这些方面出差错会给人以不好的印象，虽然这些都是小节，不能据此对一个人做出判断，但让人找出错误说明写稿人工作马虎，也显得对对方不够尊重。自己拿不准的地方不妨查查书本，市场上此类参考书很多。

此外，商务信函的预期要亲切、直接、自然，像面对面说话一样。

5. 结尾讲究。商务信函的结尾部分一般要有结束语、致敬语、署名或签名，以及日期。结束语如“特此函告”、“专此说明”等，致敬语如“此致敬礼”“顺致发财”等。署名、签名可并用，也可签名单独用，函件一般还需要加盖公章。人们很重视亲笔签名，有人接到信后还要仔细辨认亲笔签名还是签章。

6. 仔细审校。使用电脑写信时最好打印出一份草稿以便审校，因为有些错误从荧屏上看不出来。如能有人代为审校，那效果会更好。另外，审校时最好能大声念读，要是听起来不顺耳，则接信人阅读时肯定也不会满意。为避免出错，商务信函写好后最好先核查一遍再寄出。信件在寄出之前，在可能的情况下，最好“凉”上一两个钟头，或等到第二天上班或午饭以后再投递，以便能在冷静下来时再看一遍，看看还有没有不妥之处。比如，用词是否得体?表达是否清楚?要设身处地地替接信人考虑。

(三) 特种信函礼仪

1. 柬帖的礼仪。柬帖是一种礼貌性的书面通知，在我国古代，人们每遇到重大事件，均以文字请友邀亲，用来表示敬意和隆重的就是所谓的请柬或柬帖。如今，人们举行宴会、酒会、茶话会、招待会、舞会、婚礼，以及各种专题性的活动，如博览会、订货会、展销会、联欢会、新闻发布会等，都用柬帖邀请各界宾朋。当然，邀请宾朋的方式很多，如打电话、写信等，但是，柬帖这种方式比较正式、礼貌，显示了对所邀宾朋的重视和尊重，是一种比较流行且很受欢迎的社交方式。

请柬的形状、大小可根据各自喜好自行确定，没有统一标准。请柬最好自己设计、制作，极具纪念意义。其基本格式包括以下几个部分：①封面。颜色、图案可自行设计，封面上写明“请柬”二字。②称谓。与信函称谓基本相同。③正文内容。主要包括活动性质、规格、活动时间、地点及其他有关事项。④祝颂语。与信函的祝颂语基本相同，但较之于信函要简单些。最常用的祝颂语是“敬请光临”。⑤署名和日期。与信函相同。

请柬是一种比较正规、隆重的文书，是一种具有特殊意义的书信，常为应邀者当做纪念品收藏，因此，发请柬者一定要注意请柬的设计、制作，因为它代表着你对所邀者的真诚、重视，也体现着你自身的形象。请柬上的文字最好由发柬者自己书写。请柬一般应提前 4～10 天寄出或亲自送达，以便受邀请者及早做出应邀与否的决定或准备。

2. 贺卡的礼仪。贺卡已经发展成为一个专门的通信门类，它被广泛运用于现代社交礼仪中，使用方便而且外观精美。近年来，其使用风行南北，尤其是新年和圣诞节前，售卖、选买及寄发贺卡已成为人们文化生活中交流感情的重要内容。

(1) 贺卡的形式和名称。贺卡多是双面折叠式的，印制精美，多为 32 开，也有较小的贺卡，但较大幅的贺卡也越来越常见。贺卡越做越大，其实是受了“礼大情深”的观念影响，贺卡大了，不仅显得更精美、华贵和气派，也显得送卡人情真意切。

贺卡有横式和竖式之分，但常见的贺卡多是竖式的，且文字大都横排，除非是设计的需要才竖排。封面是贺卡的门面，设计精美，且文字多用烫金等手段修饰。但贺卡不像请柬，一般不印“贺卡”、“圣诞卡”、“情人卡”等名称，而是写上“新年快乐”、“圣诞快乐”等字样来表示种类以之来喻示贺卡的名称。相对封面来说，里面比较素雅，一般很少有大红大紫。里面一般也有文字，通常是因不同种类而选择的祝贺文字、情言心语，并留有一定的空白，供寄卡人写上自己的亲笔祝词。封底常有两种形式：一种是与封面相连，一种是素色。

不同情形下所使用的贺卡，色调上有明显的区别，制作上也略有不同。比如：配有电子音乐的生日贺卡；适合于孩子或青年人的贺卡，还有做成镂空立体的；一些贺卡还带有淡淡的清香。

(2) 贺卡使用礼仪。绝大部分贺卡都和时间有着密切关系，当我们采用贺卡时，记住准确的日期很有必要，新年、圣诞如此，生日、周年纪念日等更要十分在意。我们可以在台历、年历手册中把重要的日期和人名都填写好，并经常翻看，及时把贺卡寄出。

生日贺卡是祝福生日用的贺卡。每当亲朋好友过生日，寄上一张生日贺卡，往往可以维系亲情，增进友谊。音乐贺卡中，以生日贺卡居多，这种生日音乐卡在打开时放出优美的生日祝福音乐，有的还有与整个图案相协调的彩灯，可谓是形色辉映、声情并茂。

周年纪念贺卡也能表现出多方面的礼仪。这里说的周年，有订婚、结婚的周年，毕业、获得学位的周年以及其他值得纪念的日子。其中最突出的是结婚纪念日，这对于夫妻及其家庭都是个重要的日子，尤其是逢整数的日子。

新年贺卡和圣诞贺卡是最多见的贺卡。新年贺卡几乎是全世界都使用的贺卡。每逢新年来到，一张贺卡寄上我们对新的一年的祝福，会使人感到特别温馨。新年贺卡中镌印的文字不尽相同，这些文字往往是为适应不同的人而设置的。另外，除新年之外，我们民族的传统节日——春节，也是寄贺卡表达情意的一个好时机。对于那些新年忘记或来不及寄贺卡的，春节时补上一张，既不失礼，也显得自然。圣诞卡原本也是新年贺卡的一种，在西方很流行，这些年在我国也时兴起来。它虽然与新年贺卡基本相同，但是祝福内容不同。

西方情人节有情人卡，这些年也逐渐在我国都市流行了起来，比起其他的卡来说，这种卡无论封面封底，都显得温情脉脉。由于这种卡的对象特殊，所以追求华丽和贵重。

(3) 贺卡的选定礼仪。我们使用贺卡时，除了记住寄卡日期适时寄出外，还要精心挑选贺卡亲自题词。贺卡虽小，却满含情意，要依据不同的对象选择不同的贺卡。比如，给朋友的贺年卡，要温馨一些，给长辈或老师的要古朴一些。从贺卡的外观到印在上面的文字，都要精心挑选，否则会适得其反。另外，无论印制得多么精美、华贵的贺卡，也不能完全表达情意。这时，我们应该在贺卡适当的地方写上几句祝福或心语，哪怕只是几个字，都会顿时提高其情感的含量。

3. 便条的礼仪。便条是日常交际的轻便通讯工具，包括便笺和留言条。与一般书信相仿，便条的使用范围很广泛，几乎不受限制。

(1) 便笺，即便函，俗称便条，其书写要求和格式与一般书信大致相同。特点是文字简短，内容单一。便笺的内容，如果是告知对方某一日常生活事宜的，虽三言两语却情味隽永；若是就某一问题发表意见的，应有真知灼见，写得言简意深；如果拜托对方帮办某一具体事情的，宜礼貌周全、简捷明确。

(2) 留言条礼仪。留言条，是一种临时性的书面留言，通常在访问未遇或在日常交往中未见对方而有事要告知对方时所书写的一种便条。

访谒不遇，是留言条用得较多的场合。在这种情形下，留言条一般应写明来访目的、未遇心情，以及希望、要求等。如果以前与对方没有交往，还需做自我介绍。临时想到一件事要告诉对方，或者临时有一活动希望对方参加，而对方恰恰暂时离开，这时也常常采用留言条通知的方式。

应该说，留言条上的内容，一般都比较简单，写起来也是开门见山。可以把要说的事情写在纸条上，也可以只把再联系的时间、地点、方法提出要求或建议，而不写具体事项。

如果是给从未见过面的人留条，应该比较郑重，可按一般书信的要求和格式书写。如果比较熟悉友好，那么，留言条的写法就有较大的自由性，可以活泼，可以简单，可以语言幽默些，惟以对方能够完全理解为原则。尤其关系密切的双方，往往有某种默契，更无须对留言条的写法以及遣词用语做严格的规范要求。

第七节　馈赠

中华民族素来重交情，古代就有“礼尚往来”之说。亲友和商务伙伴之间的正当馈赠是礼仪的体现，感情的物化。在正常的交际活动中，用以增进友情的合理、适度的赠礼与受礼是必要的。

一、馈赠礼品的标准

(一) 情感性

馈赠礼品要重视其情感意义。礼品作为友好的象征物，其意义并不在礼品本身，而在于通过礼品所传达的友好情意，这是馈赠礼品的基本思想，所谓“千里送鹅毛，礼轻情义重。”情义是无价的，情义是无法用金钱来衡量的。“烽火连三月，家书抵万金。”同样说明“情”的价值，丝毫也不夸张。著名作家肖乾当年访问一位美籍华人朋友，特意捎去几颗生枣核。他深深知道：朋友身在异国他乡，年纪越大，思乡越切。送去几颗故乡故土的生枣核，让它在异国他乡生根、开花、结果。果然那位美籍朋友一见到那几颗生枣核，勾起了缕缕乡情，他把枣核托在手掌，仿佛它比珍珠玛瑙还贵重。因此选择礼品时，勿忘一个“情”字，应挑选价廉物美、具有一定纪念意义，或具有某些艺术价值，或为受礼人所喜爱的小艺术品，如纪念品、书籍、画册等。

选择礼品的价值要“得体”。并非是价值越昂贵的礼品所表达送礼者的情意越深厚。送礼要与受礼者的经济状况相适合，中国人历来有“礼尚往来”的习俗，若受礼者的经济能力有限，当接到一份过于贵重的礼品时，其心理负担一定会大于受礼时的喜悦，尤其当你有求于对方的时候，昂贵的厚礼会让人有以礼代贿的嫌疑，不但加重了对方接受这份礼品的心理压力，而且也失去了平衡交流的意义。

（二）独创性

送人礼品，与做其他许多事情一样，是最忌讳“老生常谈”、“千人一面”的。选择礼品，应当精心构思，匠心独运，富于创意，力求使之新、奇、特。这就是礼品的独创性。赠送具有独创性的礼品给人，往往可以令其耳目一新，既兴奋又感动，因为这等于是“特别的爱献给特别的你”。真是这样的话，赠送者在对方心目中往往也会因此“升值”。

（三）时尚性

赠送礼品应折射出时代风尚。当今人们追求生活的高品位，什么样的礼品够档次，多半取决于礼品是否符合时代风尚。改革开放以来，随着人们生活水准的提高和思想观念的转变，人们相互馈赠礼品也发生了质的变化和飞跃，从经济适用的物质型礼品向高雅、新潮的精神型礼品转化。“精神礼品”受青睐已成为当今人际交往中一道亮丽的风景线。它包括：智力型，如报纸、杂志、图书、各种教学录音带、电脑软件等；娱乐型，如唱片、激光影碟、体育比赛门票、晚会展览会入场券等；祝贺型，如鲜花、节日贺卡、各种礼仪电报等。

（四）适俗性

挑选礼品时，特别是要在为交往不深或外地区人士和外国人挑选礼品时，应当有意识地使赠品与对方所在地的风俗习惯一致，在任何情况下，都要坚决避免把对方认为属于伤风败俗的物品作为礼品相赠，这样才表明尊重交往对象。如在我国大部分地区，老年人忌讳发音为“终”的钟，恋人们反感于发音为“散”的伞。阿拉伯地区严禁饮酒。在西方，药品不宜送人。因此在涉外交往中，要根据不同国家、地区的习惯与个人的爱好做些必要的选择。赠礼问俗是我们不能忽视的，这也是一个重要标准。

1972 年，尼克松总统准备访华，急于寻求能代表国家的礼物。美国保业姆公司闻讯后，向尼克松总统献上公司生产的一尊精致的天鹅群瓷器珍品，因为瓷器的英文 china，也具有“中国”的意思，尼克松一见，大喜过望，于是把这尊具有双重意义而且具有很高艺术价值的瓷器珍品带到了中国。

二、馈赠礼品的场合

在社会交往中，人们在不同的场合下选送不同的礼品。

（一）表示谢意敬意

当我们接受他人或某个组织的帮助之后应当表示感谢。如某位医生妙手回春治愈你多年的顽症；某个组织为你排忧解难等，此时为表示感谢和敬意，可考虑送锦旗，并将称颂之语书写在锦旗上。

（二）祝贺庆典活动

当友人和其他组织适逢庆典纪念之时，如某公司成立二十周年纪念，为表示祝贺，可送贺匾、书画或题词，既高雅别致又具有欣赏保存价值。

（三）公共关系礼品

开展公共关系活动中所送的礼品要与公共关系活动的目标一致，并且送礼的内容与送礼的组织形象是相符的。例如，上海大众汽车公司赠给客人的桑塔纳汽车模型，上海大中华橡胶厂精心设计研制的轮胎外型的钢皮卷尺等。

（四）祝贺开张开业

社会组织开张开业之际，都是宣传自身、扩大影响的好机会，一般来说，都是要借机大肆宣传一番的。因而适逢有关组织开张开业之际，应送上一份贺礼，以示祝愿。一般选送鲜花贺篮为多，在花篮的绸带上写上祝贺之语和赠送单位或个人的名称。

（五）适逢重大节日

春节、元旦等节庆日都是送礼的热季，组织可向公众、组织内部的员工等，适时地送上一份小小的礼物，对他们给予组织工作的关心和支持表示感谢，并希望继续得到他们的帮助。亲朋好友之间也可通过节日联络感情，此时也可选择适宜的礼品相赠。

（六）探视住院病人

公司的客人、员工生病或亲友患病住院，均应前去探视，并带上礼品。目前探视病人的礼品也不断地从“讲实惠”到“重情调”。以往送营养品、保健品，如今变为用多种水果包装起来的果篮、一束束鲜花。有一位教授住院，学生送他一束鲜花，夹在鲜花中的一张犹如名片大小的礼卡上，写着这样的话语：

尊敬的导师：

花香带来温馨的祝福，愿您静心养病，早日康复。

您的弟子赠

字里行间，充满了关切之情和师生之谊。

（七）应邀家中做客

我们经常会应邀到别人家中做客或者出席私人家宴。为了礼尚往来，出于礼貌，应带些小礼品。如土特产、小艺术品、纪念品、水果，以及鲜花等。有小孩的可送糖果、玩具之类。

（八）遭受不测事件

世上难有一帆风顺之事，一个家庭或组织遇上不测事件之时，及时地送上一份礼物表示关心，更能体现送礼者的情谊。比如，对方遇上火灾、地震等灾难，马上去函或去电表示慰问，也可送上钱款相助。

三、馈赠礼品的礼仪

（一）精心包装

送给他人礼品，尤其是在正式场合赠送予人的礼品，在相赠之前，一般都应当认真进行包装。可用专门的纸张包裹礼品或把礼品放入特制的盒子、瓶子里等。礼品包装就像穿了一件外衣，这样才能显得正式、高档，而且还会使受赠者感到自己备受重视。

（二）表现大方

现场赠送礼品时，要神态自然，举止大方，表现适当。千万不要像做了“亏心事”，小里小气，手足无措。一般与对方会面之后，将礼品赠送给对方，届时应起身站立，走近受赠者，双手将礼品递给对方。礼品通常应当递到对方手中，不宜放下后由对方自取。若礼品过大，可由他人帮助递交，但赠送者本人最好还是要参与此事，并援之以手。若同时向多人赠送礼品，最好先长辈后晚辈、先女士后男士、先上级后下级，按照次序，依次有条不紊地进行。

（三）认真说明

当面亲自赠送礼品时要辅以适当的、认真的说明。一是可以说明因何送礼，如若是生日礼物，可说“祝你生日快乐”；二是说明自己的态度，送礼时不要自我贬低，说什么“没有准备，临时才买来的”，“没有什么好东西，凑合着用吧”，而应当实事求是地说明自己的态度，比如，“这是我为你精心挑选的”、“相信你一定会喜欢”等；三是说明礼品的寓意，在送礼时，介绍礼品的寓意，多讲几句吉祥话，是必不可少的；四是说明礼品的用途，对较为新颖的礼品可以说明礼品的用途、用法。

四、接受馈赠的礼仪

（一）受礼坦然

一般情况下，对于对方真心赠送的礼物不能拒收，因此，没完没了地说

"受之有愧"、"我不能收下这样贵重的礼物"这类话是多余的，有时还会使人产生不愉快的感觉。即使礼物不称你心，也不能表露在脸上。接受礼物时要用双手，并说上几句感谢的话语。千万不要虚情假意，推推躲躲，反复推辞，硬逼对方留下自用；或是心口不一，嘴上说"不要，不要"，手却早早伸了过去。

(二) 当面拆封

如果条件许可，在接受他人相赠的礼品后，应当尽可能地当着对方的面，将礼品包装当场拆封。这种做法在国际社会是非常普遍的。在启封时，动作要井然有序，舒缓得当，不要乱扯、乱撕。拆封后还不要忘记用适当的动作和语言，显示自己对礼品的欣赏之意，如将他人所送鲜花捧在身前闻闻花香，然后再插入花瓶，并置放在醒目之处。

(三) 拒礼有方

有时候，出于种种原因，不能接受他人相赠的礼品。在拒绝时，要讲究方式、方法，处处依礼而行，要给对方留有退路，使其有台阶可下，切忌令人难堪。可以使用委婉的、不失礼貌的语言，向赠送者暗示自己难以接受对方的好意，如当对方向自己赠送一部手机时，可以告之："我已经有一部了。"可以直截了当向赠送者说明自己之所以难以接受礼品的原因。在公务交往中，拒绝礼品时此法最为适用，如拒绝他人所赠的大额贵重礼品时，可以说："依照有关规定，你送我的这件东西，必须登记上交。"

五、赠花的礼仪

鲜花是美好、吉祥、友谊和幸福的象征。我国早在汉代就有"折柳送别话依依"的诗句，可见，在当时已有交际赠花之习俗。当今社交中无论是欢迎、送别、婚寿庆祝，还是节庆、开业、慰问、吊唁及国际交往中，人们经常赠之以鲜花，言志明心。但由于各地风俗习惯不同，花的含义也不同，送花时必须注意得体，要做到以下几点：

(一) 了解"花卉语"

当我们用花为媒来传递友谊时，要注意运用正确的"花卉语"，以免出现尴尬。以下是几种常见的花卉的寓意：

荷花——纯洁、淡泊和无邪

月季——幸福、光荣、美常新

红玫瑰——爱情

白菊——真实

百合——圣洁、幸福、百年好合

野百合——幸福即将来临
红罂粟——安慰、慰藉
红蔷薇——求爱、爱情
杜鹃——节制、盼望
康乃馨——健康长寿
红茶花——天生丽质
山茶花——美好的品德
勿忘草——永志不忘、真挚和贞操
菊花——长寿高洁
万年青——友谊
兰花——优雅
剑兰——步步高升
松柏——坚强
橄榄枝——和平
梅花——刚毅、坚贞不屈
竹子——正直、虚心
文竹——祝贺长寿
长春藤——结婚、白头偕老
水仙——尊敬、自尊
橄榄枝——和平
牡丹——拘谨、害羞
红茶花——质朴、美德
牵牛花——爱情
紫丁香——初恋
野丁香——谦逊、美好
黄郁金香——爱的绝望
红郁金香——宣布爱恋
蓝郁金香——诚实
樱花——心灵的美
并蒂莲——夫妻恩爱
万年青——长寿、友谊长存
红豆——相思
兰花——热情

仙人掌——热心

美人蕉——坚实

……

在不同的国家和地区，同一种花也许会有不同的寓意，如在一些国家，菊花和康乃馨被认为是厄运的象征。垂柳在美国表示“悲哀”，但在法国，柳则是“仁勇”的象征。实际上，同一种类型的花卉，因其不同的颜色，也有不同甚至截然相反的意思。如红色的郁金香是“爱的表示”，蓝色的郁金香象征“诚实”，而黄色的郁金香则象征“无望的恋爱”。因此要恰当运用好“花卉语”。

（二）不同场合的赠花

向恋人赠玫瑰花的花语是“我真心爱你”，蔷薇花象征“我向你求爱，小天使”，桂花表示“我挚意爱你”，这类花卉赠之恋人，可收心有灵犀一点通之功。若将这类花卉赠之其他对象，则会交际不成，反而引火烧身。

婚礼赠花可以送一束美丽鲜艳的由红玫瑰、吉祥草、文竹灯花组成的花束。红玫瑰象征爱情美好；吉祥草祝朋友吉祥如意、生活美满；文竹绿叶葱葱，祝朋友爱情永葆青春。此外，并蒂莲表示“恩爱如初，幸福长存”，百合花象征“百年合好”，这些花及红色郁金香等花都是婚礼的理想花卉。

慰问病人，送一束芝兰，象征“正气清运，贵体早康”，或送一束松、柏、梅花，以鼓励他与病魔作斗争“坚贞不屈”，“胜利属于你”。

庆贺生日赠花，年轻一点的可送其火红的石榴花、鲜红的月季花、美丽的象牙花，祝其前程如火样红烈，青春如红花鲜艳等。对年老者，赠之以万年青、寿星草、龟背竹等，以示祝福老人健康长寿，快乐幸福。

（三）赠花的注意事项

正式场合，如组织开张、纪念、庆典等，大多可送花篮；迎宾、欢送、演出中送给演员，大多送花环、花束；宴请、招待会等送胸花；追悼会时送花圈以示哀悼。

送花一般不能送单一的白色花，因为会被人认为不吉利；送玫瑰花时应送单数，不要送双数，但“12”这个数字除外，不要将红玫瑰送给未成年的小姑娘，不要将浓香型的鲜花送给病人。

送一束花时最好用彩色透明纸将花包装好，再系一根与鲜花颜色相匹配的彩带，这样既便于携带，又使花显得更漂亮。

第八节　旅行

随着人们生活水平的提高，平时和假日的旅行逐渐增多，因公因私在国内或海外旅行的机会也增多了，人们在国际和国内的交流范围都进一步扩大，所以，掌握旅行的相关礼仪知识，不断培养自觉遵守和运用旅行礼仪的习惯，就显得十分重要。

一、旅行的装备

下面是一些旅行行家的建议，告诉我们如何精心装备自己，使旅行愉快。

（一）旅行装备的原则

总的来说，旅行装备应遵循以下三个原则：

1. 精简原则。合理选择旅行服装是旅行轻松愉快的前提。外出旅行不需要太多的衣饰，即使您要保持一贯的风格和形象，也应只备用得着的衣饰。否则，去时一大箱行李，回来时又添几件行李，好不辛苦。

2. 美观原则。注重组合系列化、多样化及时装化，体现前所未有的服饰审美要求和消费观念，注重美观及情趣是旅行服饰的新特色。有了这种全新观念，您就可以在衣橱中找出相对漂亮方便的衣饰作为旅行装束了。

3. 舒适方便原则。旅行服饰要注意面料的舒适性。一般来说，丝棉麻这些天然纤维，透气滑爽，适于在夏天及长途旅行中贴身穿着。外衣面料则应以混纺人造纤维及合成布等不易皱、弹性佳，牢度强且洗涤方便的面料为主。

（二）不同旅行目的装备

通常旅行可分为两种，结合工作目的的旅行和纯粹的度假旅游。旅行目的不同，装备也不一样。

工作性质的旅行您要多带正式感强的衣服。您如果有很多应酬场合，就必须带足应付各种场合的服装，同时又不杂乱和累赘。比如，两件职业女装对于商务谈判和业务沟通很必要。您可以给这次旅行定一个主色调，如蓝色系列，再稍带点粉红和黑色的服饰，这样就可以搭配出统一风格的形象来。

如果您每天要见的是不同的人，就可以放心大胆地穿同一套您最得意的衣服，而不必要每天都换装，这样就相当轻松和简单了。

正式的酒会服装必须带一套，因为现在相当多的生意或公事是在酒会、晚宴等场合敲定的。所以，晚礼服及相应的首饰、内衣、鞋、包应备齐。

专为度假休息的旅行装相对比较随意。一般应根据地形、气候、时间长短、行程特点来挑选服饰。度假是为了解除平时的疲劳而舒展身心的，行李越轻越好。要选那些可叠得很小的轻软的衣物，如T恤、休闲裤、丝衬衣等。

春秋两季出游可带些天然质料的内衣、短风衣、毛衣、夹克和T恤衫及运动装的外衣；夏季旅行，丝麻衬衫、方便搭配的T恤、裙子、长短裤等宽爽适合体，可帮您度过一个湿热多汗的旅程；冬天旅行可带组合配套的羽绒装或皮衣裤，保暖又方便。

行李箱也是旅行中的重要配件，传统的硬面皮箱虽然笨重些，但固定性好，衣物及其他重要物品不易受损，如果是短时间的公事旅行，可选择这类行李箱。现时流行一种容量大而软的行囊，以鲜艳夺目的尼龙防水面料拼接而成，有圆角的长方形、圆筒形等，轻捷方便，不同的隔层可有多种用途，亮丽的色彩平添旅行情趣，特别适合休闲旅行时使用。

（三）化妆品及其他细节

千万别指望飞机或旅馆中提供化妆品。出门旅行，依旧保持在您所熟悉的化妆品环境中，会使您更从容舒适，尤其对于有工作目的的旅行。旅行前把头发修剪到方便梳洗的长度，再把所有要用的化妆品清点进小包里，如夏天的防晒品，冬季的护肤霜以及化妆盒。还可带上方便的洁面巾，以便在旅行中及时净面。

在飞机上多喝些淡盐水，会令皮肤保湿、眼神清澈，如果您是出差，会令来接机的同行感到您精力充沛、神采飞扬。另外，下了飞机可立即去做一次面膜，帮助脸上肌肤恢复光泽。

二、步行的礼仪

无论外出到什么地方，借助何种交通工具，都离不开步行。在公共场所无处不在的步行，更能体现一个人的礼貌修养程度。

（一）注意安全

遵守交通规则是步行安全的重要保障。城市的交通法规对行人和各种车辆的行驶均有严格的规定，人人都应自觉遵守。穿越马路时，一定要从人行横线处走过去，并注意红灯停、绿灯行，不可随意穿越，不可低头猛跑，更不可翻越栏杆，要注意避让来往车辆，确保安全。在有信号指示或交通警察指挥的地方，一定要遵守信号和听从指挥。

（二）行路文明

行走时，走路的姿势要端庄，不要弓腰、低头，不要东张西望，不要摇头晃脑，也不要哼着小调或吹着口哨。俩人走路时不要勾肩搭背。多人走路时不要依仗人多而无所顾忌、高声说笑或横占半个马路而影响他人行走，应自觉排成单队或双队。男女同行时，通常男子应走在女子的左侧，需要调换位置时，男子应从女士背后绕过，不要胳膊相挽而行，不要亲热得拥在一起行走。当一个男子与两个以上的女子结伴而行时，男子不应走在女士的中间，而应走在女士们的外侧。在街上遇到熟人不可话说个没完，交谈时不要站在马路中央，影响他人通行。如果遇到的是异性，更不要长时间交谈，确需长谈，应另约地点。在拥挤狭窄的路上行走，应自觉礼让，特别对年长者、妇女、患病体弱者一定要主动让路。

行走时以中速为宜，非常情况下不要猛跑。如果不小心碰到别人或踩了别人的脚，要主动向对方道声“对不起”，即使对方态度不好，也不要与对方发生口角。别人撞了自己或踩了自己的脚，应大度宽容，对主动道歉者说声“没关系”，不可以口出怨言，斥责对方。如果遇到残疾人不仅要主动让路，必要时还要主动上前搀扶一把，绝不可与其抢道，更不能以强欺弱，无视公德。行路时要维护马路卫生，不要边走边吃东西，更不要把瓜果皮核往马路上扔，应自觉地扔到马路边上的果皮箱里。

（三）问路礼貌

需要问路时，首先，应选择合适的对象，最好不要去问正在急于行走的人或正在与人交谈的人以及正忙碌的人。如果民警正在指挥车辆，也应尽量不去打扰。可以另找那些不很忙或比较悠闲的人进行打听。其次，问路时要礼貌地称呼对方，可根据对方年龄、性别和当地的习惯来称呼，绝不能用“喂”、“哎”等一些不礼貌的语气呼叫对方。最后，当别人给予回答后，要诚恳地表示感谢，若对方一时答不上你的提问，也应礼貌地说声“再见”。

三、乘车礼仪

以车代步讲究效率，是现代社会的一个显著特点。由于乘坐车辆类型不同，其注意事项也有差异。

（一）乘坐公共汽车礼仪

公共汽车是城乡主要交通工具，同时又是公共场所之一。大多数市民，尤其是朝九晚五的上班族及学生，几乎天天都需要搭乘公共汽车等大众运输工具，别小看这小小的车厢，方寸之间应对进退的礼貌却大有学问，有的人可能因为一早搭公共汽车就惹了一肚子的气，使得一整天的情绪低落，实在没有必要。其实，只要掌握礼让、无我的原则，做一个快乐的乘车族是不难的。

1. 按顺序上下车。车到站时，要先下后上，自觉排队，不要拥挤。一般情况下，“男女有别，长幼有序”应是一种公众准则。遇有残疾及行动不便者，应主动给予帮助。绝不可凭借自己身强力壮，车尚未停稳便推开众人往上挤，这样不仅显得十分野蛮而且极不道德。

2. 注意文明细节。上车后应主动买票、打卡、投币或出示月票。上车后应尽量往里走，不要堵在车门口。一般情况下，一上公共汽车，如果车上仍有很多座位，应该避免坐老弱妇孺专座，如果大家都就座，只剩下老弱妇孺专座是空的，那么暂且坐下无妨，但在下一站若有老弱妇孺上车，第一个必须起立让座的是这个座位上的乘客，这是毋庸置疑的。因为搭乘公共汽车几乎是大部分市民生活的一部分，所以，即使是小小的礼貌细节，都可能会影响他人，引起不悦。比如，在车上大声聊天、谈论别人的隐私；放任幼儿在车上啼哭、嬉戏，妨碍同车者的情绪，甚至影响司机开车的注意力；在车厢内吸烟、随地吐痰、乱扔废弃物等。人人应该争做净化乘车环境的使者。

3. 提前做下车准备。车到站以前，应提前做好下车准备。如果自己不靠近车门，应先礼貌地询问前面的乘客是否下车，如前面的乘客不下车，要设法与其调换一下位置。

（二）乘坐火车礼仪

火车是重要的交通工具之一。良好的乘车环境需要大家共同努力，因此在乘车过程中，要讲文明、懂礼貌，多一分宽容，多一分礼让，这样，不仅能减少许多不必要的麻烦，还能保持良好的心情，减轻旅途疲劳。

1. 讲究候车规则。乘客在候车时，要爱护候车室的公共设施，不大声喧哗，携带的物品要放在座位下方或前部，不抢占座位或多占座位，更不要躺在座位上使别人无法休息。要保持候车室的卫生，瓜果皮核等废弃物要主动扔到果皮箱里，不随手乱扔，不随地吐痰。检票时自觉排队，不乱拥乱挤，有秩序上下车。

2. 维护车厢秩序。要有秩序地进入车厢并按要求放好行李，行李应放在行李架上，不应放在过道上或小桌子上。放、取行李时应先拖掉鞋子后站到座位上，以免踩脏别人的座位。自己的行李要摆放整齐，尽量不压在别人的行李上，如果实在不行，也应征得别人的同意。不在车厢内吸烟，不随地吐痰，乱扔废弃物。不在车厢内大声说话。到达目的地后，拿好自己的物品有礼貌地与邻座旅客道别，有序下车，不要抢道和拥挤。

3. 注意礼貌交谈。长途旅行，与邻座的旅客有较长的时间相处，有兴趣时可以共同探讨一些彼此都乐于交谈的话题。但应注意交谈礼貌：交谈前应看清对象，与不喜欢交谈的人谈话是不明智的，和正在思考问题的人谈话也是失礼的。即使与旅伴谈得很投机，也不要没完没了，看到对方有倦意就应立刻停止谈话。注意谈话中不要问对方的姓名、住址及家庭情况，这些不是火车上的好的交谈话题。

（三）乘坐轿车礼仪

在交际中，乘坐轿车已成为了大家日常生活的一个组成部分。在乘坐轿车时应注意如下礼仪：

1.讲究上下车顺序。同女士、长者、上司或嘉宾乘双排座轿车时，应先主动打开车后排的右侧车门，请女士、长者、上司或嘉宾在右座上就座，然后把车门关上，自己再从车后绕到左侧打开车门，在左座坐下。到达目的地后，若无专人负责开启车门，则自己应先从左侧门下车后绕到右侧门，把车门打开，请女士、长者、上司或嘉宾下车。

2.注意车上谈吐举止。在轿车行驶过程中，乘车人之间可以适当交谈，但不宜过多与司机交谈，以免司机分神。话题一般不要谈及车祸、劫车、凶杀、死亡等使人晦气的事情，也不要谈论隐私性内容以及一些敏感且有争议的话题，可以讲一些沿途景观、风土人情或畅叙友情等能够使大家高兴的事，使大家的旅行轻松愉快。举止要文明，不要在车内吸烟，因为车内相对封闭容易使空气浑浊。不要在车内脱鞋赤脚，女士不要在车内整衣化妆。不要在车内乱吃东西、喝饮料，不要在车内吐痰或向车外吐痰，更不要通过车窗向车外扔东西，这是有损形象和社会公德的。

3.亲自驾车的礼仪。如果亲自驾车，应自觉遵守交通规则，文明开车，表现出良好的驾车风度。要注意礼让，考虑别人，要了解各路段的时速限制，注意路上的交通标志，集中精力、谨慎驾驶。要遵守交通信号，不抢行，不乱按喇叭。下雨天开车，要尽量慢行，尽量避开水坑，以免使污水溅到行人身上。道路拥挤或车辆堵塞时，应自觉循序而进或耐心等待，不可随意超车堵道。在快、慢车道分明的公路上行车，应根据自己的情况合理选择，既不要在快车道上开“蜗牛车”，也不要在慢车道上开“飞车”，不要来回频繁变换车道，影响后面车辆行驶。夜晚开车时要适时变换远近灯光，绝不可一直用远光直射对方。需要停车，应到允许停放的地方停放，停车不挡车道及出入口。车内的废弃物等，不能往车外扔，要放在一起，到达目的地时集中处理。

（四）乘电梯礼仪

在现代社会中，电梯是人们用来缩短距离与提高工作效率的工具。乘电梯的礼仪包括：

等电梯时，要主动面带微笑颔首问安；进电梯时不争先恐后；要尽量避免近靠他人和背对他人，在电梯内正确的站法是，先进电梯要靠墙而站，不要以自己的背对着别人，可站成“n”字形，看到双手抱满东西的人，可代为按钮。

与长辈、上司、女士同行，应礼让他们先进，帮他们按下欲往的楼层。值得一提的是，如果你与女士同行，他人礼让，并不表示也礼让你，要避免大大咧咧地率先而行。

有人按着电梯开门钮对他人交代事情，偶尔为之可以理解，但一定要简单明了，事后要注意向电梯内其他人道歉，如果一时不清楚，不如搭下一班电梯，以免耽误他人时间。

四、乘飞机礼仪

飞机是目前世界上最快捷的交通工具，具有速度快、时间短、乘坐舒适等特点，很适合人们的旅行。由于空中旅行与地面旅行有很多差异，必须注意以下礼仪：

（一）登机前的礼仪

乘坐飞机要提前一段时间去机场。国内航班要求提前半小时到达，而国际航班需要提前一小时到达，以便留出托运行李，检查机票、身份证和其他旅行证件的时间。大多数机场的登记行李和检查制度效率很高，等待时间很短。但有时飞机起飞时间快到了，而你却排在长长的人龙后面，这会使你心生焦虑。这时，既要注意礼节，耐心等候，也是提醒你以后要提前去机场。

乘飞机时携带的行李要尽可能轻便。手提行李一般不超过 5 公斤，其他能托运的行李要随机托运。在国际航班上，对行李重量有严格限制。经济舱的旅客可携带 44 磅左右，头等舱的旅客可携带 66 磅。如果多带行李，则超重的部分每磅按一定的比价收钱。随机托运行李时，尽可能将几个小件行李集中放在一个大袋中，这样可以节省时间，又避免遗失。为了避免在安全检查中耽搁时间或出现不快，应将带有金属的物品装在托运的行李中。为了在国外开会时有一套整洁、挺括的衣服，在大多数大型飞机上，还可以携带装衣服的挂袋，如西装挂袋，你可请空中乘务员将挂袋挂在专门的柜子里。随机托运行李的件数、样式要记清，以便抵达时认领。

乘坐飞机前要取到登机卡。有的航班在你买机票时就为你预留了座位，同时发给你登机卡。大多数航班都是在登机时由工作人员为你选择座位卡。登机卡应在候机室和登机时出示。如果你没有提前买机票或未订到座位，需在大厅的机票柜台买票登记，等候空余座位时必须耐心等待，直到持票旅客全部登记后，再按到达柜台的先后得到照顾。

领取登机卡后，乘客要通过安全检查门。乘客应先将有效证件（如身份证、军官证、警官证、护照、回乡证等）、机票、登机卡交安检人员查验，放行后通过安检门时需将电话、传呼机、钥匙和小刀等金属物品放入指定位置，手提行李放入传送带。乘客通过安检门后，注意将有效证件和机票收好，以免遗失，只持登机卡进入候机室等待。

上下飞机时，均有空中小姐站立在机舱门口迎送乘客。她们会向每一位通过舱门的乘客热情地问候。此时，作为乘客应有礼貌地点头致意或问好。

（二）登机后的礼仪

登机后，乘客要根据飞机上座位的标号按顺序对号入座。飞机座位分为两个主要等级，也就是头等舱和经济舱。经济舱的座位设在靠中间到机尾的地方，占机身的3/4空间或更多一些，座位安排较紧；头等舱的座位设在靠机头部分，服务较经济舱好，但票价较高。所以登机后购买经济舱票的人不要因头等舱人员稀少就抢坐头等舱的空位。找到自己的座位后，要将随身携带的物品放在座位头顶的行李箱内，较贵重的东西放在座位下面，自己保管好，注意不要在过道上停留太久以免影响其他人。

飞机起飞前，乘务员通常给旅客示范表演如何使用降落伞和氧气面具等，以防意外。当飞机起飞和降落时要系好安全带。在飞机上要遵守“请勿吸烟”的信号，同时禁止使用移动电话、AM/FM收音机、便携式电脑、游戏机等。

飞机起飞后，乘客可看书报或与同座交谈。如你愿意交谈，可以“今天飞行的天气真好”等为开场白来试探同座是否愿意交谈，在谈话中不必互通姓名，只是一般谈谈而已。如你不愿交谈，对开话头的人只需“嗯哼”表示，或解释“我很疲倦”。飞机上的座椅可调整，但应考虑前后座位的人，不要突然放下座椅靠背或突然推回原位，或跷起二郎腿摇摆颤动，这些都会引起他人的反感。

在飞机上使用盥洗室和卫生间的规则与其他交通工具上的相同。要注意按次序等候，注意保持清洁。同时不要在供应饮食时到厕所去，因为有餐车放在通道中，其他人无法穿过。如果晕机，可想办法分散注意力，如若呕吐，要吐在清洁袋内，如有问题，可打开头顶上放的呼唤信号，求得乘务员的帮助。

（三）停机后的礼仪

停机后，乘客要带好随身携带的物品，按次序下飞机，不要抢先出门。

国际航班上下飞机要办理入境手续，通过海关便可凭行李卡认领托运行李。许多国际机场都有传送带设备，也有手推车以方便搬运行李，还有机场行李搬运员可协助乘客。在机场除了机场行李搬运员要给小费外，其他人不给小费。

下飞机后，如一时找不到自己的行李，可通过机场行李管理人员查寻，并可填写申报单交航空公司。如果行李确实丢失，航空公司会照章赔偿的。

五、乘客轮的礼仪

人们出差、旅行经过江河湖海需乘坐客轮，有时观光游览还可乘坐专门的游览船或游艇。乘坐客轮较飞机、火车活动空间大，因而更舒适、自由。然而乘客轮时人人都讲礼仪，才能使旅行更舒畅。

客轮的舱位是分等级的。我国的客轮舱位一般分特等舱、一等舱、二等舱、三等舱、四等舱、五等舱等几种。客轮实行提前售票，每人一个铺位，游船也实行对号入座。因船上的扶梯较陡，所以上下船大家应互相谦让，并照顾老年者、小孩和女士。

乘客轮时要注意安全，风浪大时要防止摔倒；到甲板上要小心；带孩子的乘客要看住自己的孩子；吸烟的乘客要避免火灾；不要在船头挥动丝巾或晚上拿手电乱晃，以免被其他船误认打旗语或灯光信号。

船上的服务设施配备齐全，有餐厅、阅览室、娱乐室、歌舞厅和录像厅等可供就餐或消闲，也可以去甲板散步，享受浪漫的诗情画意。如邀请其他乘客一起娱乐，一定要两厢情愿，不可强求。若房中其他乘客出门，也不要好奇去翻动同房乘客的物品。

乘船时，要注意小节。如不要在船上四处追逐，忘乎所以；不要在甲板上将收录机的音量放得很大；不要在客房大吵大嚷；晕船呕吐去卫生间；遇上景点拍照不要挤抢等。另外，还要注意船上的忌讳，如不要谈及翻船、撞船之类的话题，不要在吃鱼时说“翻过来”或者说“翻了”、“沉了”之类的语言。

六、住店礼仪

客房是客人临时之家，是为客人提供休息的场所。在我国，客人的入住一般须出示居民身份证等有效证件，然后办理住宿登记等手续。在一些发达国家，大都是先预订房间，到达后，只要说出自己的姓名，然后在登记册上签名即可。根据工作需要，旅行人员亦可在房间办公、举行小型会议、洽谈业务或会友。不论将客房作为休息场所还是临时办公地点，掌握入住基本规定，对自己、对工作都是十分有益的。

（一）内外有别

因为旅店既是休息的地方，又是工作的地方，所以，室内着装可相对随便些。但是，如果约好客人在下榻饭店的客厅或自己的房间洽谈业务，则要仪表端庄，注意自己的职业形象，同时也应遵守前面提到的待客礼仪和日常礼仪。为客人准备好相关的茶水和饮料。

（二）文明入住

住店时要处处体现文明。关房门时注意用力轻一些。深夜回来，如需洗澡，注意动作要轻一些，避免打扰隔壁邻居，如有可能，最好等第二天早晨再洗。如果与别人合住，应该注意出门时随手将门关上，不要在房间里喧哗，以免影响他人休息。休息的时候可以按下“请勿打扰”的标志灯，或在门外挂上“请勿打扰”的牌子。到别的房间找人，应该敲门，经主人许可再进入，不要擅自闯入。

(三) 安全第一

入住宾馆，进入客房后应先阅读房间门后消防逃生路线图，熟悉所在房间的位置和逃生楼梯的方位。之后，要查看一下窗户和侧门是否锁好。如果饭店员工无法将侧门锁好，可以要求换一个房间。旅行期间，只要可能就要将你所带来的贵重物品随身携带。不要把钱或贵重物品留在房间里，要把珠宝、照相机、文件等都锁在饭店的保险箱里。进入饭店房间后，离开房间时，为了安全起见，如果条件允许，你可以让电视机开着。待在房间里的时候，把门关好并上好锁。除非你在等人，否则不要开着门；开门前要先问一声，或从窥孔处查看一下来人是谁。如果对方宣称自己是饭店员工，或者你有其他考虑，可以给前台打电话进行核实。晚上睡觉前，应将防撬链扣好挂好。房门钥匙要随身携带。不要当众展示你的钥匙，也不要把它放在饭馆的餐桌上、健身房里或者其他容易丢失的地方。门厅的灯可以亮着，可以开夜灯睡觉，或者开着洗手间的灯睡觉，以便让自己感到安全，或者遇到紧急的情况，可以照亮。

(四) 爱护设施

宾馆客房内备有供旅客生活使用的各种物品，如桌、椅、灯具、电视、空调，以及洗刷和卫生洁具、浴具等设施，使用时应予以爱护，不许用力拧、砸、敲。如不慎损坏应主动赔偿，故意破坏房内物品或损坏了物品不声不响，甚至把房内的不属于自己的东西随意拿走等，都是违背社会公德的不文明行为。

(五) 保持卫生

在客房内衣物和鞋袜不要乱扔乱放。废弃物应投入垃圾桶内，也可放到茶几上让服务员来收拾，千万不要扔进马桶里，以免堵塞影响使用。吸烟者不要乱弹烟灰、乱抛烟头，以免烧坏地毯或家具，甚至引起火灾。出门擦鞋应用擦鞋器，用枕巾、床单擦鞋是不道德的行为。

第九节　探访

勤于走往，建立广泛的社会联系，了解和沟通各方面的信息，联络感情，是交际人员的责任之一。当然，交际人员需要注意以下探访礼仪：

一、到工作场所会面

业务交往的主要场所是工作场所。俗话说："无事不登三宝殿"。到工作场所会面应主要谈工作，不要无端地进入别人的工作场所打扰别人，更不能不顾别人是否在忙，一味地闲聊。

来到工作场所，应在门口看要找的人是否在。如果在，招呼了以后再进去；如果不在，可礼貌地找人打听，不能直冲冲地闯入别人的工作场所里面。

当工作场所正在开会或已有其他客人来访，你应该自动退到门外等候，而不应该进去站在一旁或在门口走来走去，妨碍他人。

见面时，要互致问候，不认识的，要自我介绍。

在对方没有请你入座时，不要就座。坐的时候要端坐，不能半躺半坐在椅子上，因为是来谈公事，而不是闲聊，不能露出懒散无聊的样子。

当对方站立说话时，你也应该站立起来说话，以示尊重。站的时候，不要斜靠在别人的办公桌上。

他人端茶、递水、敬烟时，要稍欠身子表示谢意。

要讲究工作场所的卫生，不乱嗑烟灰、乱扔烟蒂、乱吐痰。

招呼、谈话时，嗓门不要太大，以免影响其他人工作。

谈完公事，不要久坐，即可告辞。

告辞时，可握手道别，也可说"拜托了"、"谢谢"、"麻烦了"、"请留步"、"再见"等礼貌用语。

到工作场所会面时，不能穿背心和拖鞋，尽可能地穿戴得整齐、端庄。

二、到住宅探访

到住宅拜访，掌握交际礼节，会提高交际的效果。

到住宅拜访，因为住宅是私人的生活领地，多有不便，最好事先约好时间，以便主人及家人有所准备。约会应避免在吃饭的时间、午休晚睡时间和早晨忙乱的时间。时间约定后，要准时或略提前几分钟赴约，如有特殊情况不能或不能按时赴约，应提前通知主人，重新约定。

进门时要按门铃或敲门，如门户是敞开的，也应在门口发出招呼声"×××在家吗?"不要贸然闯入。

进屋后，对房间里的人不管认识与否都要一一打招呼，微笑、点头、问候、称呼均可。待主人招呼就座后再坐下。

进门时，如穿戴了帽子、大衣、手套、雨衣或雨伞要取下，放在主人指定的地方。如果不准备久坐，一两句话就说完，可以随身携带。如果主人在家穿着拖鞋，你也应该换鞋，除非主人制止。主人端茶点烟，要起身道谢，双手相接；如果遇有其他客人在场，可在旁边静坐等待。如果你在谈话，又有客人来访，你应该尽快结束谈话，以免他人久等。

专程到住宅去拜访与闲聊不同，一般有较强的目的性。如果是请主人帮忙，应开门见山，把事情讲清楚。不要含混不清，令主人无从做起。如果主人帮忙有困难，就不能强人所难，硬逼着他人去办。如果送礼，应在见面或道别时拿出来奉献给主人，并讲明白是谁送的，为祝贺还是感谢而送。

到他人住宅拜访，不能无休止地挨到人家要吃饭或要睡觉的时候，不要妨碍他人休息和处理其他事情。谈话办事目的达到，要适时收住话题，起身告辞。告辞时不要忘了与家里其他人尤其是长辈招呼，还要请主人“留步”，礼谢远送。

三、到医院探病

到医院探访时，要遵守医院的规定，在允许的时间范围内探望，避开病人治疗与休息时间。

进屋时敲门，让病人感到他人的尊重，同时，病人也可在探病者进来之前整理衣冠、盖好被子。

病房不是社交场所，不能嘻嘻哈哈，大声喧哗。脚步要适当放轻，保持安静。要了解病人治疗情况以及目前身体状况，关心治疗进展和身体康复问题，进行必要的安慰和劝解。尽可能挨床坐下，表情自然、亲切。带去单位的关怀和慰问，谈一谈单位和同事的近况，转达有关人员的问候，讲述一些简单新闻性事件，让病人从孤独、愁闷情绪中解脱出来。为了保证病人的正常休息，谈话时间应控制在半小时内；一次探视病人的人数不可以太多，空气不好，也会使病人产生一种心理压力；探望次数太频繁，会使病人疲于应酬，休息不好。

探望病人可以带些礼物送给病人，如一束鲜花、一些水果、几本杂志、一瓶营养品均可。食品最好根据护理要求确定。

告别时，应谢绝病人送行，还要询问病人有何事相托，并希望病人好好养病，早日恢复健康。

四、到追悼会场吊唁

吊唁是对死者的祭奠和对家属的慰问。

对组织内部职工或外部亲密客户的逝世，应表示沉痛和哀悼之情。态度要严肃，感情要真诚。

参加遗体告别时，组织应送花圈，有关领导应出席，以表示组织和领导对员工或职业友人的关心和感情。

参加追悼会时，服饰打扮要与吊唁气氛相适应。在追悼会进行时，要静心听取他人对死者的悼念之词，虚心学习死者的好品质。要随议程，按要求，向死者鞠躬施礼、向遗体告别等。三五成群谈笑风生、施礼时东张西望、中途早退都不礼貌。同时，对死者的家属要进行安慰，劝他们节哀、保重，如果有困难要尽力帮助解决。

第十节　场所

在各类公共场所，必须注重礼仪规范，维护公共场所的气氛，遵守公共场所的秩序。

一、参观博物馆和美术礼仪

博物馆和美术馆是高雅的场所，人们前去参观，可以增长知识，提高艺术修养，因而在这种场所更要讲礼仪。

进博物馆和美术馆要将大衣、帽子及旅游携带的杂物存放在衣帽间。不要戴着帽子或食品杂物进入展览厅，一边参观一边吃零食是不文明的举止。要吸烟、喝饮料、吃东西可到休息室去。

展览厅内要保安静的环境和良好的学术气氛，对讲解员的解说要专心倾听，遇到有不懂的地方或问题，可向他（她）请教，当然也不要问个没完没了，惹他人生厌。参观时不要对展品妄加评论。如果你很欣赏某件作品，在不妨碍他人的情况下可以多观赏一会儿；如果别人停住欣赏某件展品，而你不得不从他前面越过时，一定要说声“对不起”。

参观时要爱护展品，不要用手抚摸，以免损坏展品；注意不要让孩子不小心碰坏展品或展厅内的设施。博物馆和美术馆为了保护展品及维护自身的权益，一般都禁止参观者摄影，允许照相的，也禁止使用闪光灯。因此，参观时要注意遵守有关规定。

二、参加学术报告会礼仪

参加学术报告会应衣着整洁、美观大方，准时入场、进出有序，依照会议安排落座。具体来说，有以下几点要求：

（一）遵守纪律，准时有序

参加集会，每个人都要有较强的时间观念，应提前几分钟到达集会地点，保证集会准时开始。不能拖拖拉拉，延误集会的时间和影响集会的气氛。入场时，不要勾肩搭背、大声谈笑、东张西望或寻人打招呼。必要时，要在最短的时候内整好队列，并以较快的速度进入会场。入场后，要在指定地点入座。如事先我没有座位，也要听从会议组织者的安排，迅速就座，秩序井然。不要挤占位置好的座位，更不要坐贵宾席。集会结束后，应让贵宾及师长先离开会场，然后再按次序退场，切忌一哄而散。

(二) 尊重报告人，表示敬意

报告人未入场前，与会者应端正恭候报告人。当报告人出现在主席台上时，全场应立即安静下来，并报以热烈的掌声，这是一种基本的礼貌。这种礼貌是对报告人的尊重和鼓励，报告人也会因此把报告作得更好。

报告人作报告时，要端坐静听，不要交头接耳，窃窃私语，不要看报刊杂志、吃零食、打嗜睡、东张西望或左顾右盼，否则会影响报告人的情绪，也会干扰其他人听报告。

在一般情况下，不要随意离开会场，如有特殊原因需要出场，也应悄悄出场，以减少对报告人和听众的干扰。借故离场、扬长而去都是对报告人的不恭，是一种极不礼貌的行为。对报告中的精彩部分，与会者可以鼓掌，以表示赞同和钦佩。报告结束时，为表谢意应报以热烈鼓掌。如果报告人离席先走，则应再一次鼓掌表示欢送。

此外，对报告中的某些观点不同意，或由于报告中的引例和数据不够准确而有不同看法时，与会者应采取正确而礼貌的方式予以处理，或通过向报告人递条子的办法指出报告中的某些欠妥之外，或会议结束后，向会议组织者提出意见。当场在下面议论、喊叫或当面责问，都是极不礼貌的行为。

(三) 自由发言，注意礼貌

要求发言先举手。集会是有组织、有领导的，如果发言要先举手，得到主持人的同意后，方可发言。要认真听别人的发言，在别人发言时，不要做出无所谓或不耐烦的样子，不要随便插话，更不能强行打断别人的讲话，假如不同意发言人的观点，在他没有讲完之前，既不要立即反驳，也不要和周围的人议论，扰乱会场纪律，更不能公然露出鄙夷的神色或拂袖而去。

发言要有观点，以理服人。发言不管是阐述自己的看法，还是反驳别人的论点，都应该注意观点明确，论据充分，以理服人。对不同意见，不要乱扣帽子、乱打棍子，切忌出言不逊、恶语伤人。别人批评自己的观点或对自己的观点提出不同看法时，应虚心听取，要让别人把话说完，不要急躁，不要说出有损别人人格的话，而应互相切磋求同存异。

三、公共娱乐场所礼仪

(一) 戏院的礼仪

戏院的规模比较大，座位多。经常分为正厅、花楼、包厢，有的还有顶楼。入场券分多种价格，一般前排较贵，后排便宜；包厢较贵，顶楼最便宜。戏票可以去戏院或戏票代售处购买，也可以用电话订票。

看戏时的服饰没有严格的规定，但衣着要整洁、得体，一般票价高的座位上的观众衣着要更讲究、华丽一些。

进入戏院时，要尽可能不出声地走到自己的座位上去，即使戏未开演也要这样做。千万不要吵吵嚷嚷，前呼后拥地闯入，以免引起其他观众的反感。看戏时也要安静，不要充内行地给别人介绍剧情，或对演员的表演妄加评价，不要打扰了他人看戏。看戏时也不要打瞌睡、打哈欠，如不感兴趣可在幕间休息时间离开。幕间一般有 10～15 分钟休息时间，可利用休息时间到休息室吸烟或喝饮料。台上的戏演到一幕结束时，观众应鼓掌，京戏唱到精彩处时，台下观众可以叫好喝彩。

（二）剧院的礼仪

歌剧、芭蕾舞剧院的礼仪与戏院礼仪略有差异。首先，开演后迟到者要等到幕间休息时才能进场，这期间只能在场外的闭路电视中看演出。其次，鼓掌应等歌声结束时，精彩唱段结束或舞蹈结束时鼓掌。在一些国家，还伴有喝彩声，有时激动得站起来，但这要看当时的情况，如大家都不站起来，也不要一人站起来。演出片断后的鼓掌，也应视情况而定，应尽快止息，以免打断或影响后面的演出。

几年前，意大利著名歌唱家帕瓦罗蒂来北京演出，造成歌迷为之倾倒。在演出大厅里，掌声和欢呼声甚至压倒了艺术家雄厚的噪音。演出自始至终，观众无不站立，挥动手中节目单，这虽然表示了观众的热情，但这种观赏方式也显得有些过火。在观赏传统的歌剧、芭蕾节目时，应考虑到这些传统艺术需要典雅环境。这与看现代爵士乐、摇滚乐队的表演，可以吹口哨、发怪声，演员激动的情绪与疯狂观众配合的环境是截然不同的。

（三）音乐会礼仪

西方人把出席音乐会视为一件高雅而庄重的事，因而出席音乐会的服饰很讲究，男士西装革履、打领带，女士则要穿上礼服并化妆。衣冠不整进入音乐会，必定会令人侧目。

听众均应在音乐会开始前入座。一旦演奏开始，听众就将被禁止入内，而只能在门外静听，等候中场休息时方可入内。音乐会上不允许中途退场。

音乐会上要保持肃静。观众来到音乐厅入口处则应停止说话，脚步放轻，任何惊动场内观众的言行都失礼的。因而在音乐会上不许交谈、打呵欠，甚至是咳嗽和翻动节目说明书。

每支乐曲演奏完毕，听众应以掌声向演奏者致谢。但一曲未了或乐章之间不应鼓掌。否则就如同中途打断别人的讲话一样，只会显示出自己的无知。如果某人或某组器乐演奏特别精彩，观众经久不息的掌声要求他再来一个是可以的，但不宜连续多次。

演出结束后，可向演奏者献花，但在音乐会演出中途登台献花是不适宜的。演出结束后，听众应在座位上停留片刻，不要急于退场，待演奏者谢幕时，全场应起立鼓掌，以示尊敬，然后方可有秩序地退场。

（四）电影院的礼仪

在电影院看电影较在剧院、音乐会上的礼仪要求相对松一些，但仍要求言行举止文明。具体应做到：一是在售票处购票时要排队；二是进入电影院时，主动出示票，并对号入座；三是影院中不准许穿背心、短裤、拖鞋；五是不要随地扔瓜果皮核，不要吸烟；六是情侣们不要过分亲热，既不雅又挡他人视线；七是看电影过程中不要喧哗，交谈和叫好；八是应等影片结束，影院亮灯时才起身离开。

（五）歌舞厅的礼仪

改革开放后，中国的歌舞厅出现在大街小巷。如今，商业界晚上开展业务性应酬活动的地点多选择轻松自在的歌舞厅。在歌舞厅应注意的礼仪：一是服饰上可更艳丽，化妆可采用浓妆；二是男士应尽可能多邀请同去的女士跳舞；三是对于客人的邀请，不管是否会跳，应表现出乐于陪同，礼貌迎合；四是执行客人点歌曲目，应征求客人的喜好，五是对演员和服务员要用语文明、举止得体；六是在客人尽兴时，提出结束玩乐。

四、体育运动场所礼仪

（一）观看体育比赛的礼仪

观看体育比赛要注意以下礼仪：

1. 衣着。体育场所中的衣着一般是非正式的，以穿着适时、舒适为主，尤其是秋冬季的室外赛场，优先考虑的应是保暖。在室内体育馆里，坐在包厢里的观众通常比坐在看台上的观众要穿得正式，如果着运动装，也要求整洁大方。场内观众着装更随意。

2. 入座。应准时到场，以免入座时打扰别人。观看比赛时，不能因情绪激动而用脚踩着座位看。

3. 遵守秩序。观看体育比赛时要注意讲文明。你可以在比赛中为你所喜爱、支持的运动员和运动队欢呼呐喊，但不要辱骂对抗的一队，以免和另一队的支持观众发生争执，或被警察“保护”出场，更不要因不满赛况而向比赛场中投掷杂物，攻击裁判等。

4. 照顾他人。和在其他公共场所一样，体育比赛中若想吸烟，要注意场内是否允许并要取得周围人的同意。比赛期间，不要频繁进进出出地买饮料、入厕等，以免影响其他观众。拉拉队、球迷队的欢呼助威也要照顾他人的观看。

5. 退场。如果赛后有要事，可在终场前几分钟悄悄离去。若等到赛完才离去，就要按顺序退场，不要互相拥挤，以免人多发生意外。

（二）观赏体育表演赛的礼仪

体育明星的表演赛类型较多，如田径赛、竞技、球类、武术等。比赛由于云集国内、国际高手，技艺超群，因而比赛颇为精彩，更容易调动人的情绪。观赏表演赛应注意如下礼仪：

1. 着装。观看体育表演赛同样是非正式的服饰要求，但在看一些国际性的表演赛时，应比看一般比赛要注意打扮，工作装、沙滩装和奇装异服一般是不适宜的。

2. 入场。注意车辆要在指定地点存放，按时入场，不要在人群拥挤的入场处逗留，进场后尽快找到座位坐下。由于体育明星的表演赛入场券比较难买，如果想在入场口等退票，注意不要妨碍他人入场，不可纠缠他人。

3. 文明观赏。观看表演赛要支持、鼓励运动员的表演，随着比赛高潮的出现，看台上的气氛也会热烈起来，可以鼓掌和文雅地加以赞扬，有时运动员表现反常，没有发挥应有水平，也要予以热情鼓励，不能吹口哨、怪叫，甚至喊带侮辱性的话。在观看国际性表演赛时，要注意表现出大国的胸怀来，坚持“友谊第一，比赛第二。”

4. 退场。表演赛结束同看比赛一样要按秩序退场。但要注意，退场时不要尾追、堵截体育明星和名人，不要拦住明星的汽车或纠缠明星签名留念。

（三）参加群众性体育活动的礼仪

目前，我国群众性体育活动项目繁多，许多正式比赛项目和非正式比赛项目都成为体育爱好者参加的项目。参加体育活动中应注意如下事项：

1. 遵守比赛规则。虽然体育活动不同于正式比赛，但大家仍应遵守种种比赛的规则要求，才能使活动有秩序。运动比赛瞬息万变，比赛中裁判员难免失误，对这种情况，应支持裁判员工作，不要起哄。

2. 讲求运动道德。在以健身、娱乐、陶冶性情、社交等为目的体育活动中，如板球、网球、高尔夫球、台球、保龄球等，这类活动多以增进友谊为目的，所以，讲求运动道德更重要。进行活动时行为不可粗鲁，不可与对手冲突，不可嘲笑、挖苦对方的技艺。赛前、赛后都要与对手握手、拥抱致意。

3. 保证安全。以猎奇、惊险和一定程序的冒险为乐趣的活动，一定要事先准备充分，措施得当，以保证活动时的人身安全。例如，在打猎活动中，要正确地使用枪支，保证参加者不受伤害。打猎的枪支管理要严格，打猎时要按组织者的计划与说明行动，只能向规定的方位射击，切记不能向其他猎手方向射击。另外，对野生保护动物不能猎取。

五、学校礼仪

一个人的成长期是在学校度过的，学校是人生中至关重要的阶段。在学校中树立的人生观、世界观和学到的知识能力，将会在未来的工作中受用不尽。同样，在学校中掌握和理解的礼仪要求，也会成为一生的行为习惯，影响到未来的工作与生活。因此，学生在校期间的礼节礼仪要求就显得尤为重要。

（一）学生的仪表

不同的仪容服饰，会产生不同的效果。一个人的仪容、服饰和仪态应与本人的年龄、身份相符。在校的学生尚处于求学这阶段，因此，他们的仪表应以朴素大方、活泼整洁为原则。

女生的发式以简洁、易梳理为宜，不宜烫发、盘发，以免破坏了女学生清纯、活泼的形象。女学生在校的仪容应追求自然美，其实青春、天然的少女肌肤是最美的，即使是参加学校兴办的舞会、晚会也不要涂脂抹粉地化很浓、很艳的妆。男生的发式也以整齐、干净、富有朝气为宜，不宜留长发、蓄小胡子，以免破坏了青春、健美的形象。

学生的服饰应以色彩鲜明、线条流畅、明快简洁为好，以充分显示出朝气蓬勃的精神面貌。在校内，学生不宜穿过高的高跟鞋、穿戴珠光宝气、华丽无比，会显得俗不可耐，与身份不符。当然，衣帽不整，不修边幅或不注意个人卫生，也是不礼貌的。有校服的学生，应按要求穿校服上学。

（二）课堂的礼仪

学生应在课前五分钟内进入教室，做好课前准备，脱帽端坐，恭候老师到来。如果遇到特殊情况，不得已在老师上课后才进入教室时，应注意礼貌道歉：应先在教室门口轻轻叩门或喊“报告”，得到允许后，才能进入教室，然后，要诚实地向老师说明迟到的原因，得到老师谅解和允许后，迅速而轻声地归座。

老师走进教室，班长喊“起立”，全体同学立即起立，并向老师问候：“老师好！”声音要响亮，待老师回礼后再轻轻坐下。课堂中应保持肃静的气氛，这既为老师教学创造良好环境，也有利于自己安心学习。课堂上集中精神，用心听课，积极发言。有问题未经老师允许不要在座位上大声喊，回答老师的问题时，表情要大方，声音要清晰，不要忸忸怩怩或故意做出滑稽的举止引人发笑。

下课铃响，老师说："下课"后，全班同学起立站好，说："老师再见!"注目老师离去后再自由活动。

（三）尊师礼仪

尊师是我国传统的美德。老师像辛勤的园丁一样，为学生"传道、授业、解惑"，被称为"人类灵魂的工程师"。因此，自古以来就流传着许多尊师的动人故事。如宋代学者杨时和游酢拜程颐为师，有一次，他俩去请教老师，正逢老师午睡，为了不惊醒老师，俩人站在门外雪地等候。当老师醒来时，雪已有一尺深，杨、游二人遍身是雪，仍然恭敬地站立在门外，这就是"程门立雪"的尊师美谈。当然，我们并不要求每个学生都学杨、游两位学者，但作为学生，应对老师有一定的礼仪：

1. 尊重老师的劳动。老师的辛苦劳动体现在教学上，学生虚心学习，认真上好每一堂课，取得良好的学习成绩，这是对老师最大的尊重，没有什么比这更能使老师得到安慰和喜悦的了。老师的希望都寄托在学生身上，"小树成材，桃李满天下"，是教师辛苦劳动的最大偿付。

2. 尊重老师的人格。古人云："一日为师，终身为父"。可见，教师在人们心中的地位。作为学生应从心里敬重老师，尊重老师的人格。学生和教师谈话时，应主动请教师坐，若教师不坐，学生应该和教师一起站着说话。同教师谈话，要集中精神，姿势端正、双目凝视教师，有不同看法时，可及时向老师请教、探讨。要虚心接受教师批评，不可当场顶撞老师。

3. 注重礼仪形式。见到老师应问好、行礼；下课要起立迎送；进教师办公室时要轻轻叩门，然后开门进去，行礼后说明来意；到教师办公室、寝室不能乱翻乱动教师物品；休息时间最好不打扰老师；到办公室或老师家不宜逗留过久，办完事应尽快离开，等等。

学生不仅要尊重自己的班主任、辅导员、任课教师，对学校其他教育工作者，包括医生、清洁工也应讲礼仪。

（四）对同学的礼仪

在学校生活中，同学相互之间应以礼相待，互相帮助，和睦相处。同学之间应注意：

1. 互相帮助。同学之间朝夕相处，难免会产生矛盾，这时态度一定要冷静，虚心听取对方意见，多为对方着想，不要伤害对方的自尊心。不管是错在谁，都要以真诚、友善的态度去解决。当同学有困难或生病时，大家应安慰、探望和鼓励他，祝他早日战胜困难、恢复健康。同学间应时常互帮互助，共同进步。

2. 宽容理解。虽然同学之间关系密切，但也不要忘记兼顾他人。同学之间，个人的兴趣、爱好、个性、生活习惯、为人处事等方面都有差异，因此，理解是化解差异，沟通与协调的润滑剂。人人都不以己好去苛求他人，不在小事上挑挑剔剔，不影响团结。

3. 讲究礼貌。同学之间也要讲礼貌，书面用语、日常生活用语等都要注意礼貌，与同学交往、活动的行为举止也要文明。

(五) 住集体宿舍的礼仪

住校同学生活在一个大家庭中，学习、生活和其他活动是集体进行的，除了要自觉遵守学校的住校守则外，还应注意一些礼节：

1. 要保证个人物品的整洁。如被褥折叠整齐美观；衣服鞋帽整齐安放；脏衣物及时清洗、晾挂整齐；毛巾、脸盆等洗漱用具与别人隔开；餐具及时清洗、摆放整齐。

2. 不影响他人生活。不随便使用、翻开或移动他人物品；起床、入寝、熄灯等遵守作息时间；不在宿舍里高声谈笑；听录音机时居高临下使用耳机。

3. 爱民公共财物。节约用电用水，随手关灯，开门关窗要轻，开窗要上钩，出门要关窗，不损坏集体宿舍的各种设施。保持集体宿舍的清洁卫生，创造优美、安静、舒畅的良好环境。

4. 注意礼让。与宿舍的同学礼貌、谦让。使用公物时，特别是在公共场所用水、火，晒衣服，要“先人后己”，礼让三分。在食堂买饭，按秩序排队，不要拥挤。

5. 注意公共安全。不随便带外人进宿舍，尤其是异性宿舍；不随便到其他宿舍串门；出门要随手锁门；自己安放好；用电、用火要注意安全。

总之，在公共场所和集体环境中，只有尊重他人的权利，讲究礼仪，规范自己的行为，个人才能更加愉快和自由。

六、办公室礼仪

办公室礼仪最能体现一个人是否具备良好的素质和个人修养，因为办公室是日常工作的地方，同事在这里朝夕相处，很多礼仪需要我们去注意，良好的礼仪不仅能树立个人和组织的良好形象，也会关系到一个人的个人前程和事业发展。

(一) 办公室内的一般礼仪规范

1. 不要随便打电话。有些公司规定，办公时间不要随便接听私人电话，一般在外国公司里，用公司电话长时间地、经常性地打私人电话是不允许的。私人电话顾名思义只能私人听。但在办公室里打，则难免会被人听到。即使公司允许用公用电话谈私事，也应该尽量收敛一些，不要在电话里与自己的家人、孩子、恋人等说个没完，这样让人感觉不舒服，有损于你的职业形象。有的办公室里人很多，要是听到有人在打私人电话，最好是佯装没有听见。

2. 要守时。上班时间要按时报到，遵守午餐、上班、下班时间，不迟到早退，否则会给公司同事留下一个懒散、没有时间观念的印象。另外，要严格遵守上班时间，一般不能在上班时间随便出去办私事。国外一个著名企业老板，针对商务白领归纳出 13 条戒律，其中一条就是没有守时的习惯，经常迟到早退。

3. 不诿过。如果有些小的事情办错了，当上司询问起来时，如果这事与自己有关，即使别的同事都有一些责任，你也可以直接替大家解释或道歉，如果是自己做错了事，更要勇于承担责任，绝不可以诿过于别人。

4. 主动帮助别人。当看到同事有需要帮忙的事情，一定要热心地帮助解决。在任何一个工作单位里，热心助人的人是有好人缘的。

5. 不要随便打扰别人。在你已经将手头的活儿干完后，一定不要打扰别人，不要与没有干完活的人交谈，否则就是不礼貌的。

6. 爱惜办公室公共用品。办公室的公用物品是大家在办公室的时候用的，不要随便把它拿回家去，也不要浪费公用物品。

7. 中午午睡关好门。许多人有中午午睡的习惯，略休息一下，午睡要关好门。如果你有急事必须进出门时，记住每次进出门后必须带上门。不要怕有关门声而将门半开或虚掩着，这样不礼貌，因为关好门能给午睡者安全感，其心里更踏实。关门声的吵扰相对可以忍受。

（二）办公室环境礼仪

当人们走进办公区的情绪是积极的、稳定的，就会很快进入工作角色，不仅工作效率高，而且质量好；反之，情绪低落，则工作效率低、质量差。如果在办公区内，体现出整洁，明亮、舒适的工作环境，使员工产生积极的情绪就会充满活力，工作卓有成效。

随着现代化进程的加快，人们的办公“硬件”水平逐渐提高，办公环境也在不断改善，人们的工作效率也应该相应地提高。

1. 办公室桌面环境。办公室的桌椅及其他办公设施，都需要保持干净、整洁，井井有条。正如鲁迅先生所说：“几案精严见性情”，心理状态的好坏，必然在几案或其他方面体现出来。

从办公桌的状态可以看到当事人的状态，会整理自己桌面的人，做起事来肯定也是干净爽快。他们为了更有效地完成工作，桌面上只摆放目前正在进行的工作文件；在休息前应做好下一项工作的准备，因为用餐或去洗手间暂时离开座位时，应将文件覆盖起来；下班后的桌面上只能摆放计算机，而文件或是资料应该收放在抽屉或文件柜中。

随着办公室改革的推进，有的公司已经废掉了个人的专用办公桌，而是用共享的大型办公桌，为了下一个使用者，对共享的办公桌应更加爱惜。

2. 办公室心理环境。"硬件"环境的改善仅仅是提高工作效率的一个方面，而更为重要的往往是"软件"条件，即办公室工作人员的综合素质和心理素质。这个观点正在被越来越多的"白领"们所接受。

在日常工作中，人际关系是否融洽非常重要。互相之间以微笑体现友好、热情与温暖，就会和谐相处。工作人员在言谈举止、衣着打扮、表情动作的流露中，都可以体现是否拥有健康的心理素质。

总之，办公室内的软件建设是需要在心理卫生方面下一番工夫的。因为"精神污染"从某种意义上说要比大气、水质、噪声的污染更为严重。它会涣散人们工作的积极性，影响工作效率和工作质量。为此，在办公室内，需要不断提高自己的心理卫生水平。应从以下几个方面努力：①学会选择适当的心理调节方式，使工作人员不被"精神污染"。②领导应主动关心员工，了解员工的情绪周期变化规律，根据工作情况，采取放"情绪假"的办法。③工作之余多组织一些文娱体育活动，既丰富文化生活，又运用方式宣泄了不良情绪。④有条件的可以建立员工心理档案，并定期组织"心理检查"，这样，可以"防微杜渐"，避免严重心理问题的产生。⑤经常组织一些"健心活动"，使工作人员能够经常保持积极向上、稳定的情绪，掌握协调与控制情绪的技巧与方式。

（三）办公室里谈话注意事项

第一，一般不要谈薪金等问题。在美国、日本等国家一般最忌讳谈论薪金问题，不论是你问别人的薪水，还是别人问你，都会让人难以回答。因为在很多公司里，每一个人的工作不一样，得到的报酬也不一样。如果你说出你的薪水比别人高时，容易引起一些麻烦事。

第二，不要谈私人生活和反映你个人不愉快的消极话题。不要谈论你的私人问题，也不要在办公室讨论你遇到的不好的事情和现在的不好心情，因为这会影响别人的情绪，或者引起别人对你不好的看法，不要将自己的私人生活全部暴露在同事的面前，保留一点神秘感对你是有好处的，让人认为你是一个有魅力的人，一个能处理好自己生活的人，因为一个连自己的生活都处理不好的人是没有可能将公司的重任担当起来的。如果不注意，不但会影响你的形象，也会影响你的前途。

第三，不要评论别人。在办公室里最忌讳的是谈论别人的是是非非，中国有句古话：当面少说好话，背后莫议人非。当有人在评论别人时，你不要插嘴，也不要充当谣言的传播者。

第四，在谈论自己和别人时注意别人的反应。在谈论自己和别人时不要滔滔不绝，而要观察别人的反应来决定谈话是不是继续施行。因为当别人对你所谈论的话题不感兴趣时，就应该转向别的话题。否则，这样的谈话，就会成为大家的负担，而不是一种快乐。

（四）与上司相处的礼仪

第一，与上司单独相处时。大多数职员及年轻主管都害怕与上司单独相处，事实上，这既是一种挑战，也是一种机会，应该好好把握住。利用这种机会加深了解，增加信任。如果上司好像很心烦，一直专心深思的话，最好不要打扰他。假如对方答非所问，则表示他不想说话。有时上司会主动问一些问题，此时，下属回答的语气应简洁而诚恳。选择谈话的主题时，下属应视上司之意决定谈私事还是谈公事，身为下属者不但要诚恳有礼，并且要细心地了解上司的问题重点所在，双方谈话才能有礼而愉快。

第二，上司接听私人电话时。遇到上司接听私人电话时，尽量回避，可以替上司关上办公室的门。

第三，上司生病时。一般在上司生病时，除打电话慰问外，可以带水果、鲜花或营养品亲自到医院或家中拜访慰问，尽管有时上司会因为探望的人多影响休息而有点厌烦，但对上司健康的关心符合中国人的礼仪。在欧美国家，强调个人隐私和私人生活空间的神圣不可侵犯，不能随便去医院或到家里探望生病的上司。

如你与上司相当熟悉，可以打电话，简短地表达希望他早日康复的慰问之意，相信只要一通电话他就会很高兴。而且，除非他问及公事，千万不要唠唠叨叨地对他诉说他住院以后公司所发生的一切事情。若是问及也只需简单告诉他："公司一切都很正常，只是我们都很想念您，大家都希望您早日康复。"打电话时应长话短说、简短扼要，由于病人很虚弱，如谈话太久会使病人感到不舒服。

第四，遇到棘手的问题时。如果遇到棘手的问题，应首先去见你的顶头上司，不要越级去见别的上司。如果遇到上司无法处理的问题时，则可以去见相关的部门主管领导，要求帮助解决问题。

（五）与下属相处的礼仪

对待每一位下属都应该和蔼可亲，这样，就会得到别人同样的反馈。你的威信不是建立在你的蛮横态度上，而是建立在你对别人的友好与尊重上。你的权利是大家给予的，所以，尊重你的下属就是尊重你的权利，就是你的职位合法性的理由。你可以适当地标榜你的下属，这是获得他们的工作上的配合的重要方法。不要因为自己的过失而去责怪别人。要勇于承担责任。在批评别人时要注意就事论事，不要凸显自己的优越地位。要培养自己的优良风度，不论是着装还是其他方面，都要体现以身作则的态度，不要让一些生活细节丑化了自己的形象。

（六）与男女同事相处的礼仪

在办公室里最难把握的是男女之间相处的“度”。尤其是年轻的女毕业生，处理与男同事的关系，与男上司的关系更不容易。过分则会影响你的形象，打打闹闹会让人感觉不舒服；拒人于千里之外，又会使人产生独特清高、孤芳自赏的印象，给人以瞧不起人的感觉；要注意保持空间距离，不要身体靠得太近；动作表示不要过于亲昵，不打打闹闹；语言交流时要注意用语恰当，要随和，不要过于随便。

（七）在别人办公室的礼仪

1. 提前预约，准时赴约。即使是在同一个办公楼里办公，在见面之前，也一定要提前预约，而且要准时赴约，如果见面的是比你的职位更高的同事，那就更不能迟到了。如果约好在某人的办公室会面，而那人不在屋里，你就不宜再进去。如果没有等候室的话，可在门外等候。进他的办公室之前先敲门，以便让他知道你来了，即使门开着也要这样做，等他示意后，再进屋。如果对方正在打电话，在门外等一会儿或过一会儿再来。

2. 尊重同事的办公室规则和爱护办公设备。我们所谈到的有关客人拜访的规则同样适用于你的同事。在别人的办公室里，要等人示意后才能入座。如果有电话打断了你们的谈话，应该通过手势示意是否回避。不要把文件、茶杯等随意放在桌子上，那是他人的领地，而应先征得同意。比如说，“我把茶杯放这儿行吗?”同样，需在主人同意后才能挪动椅子，并在离开前放回原处。

如果确实需要使用某人的办公室或设备，应事先征得同意。如果主人同意了，给了你这项特权，也不可滥用。不要乱翻抽文件，不要偷看桌上的文件。如果需用什么东西，应及时完璧归赵，并向主人致谢。如果用坏别人的办公工具，应该向人家说明，并征求是否需代为修理或买一个新的。

3. 及时撤离。在到别人办公室拜访时，无论是否达到拜访的目的，都不要停留过久，到了该走的时间就要离开，因为停留过久会影响被拜访人的工作。

七、使用洗手间的礼仪

洗手间是我们日常使用极为频繁的地方，由于公共场所的洗手间也是众人共用的，所以，在使用时就必须遵守规则，以免影响了下一位使用者的情绪，而且洗手间的使用礼仪是最能体现出文明程序的高低的。

不论男女，在洗手间都有人使用的情况下，后来者必须排队等待，应该是在洗手间最靠外面排队，一般是在入口处排队，按先来后到依序排成一排，一旦有其中某一间空出来时，排在第一的自然拥有优先使用权，这是国际通常的惯例，而不是各人在排在某一间门外，以有点赌运气的方式等待。如果不按国际通用习惯排在门前，必定会受到其他人怒目相视，甚至指责。

洗手间最忌讳肮脏，所以，在使用时应尽量小心，如果有污染也应尽可能加以清洁。有些人有不良习惯，不愿意去善后，那就会殃及下一位使用者。女性卫生用品千万不要顺手扔入马桶中，以免马桶堵塞。其他如踩在马桶上使用，大量浪费卫生纸导致后来者无纸可用等，都是相当不妥的行为。只要心中为后来的使用者想一想，你就会考虑过后再做了。

有地方的冲水手把位置与平常所见的有所不同，但一般都是在水箱旁，有的在头顶上方用拉绳来拉，或在马桶后方用手拉，也有一些设置在地方上用脚踩的。实际上，用脚踩的方式应该是最符合卫生标准的。若是怕冲水时手被污染，则不忍用卫生纸包住冲水把再按冲水。在无人排队的情况下，用完洗手间也不必把门关好。应该故意留下明显缝隙，让后来者不需猜测就知道里面是空的。

在飞机、轮船、火车等交通工具上，洗手间是不分男女的，大家共用，此时也无须讲究“女士优先”。

每个地方的标记各不相同，一般除各国不同的文字注明外，也有不少地方是用图案来标识的，男厕的标识多是烟斗、胡子、帽子、拐杖、男士头像等。女士则多以高跟鞋、裙子、洋伞、嘴唇、女士头像等来表示。

儿童一般是可以和父亲或母亲一起使用洗手间的，但是，不成文的规定是，母亲可以带着小男孩一起上女厕，没有人会介意，而父亲则不可以带女孩上男厕。

在欧洲的一些国家，上洗手间是须付小费的，客气一点是，在出口处的桌子上摆着一个浅碟子，使用完毕可以随意放一些硬币等当做清洁费。严格一点的，则在入门处清楚标识使用卫生间的费用，有些要事先付费，你若不付费，看守者就不替你打开锁着的厕门。还有一些用机械投币式，即在入口处设有自动投币机门，投下一个硬币，旋转栅门就可以开一次。

原则上，上完洗手间必须洗手，洗手台也会有擦手纸与干手机。一般习惯是先用擦手纸巾擦干手，把用完的纸扔入垃圾桶后，再用干手机把手吹干。干手机多为自动感应方式，并有自动定时装置，所以，不用考虑如何关闭电源的问题。

清洁工会不断巡视各洗手间并进行清洁。在清洁时，有时会拖地板，此时就可能会停止使用洗手间，此时会放上"Wet Floor"等黄色的明显告示牌。如果遇到此情形，不可坚持使用，以免影响正常工作，但可以询问最近的洗手间在何处。

思考·讨论·训练

1. 判断正误：

(1) 上下级握手，下级要先伸手，以示尊重。

(2) 迎接客人时，不应主动去拿客人的公文包或手提包。

(3) 进出门时，主人要为客人引路。

(4) 在电梯里应该先到先行，客人先上，主人可以先下，一边扶着门，一边为客人指路。

(5) 初次见面更要注意称呼。

(6) 应先将未婚女子介绍给已婚女子。

(7) 在社交场合，女士可以戴晚礼服手套握手。

(8) 我国民间传统的见面礼是拱手礼。

(9) 初次见面可以谈健康问题。

(10) 与人交谈时要目不转睛地盯着对方看。

(11) 递名片时，名片的文字要正向自己。

(12) 接受他人名片时，应恭恭敬敬，双手捧接，并道感谢。

(13) 当你介绍别人的时候，突然想不起来对方的名字的话，最好实事求是地告诉对方。

(14) 当别人介绍你的时候说错了你的名字，不要去纠正，免得对方难堪。

(15) 公司的接待员在接电话时，由于工作很忙，所以可以以"请稍候"为口头禅。

(16) 新年贺卡会使人感到特别温馨。

(17) 行走时可以抽烟、喝饮料。

(18) 当你不想要对方的礼物时，一定要解释其中的原因。

(19) 听众一般在音乐会开始前入座。一旦演奏开始，听众也可以入场。

(20) 不论男女，在洗手间都有人占满的情况下，后来者必须排队等候，一般应排在某一间门外，这是国际惯例。

2. 交际中对交际对象应如何称呼？

3. 为他人做介绍的次序是什么？应注意哪些问题？

4. 握手的次序是什么？握手时应注意哪些问题？

5. 除握手外，常见的见面礼还有哪些？

6. 谈话中应注意的最重要的问题是什么？如何才能做一名好的听众？

7. 常用礼貌用语有哪些？

8. 简述名片的制作、递接、保管等有关的礼仪内容。

9. 结合日常生活实际，说明人们在使用电话过程中经常出现的失礼行为以及纠正途径。

10. 收发传真、电子邮件应注意哪些礼仪？

11. 谈谈信函中礼貌用语的使用。

12. 商务信函的礼仪规则是什么？

13. 特种信函有哪些种类？使用时应注意哪些礼仪？

14. 要给你的好朋友送一份礼品，请按馈赠礼仪的要求设计和安排。

15. 四人一个小组设计一个见面情景，将接电话、称呼、介绍、握手、问候、递接名片等交际礼节，连贯地演示下来，并对各组的表演进行评价。

16. 乘坐轿车和其他车辆的待人礼仪有哪些不同？

17. 在乘坐飞机过程中应注意哪些礼仪？

18. 探访有哪些礼仪规范？

19. 掌握各种公共娱乐和体育活动场所的礼仪规范。

20. 办公室有哪些礼仪要求？

21. 在学校应注意哪些礼仪？

22. 使用公共卫生间应注意哪些礼仪？

23. 案例分析：

2000 年奥运会是中国健儿得金牌最多的一次，中国运动健儿的出色表现征服了各国观众，但某些中国人的不文明习惯却给他国运动员、记者留下了不好的印象。有媒体报道，中国记者团几乎每个人都配备了移动电话，铃声是非常特别的音乐，在很嘈杂的场所也可以清楚分辨是不是自己的电话。但在射击馆里，当运动员紧张比赛的时候，这种声音就显得特别刺耳。组委会为了保证运动员发挥出最佳水平，在射击馆门前专门竖有明显标志：请勿吸烟，请关闭手机。也不知是中国的一些记者没看见还是根本不在乎，竟没有关机。其实，把手机铃声调到“振动”并不费事。王义夫比赛时，中国记者的手机响了，招来周围人的嘘声和众多不满的目光。有外国人轻轻说：“这是中国人的手机!”在陶璐娜决赛射第七发子弹的关键时刻，中国记者的手机又一次响了……

不和谐的手机声为什么会引起人们的反感？对本案例你有何感想？

24. 案例分析：

美国作家马克·吐温机智、幽默。有一次，他去某小城，临行前别人告诉他，那里的蚊子特别厉害。到了小城，正当他在旅店登记房间时，一只蚊子正好在马克眼前盘旋，这使得旅馆职员不胜尴尬。马克·吐温却满不在乎地对职员说：“贵地蚊子比传说中不知聪明多少倍，它竟会预先看好我的房间号码，以便晚上光顾，饱餐一顿。”大家听了不禁哈哈大笑。结果，这一夜马克·吐温睡得十分香甜。原来，旅馆全体职员一齐出动，驱赶蚊子，不让这位博得众人喜爱的作家被“聪明的蚊子”叮咬。幽默，不仅使马克·吐温拥有一群诚挚的朋友，而且也因此得到了陌生人的“特别关照”。

在交际中幽默有什么作用？你是有幽默感的人吗？

25. 案例分析：

在一个小型联欢会上，观众席上有一个人问赵本山：“听说你在全国笑星中出场费是最高的，一场要一万多元，是吗？”这个问题让人为难：如果赵本山做出肯定的回答，那会有许多不便，如果确有其事，他也就不好做出否定的回答。面对这样一个尴尬的问题，赵本山毫不犹豫地采用了迂回的办法，做出了如下回答：

赵本山说：“您的问题提得很突然，请问您是哪个单位的？”

“我是大连一个电器经销公司的。”那位女士说。

“你们经营什么产品？”赵本山问。

“有录像机、电视机、录音机……”女子答道。

“一台录像机卖多少钱？”

“4000 元。”

“那有人给你 400 元你卖吗？”

“那当然不能卖，一种商品的价格是由它的价值决定的。”那女性非常干脆地回答他。

“那就对了，演员的价值是由观众决定的。”

在日常生活中，常常会发生由于言语方面的因素而使自己处于不利的境地，如何解脱呢？

26. 案例分析：

一天傍晚，巴黎的一家餐馆来了一群中国人，老板安排了一位中国侍者为他们服务，交谈中得知他们是东北某县的一个考察团，今天刚到巴黎。随后，侍者向他们介绍了一些法国菜，他们不问贵贱，主菜配菜一下子点了几十道，侍者担心他们吃不完，何况菜价不菲，但他们并不在乎。

点完菜，他们开始四处拍照，竞相和服务小姐合影，甚至跑到门外一辆凯迪拉克汽车前面频频留影，还不停地大声说笑，用餐时杯盘刀叉的撞声，乃至嘴巴咀嚼食物的声音，始终不绝于耳，一会儿便搞得杯盘狼藉，桌子、地毯上到处是油渍和污秽。坐在附近的一位先生忍无可忍，向店方提出抗议，要求他们马上停止喧闹，否则就要求换座位。侍者把客人的抗议转述给他们，他们立刻安静了。看得出来，他们非常尴尬。

这个考察团成员的行为有哪些不得体的地方？公众场合应注意哪些礼仪规范？

27. 案例分析：

江泽民主席出访俄罗斯时，曾向叶利钦总统赠送了一盘由中国制作的关于反法西斯的歌曲配画的录像带。这盘录像带的内容究竟是什么呢？

北京五岳文化咨询公司董事长冯精志后来透露：这盘长达 1 小时 50 分钟的录像带名为《神圣的战争——苏联卫国战争歌曲回顾》，是由冯声华编导、五岳公司和广州艺宝影音制作传播公司联合制作的。

《神圣的战争》选用了《神圣的战争》、《我到过世界不少地方……》、《小路》、《夜莺》、《灯火》等 13 首前苏联歌曲，均由前苏联功勋艺术团演唱。画面全都是苏德双方军事记者拍摄的极其珍贵的电影资料。通过歌曲和画面，讲述了前苏联人民奋起抗击德国入侵的辉煌业绩，展示了主要战役，介绍了双方的政治领导人和将领。

据悉，当片子在俄罗斯驻华使馆放映时，引起强烈的反应，许多人热泪盈眶。一些官员说："尽管片子中反映的是我们苏联人民在卫国战争中的事情，但许多画面是第一次看到。从片子中可以感到最了解苏联的是中国人民，你们能够想到制作这样的片子说明了你们对我们的深厚情谊。"

赠送礼品应注意哪些问题？江泽民主席赠送的礼品有哪些深刻的含义？

28. 案例分析：

江梅从外语学院分配到 W 国使馆当翻译，上班第一天，大使就给她来了个下马威。

那天，江梅刚到办公桌前坐下，就接到了F国举办国庆招待会的请柬，让W国大使出席。大使让江梅回复：同意出席。江梅按请柬回执上的电话号码，打电话告诉了对方。过了一会儿，大使像不放心似的，把江梅叫过去，问刚才的事是怎样处理的。江梅老老实实地回答：已给对方打过电话。大使不高兴了，说打电话的方式不够礼貌，现在你处理的每一件公务，都关系到我所在国家的声誉，你必须小心谨慎，严格规定。于是，江梅郑重其事地写了一份回执，送给大使过目，大使仍不满意，说光注明出席还不行，还要有一句颇为热烈的祝贺词。她照办了，满怀信心地又一次呈给大使，没想到大使仍挑出了毛病：你没有说清什么时间去。江梅马上加上了"按原定时间到会"的字句，大使一看，连声地："不，不"不止，说，在外交文件上，不能用"原定时间"的说法，必须复述对方规定的时间、地点，以视正规和对该事务的重视。当江梅第五次修改后，长长地出了一口气，心想这回可是天衣无缝、尽善尽美了。谁知，没过10分钟，大使又一次传她："鉴于前任大使与F国私交甚好，我准备提前5分钟到达，请按这个意思再发一张回执。"江梅心里暗暗叫苦：哇！一张回执，整整折腾了6次！

此案例对你有何启示？

判断正误答案：(1) 错误 (2) 错误 (3) 正确 (4) 正确 (5) 正确 (6) 正确 (7) 正确 (8) 正确 (9) 错误 (10) 错误 (11) 正确 (12) 正确 (13) 正确 (14) 错误 (15) 错误 (16) 正确 (17) 错误 (18) 正确 (19) 错误 (20) 错误

第四章　仪式礼仪

仪式是指在人际交往中，特别是在一些比较重大、庄严、隆重、热烈的正式场合里，为了激发起出席者的某种情感，或者为了引起其重视，而郑重其事地参照合乎规范与管理的程序，按部就班地举行某种活动的具体形式。

在现实生活里，我们可能接触到的仪式很多，诸如签字仪式、剪彩仪式、交接仪式、庆典仪式，等等。

从根本上讲，仪式是现代社会发展的产物。因为礼仪与仪式作为人们生活中的行为模式、行为规范，是属于社会的上层建筑，是由社会经济基础决定的，并随着经济基础的变化而变化，随着社会实践的发展而不断地丰富发展，而社会生产力水平决定了一个社会的经济基础，所以，礼仪及仪式的产生和发展最终是由社会生产力水平所制约和决定的。随着现代社会生产力水平的提高，人们物质文化水平的提高，社会所固有的仪式也在不断地发展和臻于完善。

当今社会，对组织而言仪式有着重要的作用，它有利于提高组织的知名度和美誉度，塑造组织形象；有利于鼓舞员工的士气，激发员工对本组织的热爱，培育组织员工的价值观念，增强组织的凝聚力；有利于传递组织的信息，使组织赢得更多的成功机会和合作伙伴；有利于沟通情感，传达意愿，增进友情。讲究仪式礼仪是现代交际的一项重要内容，也是组织成功的关键。

第一节　迎送仪式

三国时，张松代表西川的刘璋向曹操献西川地图，曹操怠慢张松。张松拜见曹操，等候了三日，方得通姓名，曹操认为“松有何能?”不以礼迎接张松，并乱棒打出。张松回西川路上，碰到刘备派赵云远远迎接，驿门外关羽又迎接，次日，“玄德引着伏龙凤雏亲自来接，遥见张松，早先下马等候”。送张松时，又深情厚谊，以极隆重礼节使张松感动至极，献上西川地图，才使刘备有可能占领西川。刘备的成功在于对张松一行的重要性认识深刻，并以隆重礼节迎送，感动了对方，从而达到了自己的目的。可见，迎送在交往中是非常重要的。

迎来送往作为常见的社交礼节，在国际交往和组织间交往中不可缺少，对来访客人，应视其身份、两国或两组织间关系、活动的性质等因素，安排相应的迎送仪式。

一、迎送仪式前的准备

（一）确定迎送的规格

确定迎送规格时同时要注意国际惯例。主要迎送人员通常与来宾身份相当或者相差不大，尽量做到对等、对口。主要迎送人不能出面时，应从礼貌出发向对方解释清楚，以免对方产生不必要的误会。其他的迎送人员不宜过多。有时，为发展双方关系和政治需要，也可破格接待。

（二）掌握迎送的时间与地点

迎接客人必须在来宾乘坐的飞机（火车或轮船）抵达之前到机场（车站或码头）等候，送行则应在客人登机前到达机场（车站或码头）。因此，必须准确掌握客人乘坐的飞机（火车或轮船）抵达或离开的时间，及早通知全体迎送人员和有关单位，如有变化应及时通知。

（三）注意迎送的细节

应安排好迎送的车辆，准备献给客人的鲜花，了解对方的背景以及途中交谈的话题等。

二、正式迎送仪式的程序

在迎接重要客人时，要安排正式的迎送仪式，但迎送一般客人，可省去正式仪式，主要是做好各项安排。正式迎送仪式的程序如下：

首先，迎送人员应提前到达，重大迎送仪式，可安排乐队，在客人抵达或离开时，乐队奏乐。

其次，安排献花。如涉外迎送仪式等，通常由儿童或少女在迎送主要领导人士与客人握手之后，将鲜花献上。

再次，相互介绍。双方见面握手、拥抱或贴面等礼节之后，迎接人要与客人之间相互介绍，可由礼宾交际人员介绍，也可由欢迎人员中的身份最高的人介绍。

最后，陪车。客人抵达后，由机场（车站或码头）到安排好的住地，或访问结束由住地到机场（车站或码头），有时需要安排主人陪同乘车。陪车时应请客人坐在主人的右侧，译员坐在司机旁边。上车时，最好客人从右侧门上，主人从左侧门上，以避免从客人坐前穿过。如果客人先上车坐了主人的位置，则不必请客人挪动位置。

三、迎送中应注意的礼仪

(一) 迎宾礼仪

见到客人光临，应主动上前彬彬有礼地亲切问候，表示热忱的欢迎。

宾客乘坐的车辆抵达时，要热情相助；车辆停稳后，接待人员先下车，应一手替客人拉开车门，一手遮挡车门框上檐，以免客人头部碰撞到车顶门框。

凡遇到老、弱、病、残、幼的客人，特别要主动搀扶、倍加关心。宾客的行李物品要轻拿轻放，以免损坏行李中的贵重物品和易碎物品。

接待团体宾客时，应连续向宾客点头致意，如遇宾客先致意，要及时还礼。

向每一位宾客致问候语，问候时要目视宾客，注意力集中，以示真诚。

下雨、下雪天要撑伞迎接，以防宾客被雨淋湿。

帮助宾客提携行李物品时，要主动热情，但同时应尊重宾客的意愿。凡宾客坚持要自己提的物品，不要过分热情地强行帮助提携。

陪同客人步行，一般应在客人的左侧，以示尊重。如果是主陪陪同客人，那要并行与客人同行。如属随行人员，应走在客人和主陪人员的后边。负责引导时，应走在客人左前方一两步远的地方和客人的步履一致；遇到路口或转弯处，应用手示意方向并加以提示。乘电梯时，如有专人服务，应请客人先进，如无专人服务，接待人员应先进去操作，到达时请客人先行。进房间时，如门朝外开，应请客人先进，如门朝里开，陪同人员应先进去，扶住门，然后再请客人进入。

(二) 送宾礼仪

对于外来的客人，应提前为之预订返程的车、船票或机票。客人离开前，主人应专程前往下榻处话别。

接待人员在问清宾客共有多少件行李物品时，应小心地提携并负责运送到车上。

安置好行李后，不要立即转身离去，而应向宾客做一交代，并施礼感谢光临和致告别语。轻轻替顾客关上车门，注意不要让宾客的衣裙被车门夹住，门要关得恰到好处，不能太轻而关不上、太重而惊吓客人。

车辆启动时，不要立即结束送别，应面带笑容，向客人挥手告别，目送离去。

前往机场、码头或车站送别时，应与客人一一握手，祝愿客人旅途顺利并欢迎再次光临。将客人送上车、船或飞机后，送行人员应面带微笑，挥手告别，待车、船或飞机离开后，直到看不见对方时，方可返回。

第二节 签字仪式

签字仪式是组织与对方经过会谈、协商，形成了某项协议或协定，再互换正式文本的仪式。它是一种比较隆重的活动，礼仪规范也比较严格。

一、签字仪式的准备

签字仪式是组织具有“里程碑”意义的大事，组织应予以充分准备，做到万无一失。

（一）准备待签文本

洽谈或谈判结束后，双方应指定专人按谈判达成的协议做好待签文本的定稿、翻译、校对、印刷、装订、盖印等工作。文本一旦签字就具有法律效力，因此，对待文本的准备应当郑重严肃。

在准备文本的过程中，除了要核对谈判协议条件与文本的一致性以外，还要核对各种批件，主要是项目批件、许可证、设备分交文件、用汇证明、订货卡等是否完备，合同内容与批件内容是否相符，等等。审核文本必须对照原稿件，做到一字不漏，对审核中发现的问题，要及时互相通报，通过再谈判，达到谅解一致，并相应调整签约时间。在协议或合同上签字的有几个单位，就要为签字仪式提供几份样本。如有必要，还应为各方提供一份副本。与外商签订有关的协议、合同时，按照国际惯例，待签文本应同时使用宾主双方的母语。

待签文本通常应装订成册，并以仿皮或其他高档质料作为封面，以示郑重。其规格一般为大八开，所用的纸张务必高档，印刷务必精美。作为主方应为文本的准备提供准确、周到、快速、精美的条件和服务。

（二）布置签字场地

签字场地有常设专用的，也有临时以会议厅、会客室来代替的。布置它的总原则是要庄重、整洁、清净。

一间标准的签字厅，应当室内铺满地毯，除了必要的签字用桌椅外，其他一切陈设都不需要，正规的签字应为长桌，其上最好铺设深绿色的台呢。

按照仪式礼仪的规范，签字桌应当横放。在其后，可摆放适量的坐椅。签署双边性合同时，可放置两张坐椅，供签字人就座。签署多边性合同时，可以仅放一张坐椅，供各方签字人签字时轮流就座。也可为每位签字人都各自提供一张坐椅。

在签字桌上，应事先安放好待签文本，以及签字笔、吸墨器等签字时所用的文具。

与外商签署涉外商务合同时，须在签字桌上插放有关各方的国旗。插放国旗时，在其位置与顺序上，必须依照礼宾序列而行。例如，签署双边性文本时，有关各方的国旗须插放在该方签字人坐椅的正前方。如签署多边性合同、协议等时，各方的国旗应依一定的礼宾顺序插在各方签字人的身后。

（三）安排签字人员

在举行签字仪式之前，有关各方应预先确定好参加签字仪式的人员，并向其有关方面通报。客方尤其要将自己一方出席签字仪式的人数提前通报主方，以便主方安排。签字人要视文件的性质来确定，可由最高负责人签，但双方签字人的身份应该对等。参加签字的有关各方事先还要安排一名熟悉签字仪式详细程序的助签人，并商定好签字的有关细节。其他出席签字仪式的陪同人员，基本上是双方参加谈判的全体人员，按一般礼貌做法，人数最好大体相等。为了表示重视，双方也可对等邀请更高一层的领导人出席签字仪式。

由于签字仪式的礼仪性极强，签字人员的穿着也有具体要求。按照规定，签字人、助签人以及随员，在出席签字仪式时，应当穿着具有礼服性质的深色西装套装、中山装套装或西装套裙，并且配以白色衬衫与深色皮鞋。

在签字仪式上露面的礼仪、接待人员，可以穿自己的工作制服，或是旗袍一类的礼仪性服装。

签字人员应注意仪态、举止，要落落大方，得体自然，既不要严肃有余，也不要过分喜形于色。

二、签字仪式的程序

虽然签字仪式的时间不长，但它是合同、协议签署的高潮，其程序规范、庄重而热烈。主要有以下几项：

（一）签字仪式开始

有关各方人员进入签字厅，在既定的位次上坐好。签字者按照主居左，客居右的位置入座，对方其他陪同人员分主客两方各自职位、身份高低为序，自左向右（客方）或自右向左（主方）排列站于各签字人之后，或坐在己方签字者的对面。双方助签人分别站在己方签字者的外侧，协助翻揭文本，指明签字处，并为业已签署的文件吸墨防洇。

（二）签字人签署文本

签字人签署文本通常的做法是，先签署己方保存的合同文本，再接着签署他方保存的合同文本，这一做法在礼仪上称为“轮换制”。它的含义是在位次排列上，轮流使有关各方有机会居于首位一次，以显示机会均等，各方平等。

（三）交换合同文本

双方签字人，正式交换已经由有关各方正式签署的文本，交换后，各方签字人应热烈握手，互致祝贺，并相互交换各自方才使用过的签字笔，以作纪念。这时全场人员应该鼓掌，表示祝贺。

（四）共同举杯庆贺

交换已签订的合同文本后，礼宾小姐会用托盘端上香槟酒，有关人员，尤其是签字人当场干上一杯香槟酒，这是国际上通用的旨在增添喜庆色彩的做法。

（五）有秩序退场

接着请双方最高领导者及客方先退场，然后东道主再退场。整个签字仪式以半小时为宜。

第三节 开业仪式

开业仪式，是指在单位创建、开业，项目完工、落成，某一建筑物正式启用，或是某工程正式开始之际，为了表示庆贺和纪念，而按照一定的程序所隆重举行的专门的仪式。筹备和举行开业仪式始终应按照“热烈、隆重、节约、缜密”的原则进行。

一、开业庆典的准备

（一）做好舆论宣传

举办开业仪式的目的是提高组织的知名度和美誉度，塑造良好的组织形象，吸引社会各界对组织的重视与关心，因此，必须运用传播媒体，刊登广告，以引起公众的注意。这种广告的内容一般应包括开业仪式举行的日期、地点、企业的经营特色、开业时对顾客的优惠等。同时别忘了邀请新闻界的记者光临开业仪式，对组织的开业仪式进行采访、报道，进一步扩大组织的影响。

（二）拟订宾客名单

开业仪式成功与否，在很大程度上与参加典礼的主要宾客的身份、人数有直接关系。因此，在开业典礼前应邀请上级领导、知名人士、有关职能部门、社区负责人、社团代表及新闻媒体等方面的人士参加。对邀请出席的来宾，应将请柬送达，以示对客人的敬重。请柬要精美、大方，一般用红、白、蓝色，请柬填写好后，应放入信封内，提前一周左右的时间邮寄或派人送到有关单位和个人。

（三）布置现场环境

举行仪式的现场可以是正门之外的广场，也可是正门之内的大厅。在现场应悬挂开业仪式的会标，庆祝或欢迎标语等。由于开业仪式一般是站立举行的，所以要在来宾站立处铺设红色地毯，以示尊敬和庄重。会场两边可放置来宾赠送的花篮，四周悬挂彩带和宫灯。还要准备好音响、照明设备，使整个场地显得隆重、热烈。对于音响、照明设备，以及开业仪式举行之时所需使用的用具、设备，必须事先认真进行检查、调试，以防其在使用时出现差错。

（四）安排接待服务

对来宾的接待服务工作一定要指派专人负责，重要来宾的接待应由组织负责人亲自完成。要安排专门的接待室，接待室要求茶杯洁净，茶几上放置烟灰缸，如不允许吸烟，应用礼貌标语标牌放置在接待室中，提示来宾；要准备好来宾的签到处，准备贵宾留言簿，最好是红色或金色锦缎面高级留言册，同时准备好毛笔、砚、墨等留言用的文具。为了便于来宾了解组织的情况，可以印刷一些材料，如庆典活动的内容、意义，来宾名单和致词，组织经营项目和政策等。

（五）拟订仪式程序

为了使开业仪式顺利进行，在筹备之时必须草拟具体程序，并选定好称职的主持人。开业仪式的程序包括：确定主持人，介绍重要来宾，组织负责人或重要来宾致词、剪彩或参观、座谈、联欢等。

（六）准备馈赠礼品

开业仪式上向来宾赠送的礼品是一种宣传性传播媒介，只要准备得当，往往能产生很好的效果。礼品要突出纪念性，具有一定的纪念意义，让人珍惜，同时也要突出其宣传性，可以在礼品的包装上印上组织标志、庆典开业日期、产品图案、企业口号和服务承诺等。

二、开业仪式的种类

（一）开幕仪式

开幕仪式是开业仪式常见的形式之一，通常它是指公司、企业、宾馆、商店、银行等正式启用前，或各类商品的展示会、博览会、订货会正式开始之前，所正式举行的相关仪式。每当开幕仪式举行后，公司、企业、宾馆、商店、银行等将正式营业，有关商品的展示会、博览会、订货会将正式接待顾客与观众。一般举行开幕式时要在比较宽敞的活动空间中进行，如门前广场、展厅门前、室内大厅等处，都是较为合适的地点。开幕式的主要程序为：

第一，宣布仪式开始，全体肃立，介绍来宾。

第二，邀请专人揭幕或剪彩。揭幕时揭幕人行至彩幕前恭敬地站立，礼仪小姐双手将开启彩幕的彩索递交对方。揭幕人随之目视彩幕，双手拉起彩索，展开彩幕。全场目视彩幕，鼓掌并奏乐。

第三，在主人的亲自引导下，全体到场者依次进入幕门。

第四，主人致词答谢。

第五，来宾代表发言祝贺。

第六，主人陪同来宾参观，开始正式接待顾客或观众，对外营业或对外展览宣告开始。

（二）奠基仪式

奠基仪式，是指一些重要的建筑物，如大厦、场馆、亭台、纪念碑等，在动工修建前，正式举行的庆贺性活动。其举行地点应选择在动工修建建筑物的施工现场，一般在建筑物的正门右侧，在奠基仪式的举行现场设有彩棚，安放该建筑物的模型、设计图、效果图，并使各种建筑机械就位待命。

用来奠基的奠基石应是一块完整无损、外观精美的长方形石料。在奠基石上的文字应当竖写，在其右上款，写上建筑物的名称，正中央应有“奠基”两个大字，左下款刻有奠基单位的全称以及举行奠基仪式的具体年月日。奠基石上的字体，大都用楷体字刻写，并且最好用白底金字或黑字。在奠基石的下方或一侧，还应安放在一只密闭完好的铁盒，内装与该建筑物相关的各有关资料以及奠基人的姓名。届时，它将同奠基石一道被奠基人等培土掩埋于底下，以志纪念。奠基仪式的程序一般为：

第一，仪式正式开始，介绍来宾，全体起立。

第二，奏国歌。

第三，主人对建筑物的功能、规划设计等进行介绍。

第四，来宾致词道贺。

第五，正式进行奠基。

奠基人双手持握系有红绸的新锹为奠基石培土，再由主人与其他嘉宾依次为之培土，直至将其埋没为止。奠基时应演奏喜庆乐曲或敲锣打鼓，营造良好的气氛。

（三）开工仪式

工厂准备正式开始生产产品、矿山准备正式开采矿石所等专门举行的庆祝性、纪念性活动。开工仪式大都在生产现场举行，以使全体人员有身临其境的感觉。在仪式现场，除了司仪人员可以穿礼仪性服装之外，其他人员均应穿着干净整洁的工作服出席仪式。开工仪式的程序一般为：

第一，宣布仪式开始。全体起立，介绍各位来宾，奏乐。

第二，开工单位领导讲话。

第三，来宾致贺词。

第四，在司仪的引导下，本单位的主要负责人陪同来宾行至开工现场机器开关或电闸附近等地肃立。

第五，正式开工，届时应由本单位职工代表或来宾代表来到机器开关或电闸旁，动手启动机器或合上电闸。全体人员此时应鼓掌祝贺，并奏乐。

第六，在主人的带领下，全体来宾参观生产现场。

（四）落成仪式

也称竣工仪式，它是指本单位所属的某一建筑物或某项设施建设、安装工作完成之后，或是某一纪念性、标志性建筑物——诸如纪念碑、纪念塔、纪念堂等建成之后，以及某种意义特别大的产品生产成功之后，所专门举行的庆贺性活动。落成仪式一般应在现场举行，如新落成的建筑物之外，纪念碑、纪念塔的旁边等。参加落成仪式要注意情绪，在庆贺工厂、大厦落成，重要产品生产等时应表现出欢乐和喜悦，在庆祝纪念碑、纪念塔落成时应表现出庄严而肃穆。落成仪式的程序一般为：

第一，宣布仪式开始。全体起立，介绍各位来宾。

第二，奏国歌，并演奏本单位标志性乐曲。

第三，本单位负责人发言，以介绍、回顾、感谢为主要内容。

第四，进行揭幕或剪彩。

第五，全体人员向刚刚落成的建筑物行注目礼。

第六，来宾致词。

第七，全体人员进行参观。

（五）下水仪式

下水仪式是指新船建成下水之时所专门举行的仪式。一般造船厂在吨位较大的轮船建造完成、验收完毕、交付使用之际，为其正式下水起航而特意举行的庆祝性活动。下水仪式一般在新船码头上举行，届时，应对现场进行一定的美化，如在船坞门口与干道两侧，饰有彩旗、彩带。在新船所在码头附近，应设置专供来宾观礼或休息用的彩棚。对新船也应装扮，可在船头扎上由红绸结成的大红花，在船两侧船舷上扎上彩旗，系上彩带。下水仪式的程序一般为：

第一，宣布仪式开始，介绍来宾，全体起立，乐队奏乐或锣鼓喧天。

第二，奏国歌。

第三，由主人简介新船的基本状况，如船名、吨位、马力、长度、高度、吃水、载重、用途、造价等。

第四，由特邀掷瓶人行掷瓶礼。砍断缆绳，新船正式下水。行掷瓶礼，这是国外传入我国的一种下水仪式上独具特色的节目，旨在渲染喜庆气氛。其做法是：由身着礼服的特邀嘉宾双手持握一瓶正宗的香槟酒，用力将瓶身向新船的船头投掷，使瓶破之后酒香四溢，酒沫飞溅。在嘉宾掷瓶之后，全体到场者面向新船行注目礼，并随即热烈鼓掌。此时，还可在现场再度奏乐或演奏锣鼓，施放气球，放飞信鸽，并且在新船上撒彩花，落彩带等。

第五，来宾代表致词祝贺。

（六）开通仪式

在重要的交通建筑完工并验收合格之后，所正式举行的起用仪式。例如，公路、铁路、地铁、轻轨及桥梁、隧道等，在正式交付使用前，均应举行一次开通仪式表示庆贺。举行开通仪式的地点应在公路、铁路、地铁与轻轨新线路的某一端，新建桥梁的某一头，或者新建隧道的某一侧。在现场附近以及沿线两旁，应当适量地插上彩旗、挂上彩带。必要时，还应设置彩色牌楼，并悬挂横幅。对汽车、火车或地铁列车等要进行装饰，可在车头系上红花，在车身两侧插上彩旗，系上彩带，悬挂大幅醒目标语。开通仪式的程序一般为：

第一，宣布仪式开始，介绍来宾。

第二，全体起立，奏国歌。

第三，主人致词。介绍即将通车的新线路、新桥梁、新隧道等的基本情况，并向有关方面表示谢意。

第四，来宾代表致词祝贺。

第五，正式剪彩。

第六，首次正式通行车辆，宾主及群众代表一起登车而行，主人所乘坐的车辆行进在最前方开路。

第四节 交接仪式

交接仪式是指施工单位将业已建设完成的工程项目，如商厦、厂房、车站、码头等，经验收合格后正式移交给使用单位时所举行的庆祝典礼仪式。举行这种仪式，既是对于合作伙伴成功合作的感谢，也是对关心、支持和帮助他们的社会各界的感谢，这一活动对提高组织的知名度，塑造良好的组织形象有重要作用。

一、交接仪式的准备

（一）会场的布置

交接仪式的现场可以选择在工程项目的现场，也可在其他场所举行。不论仪式在何处举行，作为东道主，均需指定专人或组织临时性的专门班子，具体负责会场的布置工作。会场布置不能铺张浪费，华而不实，劳民伤财，要善于以适当的形式营造、渲染一种热烈的、隆重和喜庆的气氛。会场正中应悬挂“某某工程交接仪式”或“热烈庆祝某某商厦正式交付使用”的巨型横幅。在会场的入口处或主席台前，可插置一定数量的彩旗，会场上空可带有庆祝标志的气球，会场两侧摆放来宾赠送的花篮。

(二) 人员的邀请

交接仪式的出席人员应当适宜，若太少，则显得冷冷清清，难有热烈的气氛；若太多，超出了组织的接待能力和场地条件，也会使活动不尽如人意。交接仪式出席人员由施工单位和接收单位协商确定，应包括施工单位的有关人员、接收单位的有关人员、上级主管部门的负责人、协作单位的代表、当地政府官员、行业组织负责人及新闻记者等。

接到邀请的单位和负责人，不管能否出席，均应尽早向仪式的主办单位发出贺电或贺信，还可敬赠大型花篮，表示祝贺，并在花篮上挂上特制的缎带，花篮应提前送达会场。作为出席仪式的代表，均应身着正装，面带微笑，举止热情。在举行仪式之前，交接单位的负责人应提前到达会场，在门口恭迎来宾们的光临，并指定专人进行接待、迎送、引导、陪同等应酬。

(三) 物品的准备

在交接仪式上，东道主一方应提前准备如下物品作为交接象征之物的有关物品，如验收文件、一览表、钥匙等。验收文件是指已经公证的由交接双方正式签署的接受证明性文件；一览表是指交付给接收单位的全部物资、设备或其他物品的名称、数量明细表；钥匙是指用来开启被交接的建筑物或机械设备的钥匙，因其强烈的象征性，预备一把即可。交接仪式主办单位还要为来宾准备一份薄礼，这一礼品应突出纪念性、宣传性，比如，被交接的工程项目、大型设备的缩微模型，或有关的画册、明信片、纪念章、领带针、钥匙扣等。

二、交接仪式的程序

不同类型的交接仪式，其程序各有不同，但大体内容是一致的，主要有以下几个方面：

(一) 交接仪式开始

主持人请有关单位负责人到主席台就座，并宣布交接仪式开始，全体与会者鼓掌祝贺。

(二) 交换有关文件

即由施工、安装单位与接收单位正式进行有关工程项目或大型设备的交接。主要由施工单位、安装单位的代表，将有关工程项目、大型设备的验收文件、一览表，或者钥匙等象征性物品，递交给接收单位的代表。此时，双方应面带微笑，双手递交、接收有关物品。在此之后，还应热烈握手。该程序进行的过程中，可以播放、演奏节奏欢快的喜庆音乐。这一程序可由上级主管部门负责人或当地政府领导人为工程项目剪彩所取代。

（三）双方代表发言

施工或安装单位的代表、接收单位的代表、来宾代表等依次发言。发言是礼节性的，要简短而热情，点到为止，最好不要超过3分钟。

（四）宣布仪式结束

交接仪式在时间上贵短忌长，以半小时到一小时为宜。仪式结束应邀请来宾参观有关的工程项目或展览，东道主应为此安排专人接待、陪同和解说。继参观之后，有的东道主还为各方来宾安排一些文娱活动助兴，并以便饭招待。

第五节 剪彩仪式

剪彩仪式是有关的组织为了庆贺其成立开业、大型建筑物落成、新造的车船和飞机出厂、道路桥梁落成首次通车、大型展销会、展览会的开幕而举行的一种庆祝活动。

剪彩作为一种庆典仪式，可以在开业典礼中举行，也可举行专门的剪彩仪式，以期引起社会各界的重视。

一、剪彩的由来

剪彩仪式起源于开张。据说美国人做生意保留着一种习俗，即一清早必须把店门打开，为了使人们知道这是一个新开张的店铺，还要特地在门前横系上一条布带。因为这样做既可以防止店铺未开张前闯入闲人，又起引人注目、标新立异的作用，等店铺正式开张时才将布带取走。

1912年，美国的圣安东尼州的华狄密镇上有一家大百货公司将要开张，老板威尔斯严格地按照当地的风俗办事，在早早开着的店门前横系着一条布带，万事俱备，只等开张。这时，老板威尔斯10岁的女儿牵着一只哈巴狗从店里匆匆跑出来，无意间碰断了这条布带。这时在门外等候的顾客及行人以为正式开张营业了，便蜂拥而入，争先恐后地购买货物，真是生意兴隆。不久，当老板的一个分公司又要开张时，想起第一次开张时的盛况，又如法炮制。这次是有意让小女儿把布带碰断。果然财运又不错。于是，人们认为让女孩碰断布带的做法是一个极好的兆头，因而争相效法，广为推行。这之后，凡是新开张的商店都要邀请年轻的姑娘来撕断布带。

后来，人们又用彩带取代色彩单调的布带，并用剪刀剪代替用手撕，有的讲究用金剪子。这样一来，人们就给这种正式做法取了个名——“剪彩”。剪彩的人也逐步被一些德高望重的社会名流甚至是国家元首代替。

二、剪彩仪式的礼仪规则

（一）邀请参加者

参加剪彩仪式的人员主要有主办单位负责人和组织仪式的人员、上级领导、主管单位负责人、知名人士、记者等来宾；主办单位企业的员工；有关管理人员和技术人员。通过参加仪式，参加者身临其境，感受项目或展览的重要，从而形成深刻难忘的印象。对仪式的参加者应做好接待工作。当宾客到达时，接待人员要请宾客签到，然后引领他们到指定的位置上。

（二）准备工作

剪彩仪式的主席台要事先布置好，主席台要蒙好台布，摆放茶水和就位人员的名牌。为了增添热烈而隆重的喜庆气氛，可以邀请礼仪小姐参加仪式。礼仪小姐可从本组织中挑选，也可到礼仪公司聘请。对礼仪小姐要求仪容、仪表、仪态文雅、大方、端庄。着装宜选择西式套装或红色旗袍，穿高跟鞋，配长统丝袜，化淡妆，并以盘起发髻的发型为佳。人员确定后，要进行必要的分工和演练。剪彩仪式的用品如剪刀、白纱手套、托盘应按剪彩者人数配齐，系有花结的大红缎带长约两米，馈赠的纪念性小礼品也应准备好。

（三）剪彩者形象

剪彩者是剪彩仪式的主角，其仪表举止直接关系到剪彩仪式的效果和组织形象。因此，作为剪彩者，要有荣誉感和责任感，衣着大方、整洁、挺括，容貌要适当修饰，剪彩过程中要保持稳重的姿态、洒脱的风度和优雅的举止。

（四）仪式开始

仪式主持人在宣布仪式开始时，声音要高亢响亮。然后，向到会者介绍参加剪彩仪式的领导人、负责人与知名人士，并对他们表示谢意，同时，也对在场的其他与会者表示感谢。感谢还要用掌声表示，主持人把两手高举起一些，以作为对在场各位鼓掌引导的暗示。仪式上可以安排简短发言，言简意赅，充满热情，两三分钟即可，发言者一般为东道主的代表，向东道主表示祝贺的上级主管部门、地方政府及其他协作单位的代表。

（五）进行剪彩

主持人宣布正式剪彩之后，剪彩者应在礼仪小姐的引导下，步履稳健地走向剪彩位置，如有几位剪彩者时应让中间主剪者走在前面，其他剪彩者紧随其后走向自己的剪彩位置。主席台上的人员一般要尾随至剪彩者之后 1～2

米处站立。当礼仪小姐用托盘呈上白手套、新剪刀时，剪彩者可用微笑表示谢意并随即接过手套和剪刀。剪彩前要向手拉缎带的礼仪小姐点头示意，然后，全神贯注、表情庄重地将缎带一刀两断，如果几位剪彩者共同剪彩，要注意协调行动，处在外端的剪彩者应用眼睛余光注视处于中间位置的剪彩者的动作，力争同时剪断彩带。还应与礼仪小姐配合，让彩球落于托盘中，剪彩者在放下剪刀后，应转身向周围的人鼓掌致意，并与主人进行礼节性的谈话，然后在礼仪小姐引导下退场。

(六) 参观庆贺

剪彩后，一般要组织来宾参观工程、展览等。有时候还要宴请宾客，共同举杯庆祝。

第六节 颁奖仪式

颁奖仪式是指为了表彰、奖励某些组织和个人所取得的成绩、成就而举行的仪式。其礼仪主要有如下内容：

一、颁奖仪式的准备

(一) 会场的布置

颁奖会召开之前应搞好会场的布置，体现隆重而热烈的气氛。大会一般安排在较大的礼堂中进行。有时可借助于会见、宴会或群众大会时举行。会场上设置主席台并覆盖整洁的桌布。主席台上方，悬挂表彰大会会幅。主席台前方，放置盆花。主席台侧位，可配有锣鼓、乐队。大会召开前，播放音乐，整个会场应洋溢着热烈、愉悦的气氛。

(二) 座位安排

授奖人员一般安排在会场的前排就座，重要宾客一般安排在主席台上。如果授奖的人较多时，应事先安排好领导人和授奖人的位置和次序，以免出错。将奖品、证书等按颁发次序放在主席台上，使颁奖过程热烈有序。

二、颁奖仪式的程序

大会开始前播放音乐，锣鼓队敲锣打鼓欢迎受奖人员和来宾入座或奏乐欢迎受奖人员和宾客入座。组织的负责人主持会议，宣布大会开始。有关领导讲话，介绍重要来宾、宣读颁奖决定和人员名单。

举行颁奖时，由组织请来的重要宾客、上级领导或本组织的负责人担任颁奖人，受奖人在工作人员的引导下，按顺序依次上台领取证书、勋章。此时可敲锣打鼓，如果是来访的外国领导人或知名人士受奖，最好有乐队伴奏，悬挂两国国旗。

颁奖时颁奖人面向公众，受奖人站在颁奖人对面接受奖品、荣誉证书、奖杯等。同时，双方互相握手示意祝贺感谢。然后受奖者向公众示意，或鞠躬，或挥手，或举起奖状、证书、奖杯。

接下来请来宾致贺词，由颁奖者和受奖者先后致辞。

最后大会宣布结束，音乐、锣鼓再次奏响，欢送受奖人员和全体来宾。

颁奖仪式结束后，组织可安排一些文艺演出或播放影片以助兴。

第七节　其他仪式

礼仪中的仪式是丰富多彩的，下面再介绍几种常见的仪式。

一、升旗仪式

国旗是一个国家的标志，是国家及其民族精神的象征。人们在举行各种活动时，常常举行升旗仪式，以表示对国旗的热爱和尊重。

（一）举行升旗仪式的活动

需要举行升旗仪式的活动有：接待外国元首、政府首脑；大型国际体育比赛；大型节日庆典、纪念活动；召开国际会议等。

接待外国元首或政府首脑，一般是在国宾下榻的宾馆外悬挂主客双方的国旗，以示两国友好。两国国旗并挂，以旗正面为准，左边是本国国旗，右边是客方国国旗。

国际会议通常在会场上悬挂与会国国旗，会场所在地也挂与会国国旗。

大型国际体育比赛，在运动员住地要悬挂参赛国国旗，在运动员取得优异成绩时，在发奖仪式上要升前三名运动员所在国的国旗。国内举办的各种体育运动会、其他大型会议开幕式上都要举行升旗仪式。

在全国性的或国际性的节日、纪念日时，人们也常常要悬挂国旗。国内一所新校园的落成、新学期开学典礼、少先队入队仪式等，都要举行升旗仪式，也进行爱国主义教育，甚至一些学校把升旗仪式作为每天例行性的仪式。

（二）升旗仪式举行时的礼仪

升旗仪式大体相同，即事先准备好需用的国旗，并将国旗整理好，由两个或四个人拖着。当主持人宣布升旗仪式开始时，升旗手将国旗迎风展开，当乐队奏国歌时，升旗手随着国歌的节奏缓缓地向上升旗，国歌结束，国旗正好升至杆顶。

举行升旗仪式时，所有人都应站立，目光注视国旗，表情崇敬、严肃，除新闻记者外，其他人不可随便走动，更不能交头接耳，追逐嬉笑。升旗时可以随着国歌的乐曲默唱歌词。

升挂的国旗应是早晨升起，傍晚落下（遇有恶劣天气，可以不升旗）。

不得升挂破损、污损、褪色或者不合规格的国旗。

二、就职仪式

国家领导人就职仪式，包括国王登基加冕仪式，是国家生活中的一项重大庆典。就职时通常举行宣誓仪式，发表施政演说，有时还举办招待会、舞会、阅兵式等活动。就职仪式一般邀请外国贵宾和使节参加。有些西方国家新任命的内阁成员或其他高级政府官员也举行就职宣誓仪式，但程序比较简单、简短。各建交国对外国领导人的就职均应表示祝贺，各国驻当地使节按惯例也可向新领导发函祝贺。政府部长任命事项颁布后，也可发电函致贺。

就职仪式是一国的庆典，因而其典礼程序要求严格，有的国家甚至是以宪法的形式规定。如根据1937年颁布的美国《宪法修正案》规定，总统就职时间为大选揭晓第二年的1月20日。总统就职典礼的重要程序包括就职宣誓、就职演说、就职游行等。

美国总统就职宣誓的地点是在国会大厦东面门廊前。新总统一般在1月20日上午10时左右先到白宫对现任总统进行礼节性拜访。12点时，由现任总统陪同，在一名典礼官引导下前往国会大厦。总统宣誓的监誓人传统上由最高法院院长担任。誓言在宪法第二条第一节上做了规定："我谨庄严宣誓，我决心忠诚地执行合众国总统的职务，并尽最大努力维护、遵守和保卫合众国宪法。"总统宣誓时，面前摆动放着一本《圣经》，总统把手放在《圣经》上。

宣誓完毕，奏军乐，鸣放21响礼炮，总统按华盛顿时的传统发表演说。就职演说内容大都经过精心设计，充分表达新总统的社会理想和个人风格，符合宗教等社会文化传统。总统就职演说大都精彩动人，成为著名的范文和文献。

就职演说后，总统、副总统要到国会大厦前的检阅台观看1.5万人的就职游行。就职游行队伍有产生总统的州的代表、军乐队、武装部队以及代表各州各地的彩车、乐队，构成就职活动最热烈、最盛大的群众活动场面。总统回到白宫，站在一个特定位置上检阅仪仗队。随后，新任总统便正式以总统身份开始工作。当晚还可举办就职舞会。

西方君主制国家国王登位后，必须举行代表王权象征的皇冠加冕仪式——加冕典礼。一般来说，被选为国王（女王）的人，在未加冕以前，不能称为国王。国王加冕同样为国家大典，一般在教堂举行，由大主教主持，其礼节庄严、仪式隆重、举国注目。因带有各国宗教、文化色彩，各国仪式也有所不同。

思考·讨论·训练

1. 判断正误：

(1) 签字时，双方人员的身份应该对等。

(2) 签字的时候，各方陪同人员分主客两方各自以职位、身份高低为序，自左向右（客方）或自右向左（主方）排列站于签字者之后。

(3) 剪彩时不许戴帽子或墨镜，可以穿便装。

(4) 迎送中，乘车时应请客人坐在主人的右侧，翻译人员坐在司机旁边。

(5) 开业典礼仪式上是由主办单位的负责人来致辞的。

2. 什么是仪式？

3. 迎送仪式的程序是什么？迎送中要注意哪些礼仪？

4. 如何布置签字场所？

5. 开业仪式有哪几种，各自的程序是什么？

6. 应如何准备交接仪式？

7. 剪彩的正确做法是什么？

8. 剪彩仪式的必备物品是什么？

9. 参加升旗仪式应注意哪些礼仪？

10. 参加颁奖仪式时，作为颁奖者和受奖者各应注意哪些礼仪？

11. 就职仪式有那些礼仪要求？

12. 案例分析：

某公司举行新项目开工剪彩仪式，请来了张市长和当地各界名流嘉宾参加，请他们坐在主席台上。仪式开始时，主持人宣布："请张市长下台剪彩！"却见张市长端坐没动；主持人很奇怪，重复了一遍："请张市长下台剪彩！"张市长还是端坐没动，脸上还露出一丝恼怒。主持人又宣布了一遍："请张市长剪彩！"张市长才很不情愿地勉强起来去剪彩。

请指出本案例中的失礼之处。

判断正误答案：(1) 正确　(2) 正确　(3) 错误　(4) 正确　(5) 正确

第五章　会议礼仪

会议是为实现一定的目的，由主办或主持单位组织的、由不同层次和不同数量的人们参加的一种事务性活动。会议的目的多种多样，如表扬批评、布置任务、解决问题、交流经验、调查情况、沟通信息、纠正错误等。但是，无论什么目的，要想取得良好的效果，会议的组织、参加、进行都必须讲究礼仪，以便与会者的思想感情能很好地进行沟通。因此，会议礼仪是会议取得成功的重要保证。

第一节　洽谈会礼仪

洽谈会又叫磋商会、谈判会，是指有关各方代表充分阐述己方的各种设想，听取他方的不同意见，并通过详细陈述己方的理由，反复同对方交换看法或做出某种让步，消除相互间的距离，最后各方取得一致，达成协议。

一、洽谈会的准备

洽谈会前的准备如何是影响洽谈成败得失的关键。在准备过程中，人员的配备、信息的搜集、目标的选择、计划的拟订都很重要，必须认真准备。

（一）人员配备

为了使洽谈能顺利进行，必须按照对等原则配备相应的洽谈班子。洽谈班子中要有精通业务，有经济、法律头脑，能拍板成交的主谈人员，也要有懂业务、懂技术的人员和有洽谈经验的翻译人员，一般以四人为宜。一个精干的、具备 T 型知识结构而又注重仪表、谈吐自如、举止得体的洽谈班子，不仅会给洽谈创造有利条件，同时也是对对方的尊重。

（二）信息准备

知己知彼，百战不殆。为了取得洽谈的主动权，必须进行信息准备。要做好市场调研，了解对方的业务情况，对对方参与洽谈人员的基本情况，每个人的谈判风格、对己方的态度等要了如指掌，以便制定相应的策略。在涉外谈判中还要对对方文化背景和礼仪习俗等有所把握，以便于更好地沟通。

（三）议程准备

洽谈议程是决定洽谈效率高低的重要一环，每次洽谈，谈什么，何时谈，何地谈，如何谈，达到什么目的，事前都要有周密安排，以免在礼仪上有不周之处。例如，洽谈地点的安排就很重要，因为它对洽谈效果会有一定影响。洽谈地点选择在己方进行，作为东道主必须注重礼貌待客，邀请、迎送、接待、洽谈的组织等必须符合礼仪要求。洽谈地点如选择在洽谈对手所在地，到客场洽谈须入境随俗，了解当地的风俗人情，并要审时度势，灵活反应，争取主动。

二、洽谈会上的礼仪规范

洽谈即是一场知识、信息、心理、修养、口才乃至风度的较量，为了取得洽谈的成功，在洽谈会上要遵循一定的礼仪规范。

（一）座位安排

一般洽谈会以椭圆桌或长桌为宜，双方人员各自在桌子的一边就座。倘若将谈判桌横放，那么面对洽谈室正门的一侧为上座，应请客方就座。背对谈判室正门的另一侧则为下座，应留主方就座。如谈判桌是竖放的，进门时的右侧为上座，由客方就座；进门时的左侧为下座，由主方就座。双方主谈人员应各自坐在己方一侧的正中间。副手或翻译坐在主谈人员右边的第一个座位，其他参谈人员以职位高低为序，依次右一个、左一个、右一个地分别坐在主谈人员的两侧。小规模的洽谈，可不放谈判桌，在室内摆放几把沙发或圈椅，按“以右为尊”的原则，客右主左就座即可。也可以交叉而坐，以增添合作、轻松、友好的气氛。

（二）谈吐举止

洽谈人员的谈吐要轻松自如，举止文雅大方，谦虚有礼，不可拘谨慌张。见面后可略事寒暄，进入正题之前，宜谈些轻松的话题，如旅途经历、季节气候、文体表演、各自爱好或以往合作经历等，但开头的寒暄不宜太长，以免冲淡洽谈气氛。

（三）衣着打扮

参加洽谈者在衣着打扮上要正式一些，以表示对洽谈的重视和充分的准备；如果是非正式洽谈，也可以穿得随便一些，给人以轻松、随和的感觉，这样显得更容易接近，有助于交流，取得共识。一般到豪华宾馆去洽谈，西装革履能够证明自己的身份和气度，使你感到心灵与环境的和谐，而不是自惭形秽；在普通的办公场所进行洽谈，可以穿得和平时上班一样，不用刻意打扮。

（四）语言使用

洽谈人员在洽谈过程中要注意语言的规范性和灵活性，用语要清晰易懂，口语要尽可能标准，注意使用文明礼貌用语，体现自身的职业道德和商业形象。洽谈中无论出现什么情况都不能使用粗鲁、污秽的语言或攻击性的语言。

洽谈时应注意抑扬顿挫、轻重缓急，避免吐舌挤眼、语句不断、嗓音微弱或大吼大叫。

（五）提问方式

在洽谈中要礼貌地提问，问话方式要委婉，语气要亲切平和，用词要斟酌，不能把提问变成审问和责问。咄咄逼人的提问，容易给对方以居高临下的感觉，使其产生防范心理，不利于洽谈。对需要提问的问题，应事先列好提纲，越详细越好，如果不做准备，贸然提问，是不尊重对方的表现。一般提问的时机应选择在对方发言完毕之后、对方发言停顿间歇时、自己发言前后及在议程规定的辩论时间等进行提问。当对方回答问题时，作为提问者应耐心倾听，不能因为对方的回答没有使自己满意，就随便插话或任意打断对方的话。在一般情况下，插话应借助一些特定的套话来实现，比如，“对不起，我能打断您一下吗?”或“请停一下”等。

（六）礼貌回答

有提问就有回答。洽谈过程中，作为被提问者答话时，要本着真诚合作的态度，针对提问者的真实心理，实事求是地回答对方的提问，不能闪烁其词，态度暧昧，“顾左右而言他”。如果对方对某个问题不甚了解，应以浅显易懂的语言进行解释，切不可流露出不耐烦的神情。如有些问题涉及商业秘密和技术机密，则应委婉说明，避免出现令人尴尬和僵持的局面。

第二节　发布会礼仪

发布会一般指新闻发布会，又称记者招待会。政府、企业、社会团体或个人都可公开举行，邀请各新闻媒体的记者参加。举行发布会主要是为了把组织较为重要的成就以及信息报告给所有新闻机构。所以，在发布会上发布的消息对于产品和产品形象、组织和组织形象、先进人物和重要人物当选具有较重要的价值。

一、发布会的准备

筹备发布会，要做的准备工作很多，其中最重要的是，要做好时机的选择、人员的安排、记者的邀请、会场的布置和材料准备等。

（一）时机的选择

在确定发布会的时机之前，应明确两点：一是确定新闻的价值，即对某一消息，要论证其是否具有专门召集记者前来予以报道的新闻价值，要选择恰当的新闻“由头”。二是应确认新闻发表紧迫性的最佳时机。以企业为例，新产品的开发、经营方针的改变或新举措、企业首脑或高级管理人员的更换、企业的合并、逢重大纪念日、发生重大伤亡事故等事件时，都可以举行发布会。

如果基于以上两点，确认要召开新闻发布会的话，要选择恰当的召开时机：要避开节日与假日，避开本地的重大活动，避开其他单位的发布会，还要避免与新闻界的宣传报道重点相左或撞车。恰当的时机选择是发布会取得成功的保障。

（二）人员的安排

发布会的人员安排关键是要选好主持人和发言人。发布会的主持人应由主办单位的公关部长、办公室主任或秘书长担任。其基本条件是：仪表堂堂，年富力强，见多识广，反应灵活，语言流畅，幽默风趣，善于把握大局，引导提问和控制会场，具有丰富的主持会议的经验。

新闻发言人由本单位的主要负责人担任，除了在社会上口碑较好、与新闻界关系较为融洽之外，对其基本要求是修养良好、学识渊博、思维敏捷、能言善辩、彬彬有礼。

发布会还要精选一批负责会议现场工作的礼仪接待人员，一般由相貌端正、工作认真负责、善于交际应酬的年轻女性担任。

值得注意的是，所有出席发布会的人员均需在会上佩戴事先统一制作的胸卡，胸卡上面要写清姓名、单位、部门与职务。

（三）记者的邀请

对出席发布会的记者要事先确定其范围，具体应视问题涉及范围或事件发生的地点而定。一般情况下，与会者应是与特定事件相关的新闻界人士和相关公众代表。组织为了提高单位的知名度，扩大组织的影响而宣布某一消息时，邀请的新闻单位通常多多益善；而在说明某一活动、揭示某一事件，特别是本单位处于劣势而这样做时，邀请新闻单位的面则不宜过于宽泛。邀请时要尽可能地先邀请影响大、报道公正、口碑良好的新闻单位。如事件和消息只涉及某一城市，一般就只请当地的新闻记者参加即可。

另外，确定邀请的记者后，请柬最好要提前一星期发出，会前还应用电话提醒。

（四）会场的布置

发布会的地点除了可考虑在本单位或事件所在地举行外，可考虑租用大宾馆、大饭店举行，如果希望造成全国性影响的，则可在首都或某一大城市举行。发布会现场应交通便利、条件舒适、大小合适。会议地点确定后，应实地考察，在会议召开前应认真进行会场布置，会议的桌子最好不用长方形的，要用圆形的，大家围成一个圆圈，显得气氛和谐，主宾平等，当然，这只适用于小型会议。大型会议应设主席台席位、记者席位、来宾席位等。

（五）材料的准备

在举行发布会之前，主办单位要事先准备好如下材料：一是发言提纲。它是发言人在发布会上进行正式发言时的发言提要，它要紧扣主题，体现全面、准确、生动、真实的原则。二是问答提纲。为了使发言人在现场正式回答提问时表现自如，可在对被提问的主要问题进行预测的基础上，形成问答提纲及相应答案，供发言人参考。三是报道提纲。事先必须精心准备一份以有关数据、图片、资料为主的报道提纲，并认真打印出来，在发布会上提供给新闻记者。在报道提纲上应列出本单位的名称、联系方式等，便于日后联系。四是形象化视听材料。这些材料供与会者利用，可增强发布会的效果。它包括图表、照片、实物、模型、录音、录像、影片、幻灯片、光碟等。

二、发布会进行过程中的礼仪

（一）做好会议签到

要做好发布会的签到工作，让记者和来宾在事先准备好的签到簿上签下自己的姓名、单位、联系方式等内容。记者及来宾签到后按事先的安排把与会者引到会场就座。

（二）严格遵守程序

要严格遵守会议程序，主持人要充分发挥主持者和组织者的作用，宣布会议的主要内容、提问范围以及会议进行的时间，一般不要超过两小时。主持人、发言人讲话时间不宜过长，过长了则影响记者提问。对记者所提的问题应逐一予以回答，不可与记者发生冲突。会议主持人要始终把握会议主题，维护好会场秩序，主持人和发言人会前不要单独会见记者或提供任何信息。

（三）注意相互配合

在发布会上，主持人和发言人要相互配合。为此首先要明确分工，各司其职，不允许越俎代庖。在发布会进行期间，主持人和发言人通常要保持一致的口径，不允许公开顶牛、相互拆台。当新闻记者提出的某些问题过于尖锐难以回答时，主持人要想方设法转移话题，不使发言者难堪。而当主持人邀请某位记者提问之后，发言人一般要给予对方适当的回答，不然，对那位新闻记者和主持人都是不礼貌的。

（四）态度真诚、主动

发布会自始至终都要注意对待记者的态度，因为接待记者的质量如何直接关系到新闻媒体发布消息的成败。作为人，记者希望接待人员对其尊重热情，并了解其所在的新闻媒体及其作品等；作为专业人，希望提供工作之便，如一条有发表价值的消息，一个有利于拍到照片的角度等，记者的合理要求要尽量满足。对待记者千万不能趾高气扬，态度傲慢，一定要温文尔雅，彬彬有礼。

三、发布会的善后事宜

发布会举行完毕后，主办单位应在一定的时间内，对其进行一次认真的评估善后工作，主要包括如下两个方面的工作：

（一）整理会议资料

整理会议资料有助于全面评估发布会会议效果，为今后举行类似会议提供借鉴。发布会后要尽快整理出会议记录材料，对发布会的组织、布置、主持和回答问题等方面的工作进行回顾和总结，从中吸取经验，找出不足。

（二）收集各方反映

首先，要收集与会者对会议的总体反映，检查在接待、安排、服务等方面的工作是否有欠妥之处，以便今后改进。

其次，要收集新闻界的反映，了解一下与会的新闻界人士有多少人为此次新闻发布会发表了稿件，并对其进行归类分析，找出舆论倾向，同时，对各种报道进行检查，若出现不利于本组织的报道，应做出良好的应对。若发现不正确或歪曲事实的报道，应立即采取行动，说明真相；如果是由于自己失误所造成的问题，应通过新闻机构表示谦虚接受并致歉意，以挽回声誉。

第三节　展览会礼仪

组织通过举办展览会，运用真实可见的产品和热情周到的服务，全面的资料、图片介绍和技术人员的现场操作，吸引大量的参观者，使其留下深刻的印象。它是组织重要的公共关系活动之一。

一、展览会的特点

（一）形象的传播方式

展览会是一种非常直观、形象、生动的传播方式。展览会通常以展出实物为主，并进行现场示范表演，如在产品展览会上，有专人讲解和示范产品的使用方法。这种直观、形象的活动，容易给参观者留下深刻的印象。

（二）极好的沟通机会

展览活动给组织提供了与公众直接沟通的极好机会。通常展览会上都有专人解答参观者的问题，并就他们感兴趣的问题进行深入讨论。这样，参展单位在让公众了解本组织的同时，还能及时了解公众对本组织传播内容的反应，参展单位可以根据公众反馈的信息进一步做好工作。

（三）多种传媒的运用

展览会是一种复合的传播方式，是同时使用多种媒介进行交叉混合传播的过程，它集多种传播媒介于一体，有声音媒介，如讲解、交谈和现场广播，有文字媒介，如印刷的宣传手册、资料，同时还有图像媒介，如各种照片、录像、幻灯等。这种复合性的沟通效果是其他传播媒介无法比拟的。

二、展览会的组织

举办展览会要精心组织，认真做好以下几个方面的工作：

（一）明确展览会的主题

每一次、每种类型的展览会都应有明确的主题和目的。只有主题明确，才能提纲挈领，对所有展品进行有机的排列组合，充分展示展品的风采。否则主题不明，眉毛胡子一把抓，就很难把展品、各类资料有机地结合起来。杂乱无章，势必影响展览效果。

（二）搞好展览整体设计

任何一项展览都是一项系统工程，要求必须有一个详细的整体设计。包括：展览场地、标语口号、展览徽志、参展单位及项目、辅助设备、相关服务部门的设置和人员安排、信息的发布与新闻界的联络、对工作人员的培训等，都需要全面设计，周密安排。否则在某一个环节上安排不当都会影响整个展览的效果。

（三）成立对外新闻发布机构

成立对外新闻发布的专门机构，负责与新闻界进行密切的联系。展览过程中往往会发生许多有新闻价值的东西，这就需要有关人员以敏锐的观察力去挖掘、分析并写成各种新闻稿件发表，以扩大影响。同时，要组成专门的机构，专门负责新闻发布的计划，如确定发布内容、发布时机、发布形式等，这样，效果会更好些。

（四）进行展览的效果测定

展览的效果一般体现在观众对展品的反映，对组织形象的认识以及对整个展览会从内容到形式的总体看法等方面。为了检验展览的效果，检验举办各类展览活动的目的是否达到，必须对展览效果进行检测。测定的方法很多，比如，设立观众留言簿，召开座谈会听取反映，检验公众对展品的留意程度等。

三、展览会的礼仪

展览会的工作人员应当具备良好的素质，明确办展览的目的和主题，了解展览的知识和技能，具备与展览产品有关的专业素质，还要懂得礼仪，从各自不同的角度影响公众，使公众满意。

（一）主持人礼仪

主持人是一个展览会的操纵者，应该表现出决定性人物的权威性。在着装上，要穿西服套装、系领带，拿一个真皮公文包，显示出气派的样子，由此使公众也对其主持的展览会和产品产生信赖感。主持人的形象就是组织实力的一种体现。与宾客握手时，主持人应先伸出手去，等宾客先放手后再放手。

（二）讲解员礼仪

讲解员应热情礼貌地称呼公众，讲解流畅，不用冷僻字，让公众听懂。介绍的内容要实事求是，不弄虚作假，不愚弄听众。语调清晰流畅，声音洪亮悦耳，语速适中。解说完毕，应对听众表示谢意。讲解员着装要整洁大方，打扮自然得体，不要怪异和过于新奇而喧宾夺主。举止庄重，动作大方。

（三）接待员礼仪

接待员站着迎接参观者时，双脚略微分开，与肩同宽，双手自然下垂或在身后交叉，这种站姿不仅大方而且有力。站立时切勿双脚不停地移动，表现出内心的不安稳、不耐烦，也不要一脚交叉于另一只脚前，因为这是不友善的表示。接待人员不可随心所欲地趴在展台上或跷着二郎腿，嚼着口香糖，充当守摊者。随时与参观者保持目光距离，目光要坚定，不可游移不定，也不可眼看别处，以表示你的坦然和自信。

第四节　赞助会礼仪

赞助是指组织对某一社会事业、事件无偿地给予捐赠和资助，从而扩大组织的知名度与美誉度，树立美好形象的活动。赞助会是某项赞助举行时采用的具体形式。

一、赞助的意义

赞助对组织的发展具有特殊而重要的意义，具体表现在以下三个方面：

（一）提高组织知名度

赞助可以使组织的名字伴随所赞助的事件一起传播。如奥运会是举世瞩目的体坛盛会，收看的公众覆盖面非常广，遍布全世界，这样的赞助活动对组织知名度的提高是可想而知的。

（二）提高组织的美誉度

由于赞助活动所赞助的往往是社会大众所关注的、想支持的事业，因此赞助可以树立一个组织关心公益事业的良好形象，改变营利性组织“惟利是图”

的商人形象。

（三）履行组织的社会责任

救灾扶贫，支持公益事业，对社会每个成员来说，人人有份，赞助活动正体现了组织在建设精神文明、履行社会责任和义务方面的积极态度。

二、赞助的类型

赞助活动的类型很多，常见的赞助类型有以下几种：

（一）赞助体育事业

主要包括为体育馆捐资和赞助大型体育比赛，其中以后者居多，因为体育比赛是当今的社会热点之一，对其进行赞助，往往可使本单位名利双收，一举两得。

（二）赞助文化活动

主要指赞助电影、电视节目的制作、赞助广播节目、报刊开辟专栏、赞助文艺表演、赞助知识竞赛、艺术节、文化节等大型文化活动。这种赞助活动，不仅有助于社会主义文化事业的发展，有助于全民族文化素质的提高，也有助于培养组织和公众的良好情感，提高知名度。

（三）赞助教育事业

教育的发展是关系到国家千秋大业的大事。赞助教育事业，既有利于教育事业的发展，也会使组织从中受益。赞助教育的方式，主要有赞助设立奖学金，赞助学校教学、科研经费、仪器设备、基本建设经费及赞助社会办学等。

（四）赞助社会福利事业

这主要指为贫困地区、残疾人、孤寡老人和荣誉军人等提供帮助的活动。这类赞助体现了组织高尚的道德品质，也是组织向社会表明其承担社会义务和责任的手段。

不管赞助对象是谁，赞助单位向单位和个人提供的赞助物品主要有四类：一是金钱，赞助单位以现金或支票的形式，向受赞助者提供赞助。二是实物，赞助单位或个人以一种或数种具有实用性的物资的形式，向受赞助者所提供的赞助。三是义卖，赞助单位或个人将自己所拥有的某件物品进行拍卖，或是划定某段时间将本单位或个人的商品向社会出售，然后将全部所得，以现金的形式，再向受赞助者提供赞助。四是义工，赞助单位或个人派出一定数量的员工，前往受赞助者所在单位或其他场所，进行义务劳动和有偿劳动，然后以劳务的形式或以劳动所得来提供赞助。

三、赞助会的礼仪

赞助活动实施之际，往往需要举行一次聚会，将有关的事宜公告于社会。

这种以赞助为主题的赞助会，在赞助活动中，尤其是大型赞助中，大都必不可少。赞助会一般由受赞助者操办，也可由赞助者操办。

（一）场地的布置

赞助会的举行地点，一般可选择受赞助者所在单位的会议厅，也可租用社会上的会议厅。会议厅要大小适宜，干净整洁。会议厅内，灯光亮度适宜。在主席台的正上方，悬挂一条大红横幅，在其上面，应以金色或黑色的楷书书写着“某某单位赞助某某项目大会”，或者“某某赞助仪式”的字样。赞助会会场的布置不可过度豪华张扬，略加装饰即可。

（二）人员的选择

参加赞助会的人员既要有充分的代表性，又不必在数量上过多。除了赞助单位、受赞助者双方的主要负责人及员工代表之外，赞助会应当重点邀请政府代表、社区代表、群众代表以及新闻界人士参加。所有参加赞助会的人士，与会时都要身着正装，注意仪表，个人动作举止规范，以与赞助会庄严神圣的整体风格相协调。

（三）会议的议程

赞助会的具体会议议程应该周密、紧凑，其全部时间不应超过一小时。其议程如下：

第一，宣布会议开始。赞助会的主持人，一般应由受赞助单位的负责人或公关人员担任。在宣布正式开会之前，主持人应恭请全体与会者各就各位，保持肃静，并且邀请贵宾到主席台上就座。

第二，奏国歌。此前，全体与会者须一致起立。在奏国歌之后，还可奏本单位标志性歌曲。

第三，赞助单位正式实施赞助。赞助单位代表首先出场，口头上宣布其赞助的具体方式或具体数额。随后，受赞助单位的代表上场。双方热情握手。接下来，由赞助单位代表正式将标有一定金额的巨型支票或实物清单双手捧交给受赞助单位代表。必要时礼仪小姐要为双方提供帮助。在以上过程中，全体与会者应热烈鼓掌。

第四，双方代表分别发言。首先由赞助单位代表发言，其发言内容，重在阐述赞助的目的与动机。与此同时，还可将本单位的简况略做介绍。然后由受赞助单位代表发言，集中表达对赞助单位的感谢。

第五，来宾代表发言。根据惯例可以邀请政府有关部门的负责人讲话。其讲话主要肯定赞助单位的义举，呼吁全社会积极倡导这种互助友爱的美德。该项议程，有时也可略去。至此赞助会结束。

会后，双方主要代表及会议的主要来宾，应合影留念。此后，宾主双方稍事晤谈，来宾即应告辞。

第五节　联欢会礼仪

联欢会是一个宽泛的概念，它包括各种组织举办的节日联欢会（如新年联欢会、春节联欢会）、文艺晚会（如歌舞晚会、电影晚会、戏曲晚会、相声小品晚会）、游艺晚会等。联欢会对于提高组织凝聚力、向心力，活跃员工的文化生活，加强与外部公众的文化沟通，提高组织形象都起着积极的作用。联欢会重在娱乐，但也不可忽视其礼仪，否则会事倍功半。

一、联欢会的准备

（一）确定主题

为了使联欢会起到“教人”和“娱人”的双重作用，要精心确定联欢会的主题，使其有明确的指导思想和预期的目标。在此基础上选择联欢会的形式，适宜的形式对联欢会的成功意义重大；联欢会的形式可以不拘一格，不断创新。

（二）确定时间、场地

联欢会的时间一般应选在晚上，有时也可根据情况选择在白天。其会议长度一般在两小时左右为宜。联欢会的场地选择非常重要，最好选择宽敞、明亮，有舞台、灯光、音响的场地。场地应加以布置，给人以温馨、和谐、喜庆、热烈之感。联欢会的座次要事先安排好，一般应将领导安排在醒目位置，其他公众最好穿插安排，以便于交流沟通。

（三）选定节目

要从主题出发来选定节目，尤其是开场和结尾的节目一定要精彩、有吸引力。节目应多种多样，健康而生动，各种形式穿插安排，不可头重尾轻，更不可千篇一律。在正式的联欢会上，要把选定的节目整理编印成节目单，开会时发给观众，为观众提供方便。

（四）确定主持人

主持人是联欢会的关键人物，应选择仪表端庄，表达能力强，有一定的组织能力、应变能力，熟悉各项事务的人担当主持人。一场联欢会的主持人最好不少于两人（通常为一男一女）。主持人也不可过多，以免给人以凌乱无序之感。

（五）彩排

正式的联欢会一定要事先进行彩排。这样，有助于控制时间、堵塞漏洞，增强演职人员的信心。非正式的联欢会也要对具体事宜逐项落实，做到万无一失。

二、观众的礼仪规范

观众在参加联欢会、观看演出时，应严守礼仪规范，这主要包括以下几个方面：

（一）提前入场

一般情况下，在演出正式开始之前一刻钟左右，观众即应进入演出现场，注意不要迟到。入场后要对号入座，在自己的座位上就座时，要悄无声息，坐姿优雅。切勿将坐椅弄得直响，或坐姿不端。

（二）专心观看

参加联欢会观看节目时要专心致志，全神贯注。不能交头接耳，窃窃私语；不能进行通讯联络，要自觉关闭手机等移动通讯设备，或处于“静音”状态；不要吃东西，不要吸烟，更不能随意走动或大声讲话、起哄等。总之，要自觉维护会场的秩序，保持安静，使联欢会顺利进行。

（三）适时鼓掌

当主要领导、嘉宾入场或退场时，全场应有礼貌地鼓掌。演出至精彩处时也应即兴鼓掌，但时间不宜太长，演出结束时可鼓掌以示感谢。对可能表演不佳的演员，要予以谅解，不要鼓倒掌，更不能吹口哨、扔东西等，因为这些做法是非常没有修养的表现。演出结束时，全体演员登台谢幕时，观众应起立鼓掌，再次感谢演员的表演，不能熟视无睹，扬长而去。

第六节　宴会礼仪

宴会是在社交活动中，尤其是在商务场合中表示欢迎、庆贺、饯行、答谢，以增进友谊和融洽气氛的重要手段。招待宴请活动的形式多样，礼仪繁杂，掌握其礼仪规范是十分重要的。

一、宴会的种类

根据不同的交际目的、邀请对象以及经费开支（公务宴请和家庭宴请）、交际场合，常见的宴会形式有如下几种：

（一）工作宴会

又称工作餐，是一种多边进餐的非正式宴请形式。按照用餐时间，可分为早、中、晚餐，工作餐不重交际形式而强调方便务实，不需事先发请柬，只邀请与某项特定工作有一定关系的领导、技术人员和其他有关人员，一般不请配偶，但排席位，其座位的安排按参加者职务的高低为序。其形式与安排，以干净、幽雅、便于交谈为宜。

(二) 冷餐会

又称冷餐招待会、自助餐，是一种方便灵活的宴请形式。其基本特点是以冷食为主，站着吃。一般不设正餐，但可以有热菜，不安排席次，但也设一些散坐，供老弱、妇女使用。菜肴、酒水和饮料连同餐桌放在长条餐桌上，供客人自取，也可由服务员端送。这种宴请形式，一是不设固定席位，客人可以自由活动，边走边吃；二是便于接触交谈，广泛交往；三是可以容纳更多的来宾。其布置也比正式宴会简便，可以在室内也可在院子里进行。

根据宾主双方身份，冷餐会的规模隆重程度可高可低，还可视财力情况掌握丰俭，举办时间一般安排在中午12时或下午6时，每次约进行两小时左右。用餐时要“一次少取，多次取用”，要注意社交形象。须知，参加冷餐会，吃是次要的，与人交谈才是主要任务。

(三) 酒会

又称鸡尾酒会。以招待酒水为主，略备小吃。酒会不一定都备鸡尾酒，但酒水和饮料的品种应多一些，一般不用烈性酒。食品多为各色面包、三明治、小泥肠、炸春卷等，以牙签取食。酒水和小吃由招待员用盘端送，也可置于小桌上由客人自取。酒会不设座椅，宾主皆可随意走动，自由交往。这种形式比较灵活，便于广泛接触交谈。举行的时间亦较灵活，中午、下午、晚上均可，持续时间两小时左右。在请柬规定的时间内，宾客到达和退席的时间也不受限制，可以晚来早退。酒会多用于大型活动，因此，可以利用这个机会进行社会交际和商务交际。

(四) 家宴

即一般在家中设便宴招待客人，以示亲切、友好。它在社交和商务活动中发挥着尊敬客人和促进人际交往的重要作用，西方人喜欢采取这种形式。

家宴按举行的时间不同，又有早宴、午宴和晚宴；在宴请形式上又可分为家庭聚会、自助宴会、家庭冷餐会和在饭店请客等几种。

家庭聚会是我国目前采用最多的一种请客形式。这种家宴规模较小，形式简单，气氛亲切友好，一般由女主人操办，适合宴请经常往来的至亲好友。

自助宴会的特点是灵活自由，宾主可以一起动手准备，大家合作各显其能，边准备边聊天，这种形式比较随便、自然、亲切。

家庭冷餐会以买来的现成食品为主，赴宴的客人可以站着吃，也可以坐着吃，还可以自由走动挑选交谈对象。这种形式比较受青年人的欢迎。

在饭店请客或请厨师来家中做菜饭，是较为正宗的家宴形式，适用于宴请某些久别的亲友和比较尊贵的客人，或者规模大的婚宴、寿宴等。

二、宴会的组织

宴会对宾客而言是一种礼遇，必须按规定、按有关礼节礼仪要求组织。

（一）确定宴会的目的与形式

宴会的目的一般很明确，如节庆日聚会、工作交流、贵宾来访等。根据目的决定邀请什么人、邀请多少人，并列出客人名单。宴请主宾身份应该对等，宴请范围指请哪些方面人士，多边活动还要考虑政治因素、政治关系等。宴请形式很大程度上取决于当地的习惯做法。

（二）确定宴请的时间和地点

宴会的时间和地点，应当根据宴请的目的和主宾的情况而定。一般来说，宴会时间不应与宾客工作、生活安排发生冲突，通常安排在晚上 6～8 点。同时还应注意宴请时间上要尽量避开对方的禁忌日。例如，欧美人忌讳“13”这个数字，日本人忌讳“4”和“9”两个数字，宴会时间应避开以上数字的时日。宴请的地点，应依照交通、宴请规格、主宾喜好等情况而定。

（三）邀请

当宴请对象、时间和地点确定后，应提前 1～2 周制作、分发请柬，以便被邀请的宾客有充分的时间对自己的日程进行安排。即使是便宴，也应提前用电话准确地通知。

（四）确定宴会规格

宴会规格对礼仪效果的影响是十分明显的。宴会规格一般应考虑宴会出席者的最高身份、人数、目的、主人情况等因素。规格过低，会显得失礼；规格过高，则无必要。确定规格后，应与饭店（酒店、宾馆）共同拟订菜单。在拟订菜单时，应考虑宾客的口味、禁忌、健康等因素。对于个别宾客需要个别照顾的，应尽早做好安排。

（五）席位安排

宴请往往采用圆桌布置菜肴、酒水。采用一张以上圆桌安排宴请时，排列圆桌的尊卑位次有两种情况：一种是由两桌组成的小型宴会，当两桌横排时，其桌次以右为尊，以左为卑。这里所讲的右与左，是由面对正门的位置来确定的。这种做法又叫“面门定位”（见图 5－1）。

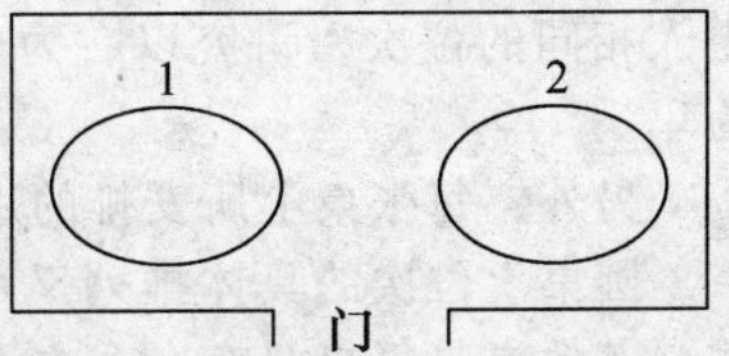

图 5－1　两桌横排的桌次排列方法

当两桌竖排时，其桌次则讲究以远为上，以近为下。这里所谓的远近，是以距正门的远近而言的（见图 5－2）。此法也称“以远为上”。

另一种是三桌或三桌以上所组成的宴会。通常它又叫多桌宴会。桌次的安排除了要遵循“面门定位”、“以右为尊”、“以远为上”这三条规则外，还应兼顾其他各桌距离主桌，即第一桌的远近。通常距主桌越近，桌次越高；距离主桌越远，桌次越低（见图 5－3 和图 5－4）。

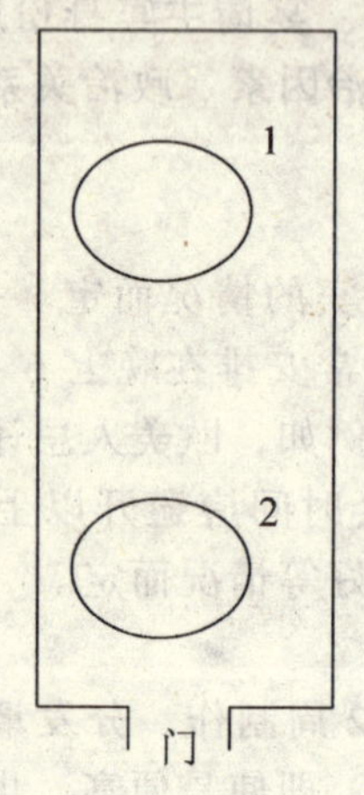

图 5－2 两桌竖排的桌次排列方法

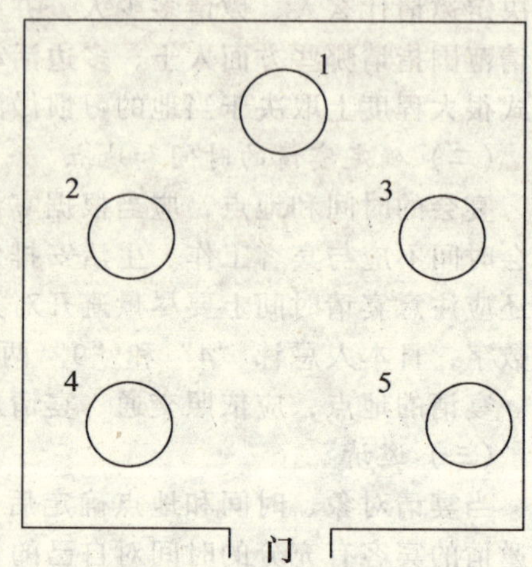

图 5－3 多桌桌次排列方法（1）

同时，需引起注意的是席位安排。在进行宴请时，每张餐桌上的具体位次也有主次尊卑之别。排列位次的方法是主人大都应当面对正门而坐，并在主桌就座；举行多桌宴请时，各桌之上均应有一位主桌主人的代表就座，其位置一般与主桌主人同向，有时也可面对主桌主人；各桌之上位次尊卑，应根据其距离该桌主人的远近而定，以近为上，以远为下；各桌之上距离该桌主人相同的位次，讲究以右为尊，即以该桌主人面向为准，其右为尊，其左为卑。

另外，每张桌上所安排的用餐人数应限于 10 人之内，并宜为双数。

圆桌上位次的具体排列又可分为两种情况：一是每桌一个主位的排列方法。其他桌是每桌只有一个主人，主宾在其右首就座（见图 5－5）。

第二种情况叫做每桌两个主位的位次排列方法。其特点是主人夫妇就座于同一桌，以男主人为第一主人，以女主人为第二主人，主宾和主宾夫人分别在男女主人右侧就座，这样每桌就形成了两个谈话中心（见图 5－6）。

有时，倘若主宾身份高于主人，为了表示尊重，可安排其在主人位次上就座，而请主人坐在主宾的位次上。

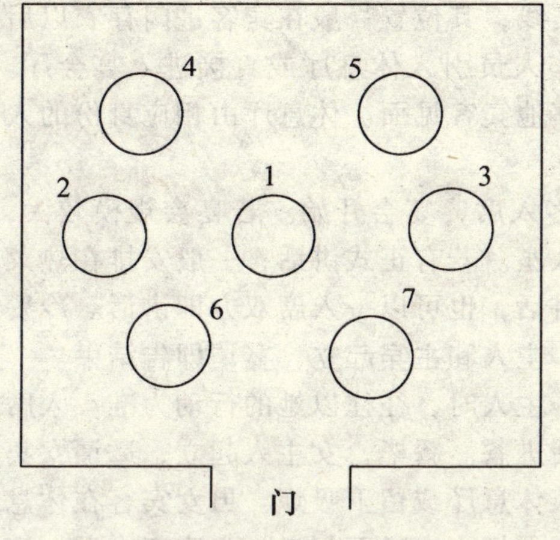

图 5－4 多桌桌次排列方法（2）

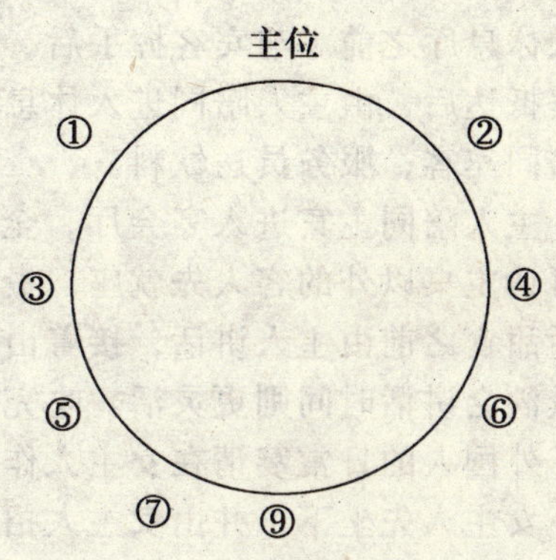

图 5－5 每桌一个主位的位次排列方法

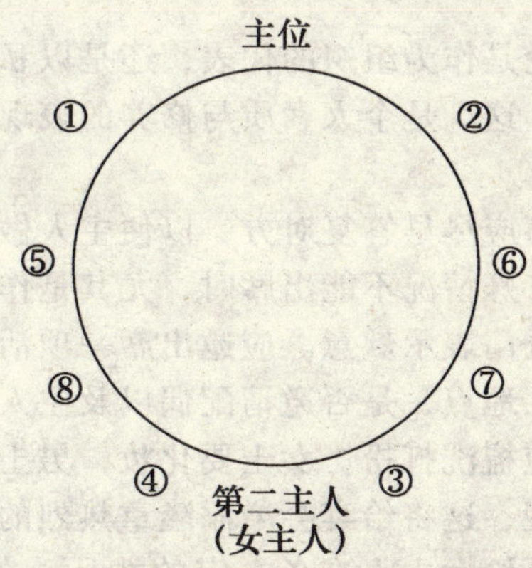

图 5－6 每桌两个主位的位次排列方法

（六）餐具的准备

宴请餐具十分重要，考究的餐具是对客人的尊重。依据宴会人数和酒类、菜品的道数准备足够的餐具，是宴会的基本礼仪之一。餐桌上的一切物品都应十分卫生，桌布、餐巾都应浆洗洁白并熨平。玻璃杯、酒杯、筷子、刀叉、碗碟等餐具，在宴会之前都必须洗净擦亮。

（七）宴请程序

迎客时，主人一般在门口迎接。官方活动除男女外，还有少数其他主要官员陪同主人排列成行迎宾，通常称为迎宾线，其位置一般在宾客进门存衣以后进入休息厅之前。与宾客握手后，由工作人员引入休息厅或直接进入宴会厅。主宾抵达后，由主人陪同进入休息厅与其他宾客见面。休息厅由相应身份的人员陪同宾客，服务员送饮料。

主人陪同主宾进入宴会厅，全体宾客入席，宴会开始。若宴会规模较大，则可请主桌以外的客人先就座，贵宾后入座。若有正式讲话，一般安排在热菜之后甜食之前由主人讲话，接着由主宾讲话，也可以一入席双方即讲话。冷餐会及酒会讲话时间则更灵活。吃完水果，主人和主宾起立，宴请即告结束。

外国人的日常宴请在女主人作为第一主人时，往往以她的行动为准。入席时，女主人先坐下，并由女主人招呼开始进餐。餐毕，女主人起立，邀请女宾与其一起离席。然后男宾起立，随后进入休息厅或留下吸烟。男女宾客在休息厅会齐，即上茶或咖啡。主宾告辞时，主人把主宾送至门口。主宾离去后，迎宾人员按顺序排列，与其他宾客握手告别。

三、赴宴的礼仪

宾客参加宴会，无论是作为组织的代表，还是以私人身份出席，从入宴到告辞都应注重礼节规范。这既是个人素质与修养的表现，又是对主人的尊重。

（一）认真准备

接到邀请，能否出席应尽早答复对方，以便主人做出安排。安排邀请后不要随意改动，万一遇到特殊情况不能出席时，尤其是作为主宾，要尽早向主人解释、道歉，甚至亲自登门表示歉意。应邀出席一项活动之前，要核实宴请的主人，活动举办的时间、地点，是否邀请配偶以及主人对服饰的要求。

出席宴会前，一般应梳洗打扮。女士要化妆，男士应梳理头发并剃须。衣着要求整洁、大方、美观，这将给宴会增添隆重热烈的气氛。

若参加家庭宴会，可给女主人准备一定的礼品，在宴会开始前送给主人。礼品价值不一定很高，但要有意义。

（二）按时抵达

按时出席宴会是最基本的礼貌。出席宴请活动，抵达时间的迟早、逗留时间的长短，在一定程度上反映对主人的尊重，应根据活动的性质和当地习俗掌握。迟到、早退、逗留时间过短被视为失礼或有意冷落。身份高者可略晚些到达，一般客人宜略早些到达。出席宴会要根据各地习惯，正点或晚一两分钟抵达；我国则是正点或提前一两分钟抵达。出席酒会可以在请柬注明的时间内到达。抵达宴会活动地点，先到衣帽间脱下大衣和帽子，然后前往迎宾处，主动向主人问候。如果是庆祝活动，应表示祝贺。对在场其他人，均应点头示意，互致问候。

(三) 礼貌入座

应邀出席宴会活动，应听从主人安排。若是宴会，进入宴会厅之前，先掌握自己的桌次和座位。入座时注意桌上座位卡是否写有自己的名字，不可随意入座。如邻座是长者或女士，应主动协助、帮助他们先坐下。入座后坐姿要端正，不可用手托腮或将双臂肘放在桌上。坐时应把双脚踏在本人座位下，不可随意伸出，影响他人。不可玩弄桌上的酒杯、盘碗、刀叉、筷子等餐具，不要用餐巾或口纸擦餐具，以免使人认为餐具不洁。

在社交场合，无论天气如何炎热，不可当众解开纽扣，脱下衣服。小型便宴时，若主人请宾客宽衣，男宾可脱下外衣搭在椅背上。

(四) 注意交谈

坐定后，如已有茶，可轻轻饮用。无论作为主人、陪客或宾客都应与同桌的人交谈，特别是左邻右座，不可只与几位熟人或一两人交谈。若不相识，可自我介绍。谈话要掌握时机，要视交谈对象而定。不可只顾自己一人夸夸其谈，或谈些荒诞离奇的事而引人不悦。

(五) 文雅进餐

宴会开始时，一般是主人先致祝酒词。此时应停止谈话，不可吃东西，注意倾听。致辞完毕，主人招呼后，即可开始进餐。

进餐时要注意举止文雅，取菜时不可一次盛得过多。盘中食物吃完后如果不够，可以再取。

用餐前应先将餐巾打开铺在腿上，用餐毕叠好放在盘子右侧，不可放在椅子上，也不可叠得方方正正而被误认为未使用过。餐巾只能擦嘴，用时一手捏住一面的上端，另一手相助。餐巾不能用于擦面、擦汗。服务员送的香巾是用来擦面的，擦毕放回原盛器内。

若遇本人不能吃或不爱吃的菜品，当服务员或主人夹菜时，不可打手势，不可拒绝，可取少量放入盘中，并表示“谢谢，够了”。对不合口味的菜，勿显出难堪的表情。我方作为主人宴请时，席上不必说过分谦虚的话。对来华时间过长的人，不必说这是中国的名酒名菜。在给宾客让菜时，要用公用餐具主动让菜，切不可用自己的餐具让菜。

冷餐酒会，服务员上菜时，不可抢着去取，待送至本人面前时再取。周围的人未取到第一份时，自己不可急于去取第二份。勿围在菜台旁，取完即离开，以便让别人取食。

吃食物要讲究文雅，要微闭着嘴咀嚼，不可发出声响。要将食物送进口中，不可伸口去迎食物。食物过热时，可稍候再吃，切勿用嘴吹。鱼刺、骨头、菜渣等不可直接外吐，要用餐巾掩嘴，用筷子取出，或轻吐在叉匙上，放在碟中。嘴里有食物时不可谈话。剔牙时，要用手绢或餐巾遮口，不可边走动边剔牙。吃剩的菜，用过的餐具、牙签等应放在碟中，勿放置桌上。

（六）学会祝酒

作为宾客参加外国举行的宴请，应了解对方祝酒的习惯，如为何人何事祝酒等，以便做必要的准备。

碰杯时主人和主宾先碰，人多时可同时举杯示意，不一定碰杯。祝酒时不可交叉碰杯。在主人和主宾祝酒、致辞时应停止进餐，停止交谈。主人和主宾讲话完毕与贵宾席人员碰杯后，往往到其他席敬酒，此时应起立举杯。碰杯时要注视对方，以示敬重友好。宴会上相互敬酒表示热烈的气氛，但切忌饮酒过量。一般应控制在本人酒量的1/3以内，不可饮酒过量失言失态。不能喝酒时可以礼貌地声明，但不可把杯子倒置，应轻轻按着杯缘。正式场合敬酒一般上香槟酒，此时即使不会喝酒也要多少沾一点，不欲再喝时可轻轻再与对方碰一下杯缘，即表示已经够了。一般倒入杯中的酒要喝完，不然就不礼貌了。

（七）告辞致谢

正式宴会一般吃水果后宴会即结束。此时，一般先由主人向主宾示意，请其做好离席的准备，然后从座位上站起，这是请全体起立的信号。一般以女主人的行动为准，女主人先邀请女主宾离席退出宴会厅。告辞时应礼貌地向主人道谢。通常是男宾先向男主人告辞，女宾先向女主人告辞，然后交叉，再与其他人告辞。

席间一般不应提前退席。若确实有事需提前退席，应向主人打招呼后轻轻离去，也可事前打招呼到时离去。退席时要有礼貌。退席理由应当尽量不使主人难堪和心中不悦。从宴会开始到告辞前不可有任何不耐烦的表示。

对主人的致谢，除了在宴会结束告辞时表达谢意之外，若正式宴会，还可在2~3天内以印有“致谢”或“P. R.”字样的名片或便函表示感谢。有时私人宴请也需致谢。名片可寄送或亲自送达。首先致谢女主人，但不必说过谦的话。

四、吃西餐的礼仪

西餐是西方国家的一种宴请形式。由于受民族习俗的影响，西餐的餐具、摆台、酒水菜点、用餐方式、礼仪等都与中餐有较大差别。目前，由于我国对外交往活动的不断增多，西餐也已成为我国招待宴请活动的一种方式。因此，了解西餐的一般常识和礼仪是十分重要的。

西餐的餐具多种多样。常见西餐餐具有叉、刀、匙、杯、盘等。

摆台是西餐宴请活动中一项专门的技艺，也是必不可少的一个礼仪程序。它直接关系到用餐过程、民族习俗和礼仪规范等。西餐的摆台因国家的不同也有所不同，常见的有英美法国式和国际式西餐摆台。这里我们介绍一下国际式西餐摆台。

国际上常见的西餐摆台方法是：座位前正中是垫盘，垫盘上放餐巾（口布）。盘左放叉，盘右放刀、匙，刀尖向上、刀口朝盘，主食靠左，饮具靠右上方。正餐的刀叉数目应与上菜的道数相等，并按上菜顺序由外至里排列，用餐时也从外向里依序取用。饮具的数目、类型也应根据上酒的品种而定，通常的摆放顺序是从右起依次为葡萄酒杯、香槟酒杯、啤酒杯(水杯)。

吃西餐时，应注意掌握以下几个方面的礼仪：

（一）上菜顺序

西餐上菜的一般顺序是：①开胃菜；②汤；③鱼；④肉；⑤色拉；⑥甜点；⑦水果；⑧咖啡或茶等。菜肴从左边上，饮料从右边上。

（二）餐巾的使用

入座后先取下餐巾，打开，铺在双腿上。如果餐巾较大，可折叠一下，放在双腿上，切不可将餐巾别在衣领上或裙腰处。用餐时可用餐巾的一角擦嘴，但不可用餐巾擦脸，或擦刀叉等。用餐过程中若想暂时离开座位，可将餐巾放在椅背上，表示你还要回来；若将餐巾放在餐桌上表示你已用餐完毕，服务员则不再为你上菜。

（三）刀叉的使用

吃西餐时，通常用左手持叉、右手持刀。用叉按住食物，用刀子切割，然后用叉子叉起食物送入口中，切不可用刀送食物入口。如果只使用叉子，也可用右手使用叉子。使用刀叉时应避免发出碰撞声。用餐过程中，若想放下刀叉，应将刀叉呈“八”字形放在盘子上。用餐完毕，则应将刀叉并拢放在盘子内。

（四）用餐礼节

当全体客人面前都上了菜，主人示意后才开始用餐，切不可自行用餐；喝汤时不要发出声响；面包要用手去取，不可用叉子去取，也不可用刀子去切，面包应用手掰着吃；吃色拉时只能使用叉子；用餐过程中，若需用手取食物，要在西餐桌上事先备好的水盆里洗手（沾湿双手拇指、食指和中指)，然后用餐巾擦干，切不可将水盆中的水当成饮用水喝掉；最好避免在用餐时剔牙，若非剔不可，必须用手挡住嘴；当招待员依次为客人上菜时，一定要招待员走到你的左边时，才轮到你取菜，如果在你的右边，不可急着去取；吃水果不可整个咬着吃，应先切成小瓣，用叉取食；若不慎将餐具掉在地上，可由服务员更换；若将油水或汤菜溅到邻座身上，应表示歉意，并由服务员协助擦干。

第七节 其他会务礼仪

会议的形式是多种多样的，这里再介绍一下茶话会礼仪、座谈会礼仪、电话电视会议礼仪和交际舞礼仪。

一、茶话会礼仪

茶话会是我国传统的聚会方式。有非正式的茶话会，一般是民间自发组织或形成的，比如，一伙熟人聚在一起聊天，这家主人自然会给每位客人敬上一杯茶。大家边喝边说，热热闹闹，十分惬意。谈话一般也没有固定的议题。现在很多组织也经常利用这一形式进行日常的沟通，所以，熟悉茶话会的礼仪是必要的。

（一）茶叶的种类

举办茶话会首先应备好茶叶。我国茶叶品种繁多，大体上可归纳为以下几类：

绿茶，较为著名的绿茶有龙井茶、碧螺春茶、六安瓜片茶、蒙顶茶、君山针叶茶、黄山毛峰茶、庐山云雾茶等。

红茶，驰名中外的有安徽的“祁红”、云南的“滇红”和广东的“英红”。

乌龙茶，又称清茶，较为著名的有福建的“武夷岩茶”、“黄金贵茶”、安徽的“铁观音”茶、广东的“凤凰单丛茶”。

花茶，是以鲜花窨制茶叶而成的再加工茶，这是我国的特产，其主要种类有茉莉花茶、珠兰花茶、玉兰花茶、玫瑰花茶等。

黑茶，较为著名的有普洱茶、六堡茶等。

（二）饮茶的礼仪

在我国，饮茶不仅是一种生活习惯，而且还是一种源远流长的文化传统，即茶文化。饮茶也有许多礼仪，在日本形成了茶道。现以我国的“功夫茶”为例，介绍饮茶的礼仪，它共分10个步骤：①嗅茶，主要向客人介绍茶叶品种、特点和风味，让客人传递嗅赏。②装茶，用茶匙装，切勿用手抓。③润茶。④冲泡。⑤浇壶。⑥温杯。⑦运茶，茶泡好后，将茶壶提起在茶盅边巡行数周，以免壶底水珠滴入茶盅变味。⑧倒茶，将茶盅一字排开，来回冲注，以免浓淡不均。⑨敬茶。⑩品茶。

（三）茶话会的准备

正式的茶话会一般由主办单位或主办人举办，事先要发通知或请柬给被邀请人，其举办地可在会议厅、客厅或花园里举行。正式茶话会除了备有足够茶水之外，一般还备有水果、糕点、瓜子、糖果等。召开茶话会多在节日，如“五一”节、“五四”青年节、中秋节、国庆节、元旦等，借节日之题而发挥，一般也是采用漫谈形式，无中心议题。在正式茶话会上的中心议题可以是祝贺、发感慨、谈感想、作总结、提建议、谈远景，也可以吟诗作唱，畅叙友谊，无固定格式，气氛也比较活跃、轻松、自由。

举办茶话会时，除了准备上好的茶叶之外，还应注意擦净茶具。茶具一般以泥制茶具和瓷制茶具为最佳，其次是玻璃茶具和搪瓷茶具。在我国，泡茶一般不加其他东西，但某些民族以及其他一些国家喜欢在泡茶时加上牛奶、白糖、柠檬片等。有的茶话会还准备咖啡等饮料。

正式茶话会简便易行，在服饰上也没有什么严格规定或特殊要求。

正式茶话会有主办人和有关领导。主办人要负责对来宾的迎送和招呼，主持会议；有关领导也常常以一个普通与会者的身份发言。茶话会不排座次，宾主可以随意交谈。

（四）茶话会的举行

茶话会开始时，一般由主办人致辞，讲话应开宗明义地说明茶话会宗旨，还要介绍与会单位代表或个人，为交际和谈话创造适宜的气氛。

茶话会主持人要随时注意来宾在茶话会上的反应，随时把话题引导到大家都感兴趣的问题上来，或轻松愉快的话题上。参加茶话会的每一个人都有义务维护茶话会的气氛，不使茶话会冷场，也不可使秩序太乱。

有人讲话时，要专心致志地倾听，不要随意打断他人的话，也不可显露烦躁，心不在焉，更不要妄加评论他人的话。自己发言的时候，用词、语气、态度要表现出文明礼貌修养，神态要自然有神，仪态要端庄大方。样子过分拘谨或造作会使人不快。发言时口里应停止咀嚼食物，更要防止嘴角上留残渣来发言。

自由交谈时不要独坐一隅，纹丝不动，而应与左右交谈，尽快找到共同的话题，打破僵局，融洽气氛。

幽默风趣的语言在茶话会上是受欢迎的，但要避免开玩笑，伤害他人自尊；行为举止也不能无一约束，随便走动，推推搡搡，以免搅乱气氛。

茶话会结束时，来宾应向主人道别，也要和新朋友、老相识辞行。不要中途退场或不辞而别。

茶话会应讲究实效，时间不宜过长，以1～2小时为宜。

茶话会不带任务，但追求气氛与聚会的效果。通过与会者的交谈、畅叙，汇之以坐在一起喝茶时共同创造的氛围，来感受他人的思想感情，增进相互间的了解和友谊。

二、座谈会礼仪

邀请有关人员就某一个或某些问题召开会议，收集对某一个问题的反映，就某些方面的问题发表看法，是座谈的形式。座谈会要注意以下礼仪：

（一）发送通知

会议通知要发送及时，至少在开会的前一天发到与会者手中，因为座谈会大都要求与会者发言，早一天接到通知可以稍做准备。会议通知上要写明召开座谈会的时间、详细地点、座谈内容、举办单位名称。如果用电话通知，最好找到参加者本人接电话，表示郑重；如果托人转告，则不要忘了告知座谈会的主题，以免与会者懵懂而去，打无准备之仗，发生尴尬，这对与会者将是失礼的。

（二）会前礼仪

座谈会座位的安排，一般是与会者围圈而坐，主持人也不例外，以便创造一种平等的气氛。如果参加座谈会的人互相多有不认识的，主持人应该一一进行介绍，或引导他们做自我介绍，以融洽会议气氛。

（三）会中礼仪

座谈会开始时，主持者应首先讲明会议的主题以及被邀请者的类别，为什么邀请在座的来参加座谈会，以便使座谈者了解自己与这个座谈内容的联系，明确自己对座谈会的重要性，更积极主动地进入角色。如果开始有冷场现象，主持者可以引导大家先从比较容易作为话题的稍远处或外围谈起，然后逐步逼近座谈会主题。采取点名的方法请某人先发言，是不得已而为之的。

座谈会请一定的对象来参加，就是希望大家来了后能畅所欲言，知无不言，言无不尽。话不在长短，而在于能包容较大的信息量。讲话的时候也不要求非得一个个轮着来，讲完一个算一个，像完成任务似的，允许你一言，我一语，鼓励大家插话和讨论。但插话时，切忌不着边际地打“横炮”，也不要用反唇相讥、惟我独尊的方法和态度发言。要多用探讨、商榷的口气，即使有争论，也要冷静，而不要用冲动和粗暴的语言。

（四）结束礼仪

座谈会结束时，主持者应总结归纳大家的发言，并对大家发言提供的内容（信息）、态度（表现）做出诚恳的肯定，表示座谈对于某项工作有积极的作用。

最后，要向大家表示感谢。

三、电视电话会礼仪

目前，最现代的会议是召开电视电话会议。电视电话会议通过摄像及电视图像传输和讲话的电话声音传输来沟通与会者，并使与会者实现异地同时互相交流。电视电话会议一般设有主会场和分会场，领导出席的会场或主要向外发布传输信息的会场等。居于支配地位的会场设为主会场，其他会场为分会场。

电视电话会议的好处是，可以省去旅途奔波的时间、节省住宿与餐饮的会议费用开销，有时还可以避免会议中激烈的辩论和紧张的气氛。不足之处是，它终究无法取代人们面对面地在同一空间内进行面对面的思想交流的临场感以及情绪影响的真实性。电视电话会议依赖现代通讯系统中的电话和电视系统以及摄像技术，占用频道，具有共时性和跨越空间的特点。参加电视电话会议要注意下列礼仪：

（一）重视个人形象

通过摄像机所展现的自己与平常的样子有很大的不同，也就是通常所说的上相不上相，因此，要注意个人的衣着打扮等外在形象。一般来说，服装通过摄像会产生放大效果，如果男士穿着花格子的西装上衣，看起来就会显得十分刺眼。若不重视穿着打扮，一旦上了荧幕，就会显得十分不得体。对于那些不习惯上电视的人，常会显得姿态僵硬、神情不自然、说话声音忽大忽小，或者常常变换姿势，显出一副坐立不安的样子。

（二）注意说话声音

电视电话会议上的讲话和发言，不仅本会场在听，还同时通过话筒和通讯网络传送到其他各个会场。由于话筒声音敏感，讲话人在讲话中与话筒的距离及角度发生细微变化，都会造成一定程度的声音失真，经过讯号放大，声音失真随之放大，使外地收听者听到的声音忽大忽小，这种现象尽管难以避免，但在讲话发言中要尽量克服。

（三）避免习惯性动作

面对摄像镜头，参加会议者的任何表现，都会被一五一十地拍摄下来。有人老是打断别人的发言，有的人不耐烦地在纸上乱画，有的人搔头发，有的人咬指甲，有的人交头接耳，有的人东张西望，这些个人的习惯性动作变成电视画面，显得很不雅、很失礼，应尽量控制自己，尽量避免。如果是在主会场，或是自己是会议的主要角色，就更应该注意这些小节。

四、交际舞会礼仪

交际舞会会场是高雅文明的场所，是较能充分表现和体验一个商务人员的风采和修养的地方，所以，也应该注意自己的一些行为举止。

(一) 注重仪表

好的仪表和着装，既体现自己的优雅风度，也是对他人的一种尊重。在西方，男士参加正式的交谊舞会的传统服装是白领结、燕尾服。如果没有燕尾服，一般都穿半正式晚礼服。女性的礼服总是很长的裙装，而且极其高雅。在我国，一般来说，男士可穿笔挺的西装，夏天可穿衬衫配西裤，应重整洁；女性可穿裙装，不能穿工作服、牛仔裤、背心、短裤等过于随便的衣服，这会与整个舞会的气氛不和谐。

(二) 口气清新

应邀参加舞会前的饮食，要避免气味强烈的食物，如大蒜、酒等能散发气味的东西。已经吃了应设法进行必要的处理，以清洁口腔。参加舞会要有一份好的心情，好的精神，悦人悦己。跳舞时，男女双方要面带微笑，说话和气。

(三) 邀舞有礼

男女即使彼此不相识，但只要参加了舞会，无论是男士还是女士，都可以互相邀请。通常是由男士主动去邀请女士共舞，体现绅士风度。同时，男士要有意识地照顾在场的每一位女士，尽量不要让某一位女士孤寂地坐在舞场一角，郁郁寡欢。当男士有意邀请一位素不相识的女士跳舞时，必须先观察她是否已有男友伴随，如有，一般不宜去邀请，以免发生误解。当男士邀请舞伴时，要整理好自己的服装，把手擦干净，庄重地走到女士面前，面带笑容、表情自然、举止大方、弯腰鞠躬，做个请的手势，同时轻声说："想请您跳个舞，可以吗?"征得同意后，共同步人舞池。不要没等对方表示愿不愿意时，就伸手去拉对方。参加舞会时，受邀请者也应当落落大方，如果决定拒绝别人的邀请时，更要注意文明礼貌，不要伤害对方的自尊心，千万不要不理不睬或恶语伤人。如果女士已经答应和别人跳这场舞，应当向迟来邀请的男士真诚地表示歉意，说："对不起，已经有人邀请我跳了，等下一次吧。"如果女士决定谢绝男士邀舞时，应当婉转地说："对不起，我累了，想休息一下。"或者说："我不大会跳，真对不起。"以此来求得对方的谅解。已经婉言谢绝别人的邀请后，在一曲未终时，女士不宜同别的男士共舞，否则，会被认为是对前一位邀请者的蔑视，这是很不礼貌的。

思考·讨论·训练

1. 判断正误：

(1) 洽谈室内谈判桌横放，面对洽谈室正门口一侧为上座。

(2) 洽谈会开始时不必寒暄，直接进入正题。
(3) 在普通的办公场所进行洽谈，可以穿得和平时上班一样，不用刻意打扮。
(4) 举行新闻发布会应在一星期前将请柬发给记者，会前还要用电话提醒。
(5) 宴会上，若食物太热，可以用嘴吹凉。
(6) 宴会上，最好不要在嘴里含着食物时说话。
(7) 在正式宴会上，只要一落座就应打开餐巾。
(8) 在进餐前，可以用餐巾擦碗、筷、杯等，以保证干净。
(9) 吃西餐，刀叉并用时右手持刀，左手持叉。
(10) 参加宴请时，嘴里有鱼刺、肉骨头等可以直接外吐。

2. 如何准备洽谈会？

3. 洽谈会上有哪些礼仪规范？

4. 如何准备发布会？

5. 发布会结束后有还哪些工作要做？

6. 展览会的特点是什么？应注意哪些礼仪？

7. 赞助会有哪些礼仪？

8. 作为观众参加联欢会应注意哪些礼仪？

9. 如何准备宴会？

10. 赴宴应注意哪些礼仪？

11. 如何进行宴会的桌次、座次安排？

12. 吃西餐的礼仪有哪些？

13. 茶话会有哪些礼仪？

14. 座谈会上有哪些礼仪？

15. 谈谈交际舞会应注意的礼仪。

16. 参加电视电话会议应注意哪些礼仪？

17. 案例分析：

一位刘小姐和一位姓张的男士在一家西餐厅就餐，男士小张点了海鲜大餐，刘小姐则点了烤羊排，主菜上桌，两人的话匣子也打开了，小张边听刘小姐聊起童年往事，一边吃着海鲜，心情愉快极了。正在陶醉的当口，他发现有根鱼骨头塞在牙缝中，让他不舒服。小张心想，用手去掏太不雅了，所以就用舌头舔，舔也舔不出来，还发出啧啧喳喳的声音，好不容易将它舔吐出来，就随手放在餐巾上。之后他在吃虾时又在餐巾上吐了几口虾壳。刘小姐对这些不太计较，可这时男士想打喷嚏，拉起餐巾遮嘴，用力打了一声喷嚏，餐巾上的鱼刺、虾壳随着风势飞出去，其中的一些正好飞落在刘小姐的烤羊排上，这下刘小姐有些不高兴了。接下来，刘小姐的话也少了许多，饭也没怎么吃。

请指出本例中姓张的男士的失礼之处。

18. 案例分析：

某分公司要举办一次重要会议，请来了总公司总经理和董事会的部分董事，并邀请当地政府要员和同行业知名人士出席。由于出席的重要人物多，领导决定用U字形的桌子来布置会议桌。分公司领导坐在位于长U字横头处的下首。其他参加会议者坐在U字的两侧。在会议的当天开会时，贵宾们都进入了会场，按安排好的座签找了自己的座位就座，当会议正式开始时，坐在横头桌子上的分公司领导宣布会议开始，这时发现会议气氛有些不对劲，有贵宾相互低语后借口有事站起来要走，分公司的领导人不知道发生什么事或出了什么差错，非常尴尬。

请指出此案例中的失礼之处。

判断正误答案：(1) 正确　(2) 错误　(3) 正确　(4) 正确　(5) 错误　(6) 正确　(7) 正确　(8) 错误　(9) 错误　(10) 错误

第六章　求职礼仪

现代社会在对每个人都提出了种种挑战的同时，也提供了各种各样难得的机遇，如何在竞争激烈的人才市场中，力挫群雄，一举应聘成功，在具备良好的专业素养的前提下，掌握必要的惯例与技巧是不容忽视的，尤其是求职中的礼仪礼节，它往往还起着举足轻重的作用。

第一节　做好心理准备

无论是刚从学校毕业的新人，还是等待谋求新职的人，都必须面临求职面试这一关。每个求职的人，都希望在面试时留给主考官一个好印象，从而增大录用的可能性。所以，事先了解面试时的一些必要的礼节，是非常重要的。可以说，这是求职者迈向成功的第一步。

中国有句古话："知己知彼，百战不殆。"面试就如同一场试探性的战斗，战斗的双方就是面试单位的主考官和参加面试的自己。

一、研究主考官

招聘主考官看好什么样的面试者呢？请看下面这个小例子，这是一位主考官谈到的一件事：

面试从你接到电话通知的那一刻就已经开始了。也许是等待就业的心情比较迫切吧，我在通知有资格参加下一轮面试的面试者时，一般从电话另一头听到的都是一些浮躁的声音，这里摘了一段我们的对话，供大家参考：

"喂"

"喂，您好，请问是×××先生吗？"

"你是谁啊？"（当时，我的心里已经不高兴了，但是不会表露出来）"我是××公司的，请问您参加了我们公司的招聘吗？"

"哪个公司"（肯定是撒大网了）"我们把您的面试时间安排在了明天的×××，地点在×××"

"我记一下，你们是什么公司？"（Oh，my god!）……

这样，我就会把我的看法写在他（她）的简历上，供明天面试的时候参考，影响可想而知！

由此可知，主考官对应聘者的考察是全面而具体的。

应聘者“研究主考官”，这里所说的“研究”是要试想一下主考官会从哪些方面来考察、评价面试者。综合起来，有以下几个方面：

主考官可能会先评价一个应聘者的衣着、外表、仪态和行为举止。

主考官会对应聘者的专业知识、口才、谈话技巧做整体考核。

主考官可能会从面谈中来了解应聘者的性格和人际关系，并从谈话过程中了解应聘者的情绪状况以及人格成熟的程度。

主考官会在面试时，观察应聘者对工作的热情程度和责任心，了解应聘者的人生的理想、抱负和上进心。

二、研究自己

研究自己包括以下几个方面的内容：

认识自己，了解自己的长处、兴趣、人生目标、就业倾向等。许多学校都会为毕业生就业求职开设一些辅导，帮助毕业生分析个人的专业和志向，作为毕业生，你可以充分利用这个渠道，为求职预先做好准备。听取家人和有社会经验的亲友的意见和建议，修正个人的志愿，也是很有必要。

搜集招聘公司的相关资料，了解该公司目前的经营状况、企业文化、未来的发展等情况，这项工作可以使你更能把握现有情况，增强面试时的信心。

准备一份清楚、详尽的履历表（个人简历）。履历表（个人简历）要写得真实而又能给人留下深刻的印象。

事前的演练可以帮你发现问题，放松紧张的精神。

参加面试一定要抱着谨慎的态度，不浪费每一次机会，并把每一次面试当作重要的经验积累起来，千万不要有随便或侥幸的心理。人与人的作用是相互的，你若是郑重其事，对方也自然会重视你。

了解并演练一下必要的面试礼仪。平时，你可能是一个非常自由、无拘无束的人，对任何繁文缛节都不屑一顾，但在面试之前，你多少要了解一些面试的礼仪，它对你争取那个职位有很大帮助。在面试之前，演练一下你并不熟悉的礼仪，会让你在面试中表现得轻松自如。

准备一套适合面试的服装。对于一个大学毕业生来说，毕业工作意味着社会角色的转变，求职是参加工作的第一步，你的穿着一定要符合你的新社会角色。对男士来讲，拥有一套合身、穿着舒服但不用很昂贵的西装是非常有必要的。对女士来讲，暂时把时装收起来，身着职业套装会平添几分成熟和风韵。

第二节 准备面试材料

在双向选择过程中，大多数用人单位安排面试的依据是有关反映毕业生情况的书面材料，通过这些书面材料来判断和评价毕业生的学习成绩、工作潜力。毕业生要成功地向用人单位推销自己，拟定具有说服力和吸引力的求职面试材料是成功的第一步。

面试材料包括毕业生就业推荐表、简历、自荐信、成绩单及各式证书（获奖证书，英语、计算机等各类技能等级证书）、已发表的论文及取得的成果等。

一、毕业生就业推荐表

毕业生就业推荐表是反映毕业生综合情况并附有学校书面意见的推荐表。毕业生就业推荐表一般包括毕业生基本资料、照片、学历、社会工作、获奖情况、科研情况、个人兴趣特长等，一般还应附有教务部门出具的成绩单。其中，该表的综合评定及推荐意见部分是由最了解毕业生全面情况的辅导员填写，并且是以组织负责的形式向用人单位推荐，具有较大的权威性和可靠性，所以，大多数用人单位历来把该表作为接收毕业生的主要依据。毕业生就业推荐表正式只有一份，必须用正式表签订就业协议。

二、简历

简历主要是针对应聘的工作，将相关经验、业绩、能力、性格等简要地列举出来，以达到推荐自己的目的。由于毕业生就业推荐表栏目和篇幅限制，多数毕业生更希望有一份个性突出、设计精美、能给用人单位留下深刻印象的简历。

（一）简历的设计原则

1. 真实。简历从内容上讲必须真实，比如，选了什么课，就写什么课；如果没有选，就不要写。兼职工作更是如此，做了什么，就写什么。不要做了一，却写了三或四。因为在面试时，你的简历就是面试官的靶子，他会就简历上的任何问题提出疑问。如果你学了或做了，你就能答上来，否则你和考官都会很尴尬，你在其眼里的信誉也就没有了，这是很不利的。讲真话，不要言过其实，相信自己的判断力是十分重要的。

如果你没有参加任何兼职工作，你可以不写，因为主考官知道你是刚刚要毕业的学生，而学生的本职工作就是学习。或许你就是重点地学了本专业，没有顾上其他；或许你在学习本专业同时选择了第二专业或辅修专业；或许你虽然没有在校外兼职，但在校内系里或班里做了大量社会工作。总之，你会有自己的选择，也会珍惜自己的选择，并为自己的选择骄傲。这样，你就没有必要为没有兼职工作而苦恼或凭空捏造。请记住，主考官都是从学生过来的，他们会尊重你的选择。

2. 简明。简历，简历，最好简单明了。如果简历内容过多，又缺乏层次感，会给人以琐碎的感觉。必要信息如姓名、性别、出生年月、联系电话和地址等一定要写上。相比之下，身高、体重、血型、父母甚至兄弟姐妹做什么工作并不是非常重要的，这些内容纯属辅助信息，可要可不要，至少不应占据重要位置。可以将自己认为重要的信息全部浓缩到第一页上，然后把认为次要的信息，诸如每学期成绩单、获奖证书复印件等信息都当做附件。这样的简历主考官只看一页就清楚了，主次分明，非常有效，主考官如果感兴趣，可以继续看附件里的文件。

3. 无错。简历应该没有错误，尽可能在寄出简历之前，一个字一个字地检查一遍，标点符号也不能落下。否则会被认为是一个粗心的人，在激烈的竞争中就可能被淘汰。

(二) 简历的内容

简历并没有固定格式，对于社会经历较少的大学毕业生，包括个人基本资料、学历、社会工作及课外活动、兴趣爱好等，其内容大体包括以下几方面：

1. 个人基本材料。主要指姓名、性别、出生年月、家庭住址、政治面貌、身高、视力等，一般写在简历最前面。

2. 学历。用人单位主要通过学历情况了解应聘者的智力及专业能力水平，一般应写在前面。习惯上书写学历的顺序是按时间的先后，但用人单位更重视现在的学历，最好从现在开始往回写，写到中学即可。学习成绩优秀，获得奖学金或其他荣誉称号是学习生活中的闪光点，可一一列出，以加重分量。

3. 生产实习、科研成果和毕业论文及发表的文章。这些材料能够反映你的工作经验，展示你的专业能力和学术水平，将是简历中一个有力的参考内容。

4. 社会工作。近几年来，越来越多的用人单位渴望招聘到具有一定应变能力、能够从事各种不同性质工作的大学毕业生。学生干部和具备一定实际工作能力、管理能力的毕业生颇受青睐。社会工作对于仍在求学的毕业生来说，主要包括社会实践活动和课外活动，是应聘时相当重要的。

5. 勤工助学经历。即使勤工助学的经历与应聘职业无直接关系，但勤工助学能显示你的意志，并给人留下能吃苦、勤奋、负责、积极的好印象。

6. 特长、兴趣爱好与性格。是指你拥有的技能，特别是指中文写作、外语及计算机能力。兴趣爱好与性格特点能够展示你的品德、修养、社交能力及团队精神，它与工作性质关系密切，所以用词要贴切。

7. 联系方式。联系地址、电话、邮政编码千万不要忘记写，以免用人单位因联系不到你而失去择业机会。

三、自荐信

自荐信，即求职信的基本内容应该包括如下几个方面：①写明用人信息的来源及自己所希望从事的工作岗位，否则，用人单位将无法回答。②愿望动机。这是自荐信的核心内容，说明自己要求竞争所期望的职业的理由和今后的目标。③所学专业与特长。将大学所学的重要专业课程写入，但不要面面俱到，以免使主要的专业课程“淹没”在文字之中。对自己熟悉的、有兴趣的，特别是与期望单位所需人才职业关系紧密的，可多写一些。④兴趣和特长，要写得具体真实。

最后，应提醒用人单位留意你附带的简历，请求给予同意等。

信函求职在毕业生求职过程中，是最常用的、最主要的方式。求职信由开头、正文、结尾和落款组成。在开头，要有正确的称呼和格式，在第一行顶格书写，比如，“尊敬的人事处负责同志”、“尊敬的张教授”等，加一句问候语“您好”以示尊敬和礼貌。正文部分主要是个人基本情况即个人所具备的条件。求职信的核心部分要从专业知识、社会实践能力、专业技能、性格特长等方面使用人单位确信，他们所需要的正是你所能胜任的。结尾部分可提醒用人单位回答消息，并且给予用人单位更为肯定的确认：“您给我一个机会，我会带给您无数个惊喜！”结束语后面，写表示敬意的话，如“此致”、“敬礼”。落款部分署名并附日期。如果有附件，可在信的左下角注明。

求职信的信封、信纸最好选用署有本学校的信封、信纸，忌讳选用带有外单位名字的信封、信纸。字迹清晰工整。如果能写一手漂亮的书法，最好手写，因为更多的人相信“字如其人”。如果字写得不好看，就不如用计算机打出来，篇幅要适中，不宜过长，1000 字左右较为合适。求职信是个人与单位的第一次接触。所以，文笔要流畅，可以有鲜明的个人风格，但不可过高地评价自己，也不可过于谦虚。要给用人单位留下较为深刻的印象。最后，要留下自己的联系方式。

在毕业就业推荐表、简历和自荐信后，还应附有成绩单及各式证书、已发表的文章复印件、论文说明、成果证明等。如果本专业是比较特殊的话，还应附一份本专业介绍。

第三节 熟悉面试方法

求职面试的基本方法有电话自荐、考试录用、网上应聘等，在各种方法中也有很多应试技巧，掌握这些方法和技巧，会有助于你求职面试取得成功。

一、电话自荐

通过电话推荐自己，是一种常用的求职方式，如何充分地利用电话接通后的短暂时间，用最简洁明了的语言，清楚地表达自己，能否给对方留下一个深刻清晰的印象，是同学们十分关心的问题。

打电话之前，一定要做好充分的准备工作。谈话内容上要了解用人单位的有关情况，尽量做到心中有数。其次要对自己有一个客观、公正的认识。最后要根据用人单位的需求情况，结合自己的特长，列出一份简单的提纲，讲究条理并重点地介绍自己，力争给受话人留下深刻印象。另外，还要调整好自己的心态，做好充分的心理准备，努力控制好说话的语音、语调、语速，在短暂的时间里，展现自己积极向上、有理有节的个人良好品质。

电话接通后，应有礼貌地询问："请问这是某单位人事处吗?"在得到对方单位的肯定答复后，应做简短的自我介绍，并说明来电意图。求职者一定要言简意赅，并着力表现自身特长，与所求职位相互吻合。

二、考试录用

笔试是一种常用的考核方法，笔试限于一专业技术要求很强，对录用人员素质要求很高的单位，如一些涉外部门或技术要求高的专业公司等。

参加笔试前，应了解笔试的大体内容。一般而言，用人单位的笔试包括以下几个方面的内容：一是对于知识面的考核，包括基础知识和专业知识；二是智力测试，主要测试受聘者的记忆力、分析观察力、综合归纳能力、思维反应能力；二是技能检测，主要是对其处理实际问题的速度与质量的测试，检验其对知识和智力运用的程序和能力。

参加笔试时，要按要求准时到场，不能迟到。卷面要整洁，字迹工整，给阅卷老师留下良好的印象。在考试过程中，绝对不能作弊或搞小动作，对于这一点，用人单位是尤其看重的。

三、网上应聘

网上求职首先要准备一份既简洁又能吸引用人单位的求职信和简历。求职信的内容包括：①求职目标——明确你所向往的职位；②个人特点的小结——吸引人来阅读你的简历；③表决心——简单有力地显示信心。

在准备求职信时还要注意控制篇幅，要让人事经理无须使用屏幕的流动条就能读完；直接在内编辑，排版要工整；要做到既体现个人特点又不吹嘘。对于网上求职来说，简历的准备相对比较简单，在“中华英才网”等人才网站上都提供标准的简历样本。需要注意的是，学历和工作经历要按时间顺序倒着填，也就是把最近的工作经历和学历写在最前面，以便招聘方了解你目前的状况。在填写工作经历时，很多求职者只是简单列出工作单位和职位，没有详细描述工作的具体内容，而招聘方恰恰就是根据你做过什么来评估你的实际工作能力的。除非应聘美工职位，否则不要使用花哨的装饰或字体。

在网上填简历，要严格按照招聘方的要求填写，要求网上填写的就不要寄打印的简历；要求用中文填写的就不要用英文填写；有固定区域填写的就不要另加附件。发送简历是网上求职关键的一步，如果是自己在网上通过 E－mail 发简历，应该以“应聘某某职位”作为邮件标题，把求职信作为邮件的正文，再把简历直接拷贝到邮件正文中。这样，既方便对方阅读，又杜绝了附件带电脑病毒的可能性。如果通过人才网站求职，可以直接把填好的简历发送给招聘单位，网站的在线招聘管理系统还能把个人简历以数据库的方式存储起来，根据求职者的要求，供招聘单位检索和筛选。

第四节　掌握面试礼仪

面试时首先遇到的就是究竟应何时到达面谈地点较为恰当的问题。是准时抵达还是提前到达？若是早到又应以几分钟为宜？在等待的时间中应该注意什么？由于目前的交通状况不甚良好，令人无法预计准确的车程时间，所以，最好提早出门，比原定时间早 5～10 分钟到达面谈地点，所谓“赶早不赶晚”。早到可先熟悉这家公司附近环境并整理仪容。但如果早到 10 分钟以上，千万别在接待区走来走去。因为这样会打扰公司上班的职员，有损他人对自己的第一印象，对后面的面试一点好处也没有。所以，此时可向别人询问盥洗室，在那里可再一次检查自己的服装仪容。接下来轮到自己上场面试时，必须掌握以下要点：

一、入座的礼仪

进入考官办公室时，必须先敲门再进入，之后应等主考官示意坐下才可就座。如果有指定座位，则坐上指定的位子；但如觉得座位不舒适或光线正好直射，可以对求主考官说：“有较强光线直接照射我的眼睛，令我感觉不舒服，如果主考官不介意，我是否可换个位置？”若无指定位置时，可以选择主考官对面的位子坐定，如此方便与主考官面对面交谈。

二、自我介绍的分寸

当主考官要求你做自我介绍时，因为一般情况下都已事先附在自传上，所以，不要像背书似地发表长篇大论，那样会令主考官觉得冗长无趣。记住，将重点挑出稍加说明即可，如姓名、毕业学校名称、主修科目、专长等。如主考官想更深入了解家庭背景及成员，你再简单地加以介绍即可。“时间就是金钱”，通常主考官都是公司的高级主管，时间安排相当紧凑，也因此说明越简洁有力越好，若是说得过于繁杂会突不出重点所在，效果反倒不好。

三、交谈的礼节

交谈是求职面试的核心。面试是与面试官交谈和回答问题的过程，在这个过程中，要根据自我介绍和交谈内容控制音量的大小、语速的快慢、语调的委婉或坚定，声音的和缓或急促，在抑扬顿挫中表现出你的坚定和自信。如果装腔作势，会给人一种华而不实、在演戏的感觉。

交谈时要口齿清晰、发音正确，尽量使用普通话。说话要言简意赅，通俗易懂。不要为了显示自己而只顾使用华丽、奇特的辞藻，这样会很难顾及语言的逻辑和通顺，反而使人感到你用词不当、逻辑思维能力差。此外，急于显示自己的妙语惊人，往往会忽略了自己的语言过于锋利、锋芒太露而显得有些张狂。

交谈过程中要注意掌握和控制语速、语调。一般情况下，语速掌握在每分钟 120 个字左右为宜，要注意语句间的停顿，不要滔滔不绝而让人应接不暇。语调是表达人的真情实感的重要元素，要通过语调表现出你的坚定、自信和放松。

交谈中还要注意谈话礼貌，不要打断对方的讲话，要集中注意力认真“倾听”对方的讲话。听清和正确理解对方的一字一句，不但要听出其“话中话”，而且要听出其“弦外之音”，这样才能做出敏捷的反应。

回答问题是面试交谈的重要方面，得体地回答面试官提出的问题是面试取得成功的关键，面试者要对面试官可能提到的问题有充分的准备。面试时经常碰到的问题（见张韬、施春华、尹凤芝编著的《沟通与演讲》，清华大学出版社，2005 年）主要有如下几个方面：

——你觉得本公司如何？这个问题总是可能在你应征某个工作，进行到第三四次面谈时都会被问到。听起来不是什么问题，但你千万要小心应付。

保守地回答这个问题就要用点计谋。你可以告诉面谈者到目前为止你还没有机会做出一个具体的结论，但从你现在的观察所得，却留下了深刻的印象——这个地方会让你感到非常愉快。如果你确实发现有些地方需要改革，而且你也能提供建议，把你的意见提出来，倒不失为一个好方法。但当你在说这些话时千万要小心。不管你是一位多强的应征者或公司多么需要你这位人才，如果你表现得像一位“乱世英雄”，那很可能就是在替你自己掘坟墓。

——你服从公司领导吗？有一则故事说：一公司正进行招聘面试，老总对甲说请把走廊尽头的窗玻璃打碎，甲照做了；老总又对乙说，请把门口的那桶水泼到楼下车库里坐着的那个工人身上，乙照做了；老总又对丙说，请到厨房将厨师打一拳，丙立刻回绝道：“我不能这样做，因为我的良知不允许。尽管我应该服从您的命令，但我更要服从我的良知。”后来，丙被录用了，可见，要服从而非盲从。

——你最感兴趣的是什么？你也许对什么工作都提不起劲来，但没有人会期望听到你这种答复。面谈者所需要的，就是值得你下工夫的地方。你可以谈谈你非常欣赏公司的行销理念或其他方面，并且解释为什么欣赏它。

——你承担得了压力吗？别急着回答说：“没问题”也许这个压力确实太重了，也许这个压力根本不必加在你身上。不管怎样，先别做下面的答复，避免说你多么善于面对压力，你可以说压力从未给你带来麻烦，或是你很喜欢压力该工作带来的喜悦。

——你的长处在哪里？如果你知道自己的长处是什么，以及它们与这个工作的关系，那么，这个问题不难回答。

但要记住，一定要有具体例证来支持，而且要强调与工作有关的长处。

——你的缺点是什么？你不是在参加团体治疗，也不是感情交流，因此，在回答这个问题时，可以做适当的变化。每个人都有缺点，但并不意味着这些缺点一定会严重地妨碍到你做好工作的能力，甚至有些缺点即使提出来或经过适当的转化根本不会影响面谈者对你的评分。

——你能和别人相处得很好吗？这个问题常出现在一些小公司的面谈。通常这家公司是老板独裁而不太好相处，面谈者希望能知道你的反应。因此，一个较佳、较安全回答方式是：“让我用这个方式说，我从未碰到不能相处的人。”

——你要求的薪水是多少？遇到这类问题最好先问面谈者一个问题：“我觉得先让我们弄清楚在薪水中包含了哪些项目，这样谈起来会更有意义。”如果面谈者坚持你先说出你的要求，可以告诉他你现在的薪水，不要欺骗。

——我担心你缺乏……所缺乏的可能是经验或某些训练。别被这个问题困扰，因为这个问题应该说它是个好征兆，因为只有面谈者已经认为你确实是适合的人才，但还有一些美中不足之外，这个问题才会出现。因此，你可以表示对他的关心感到非常感动，同时立刻给面谈者一些有力佐证，以宽他的心。

——空闲时喜欢做什么？通常这是一个无关紧要的问题，但有时面谈者会想从你的休闲生活中判断是否会适应正常的工作。回答这个问题时，别太得意忘形、长篇大论地谈自己的运动经，除非面谈者对这方面也有深厚的兴趣。即使你没有嗜好，也别直接说出来，这样会让面谈者感觉你的生活圈子太狭窄了。

——你认为什么样的决定尤为难做？如果你用他问题中的这些词回答，就只能对自己不利了。要摒弃那些否定性的词汇："我没有发现什么决定特别'难'做，但确实有时做一些决定要比做另一些决定要多动些脑筋、多做分析。也许你把这叫做'难'，但我认为我拿工资就是做这些事情的。"

——你是不是一个冒险家？这对于警惕性不高的人来说确实是个陷阱。如果你简单地回答说是，对方就会自然地针对你谨慎提问："那么说你有时很草率了？"所以，应在给对方造成可乘之机以前，把问题敲定："你认为'冒险'的定义是什么？能不能说个例子。无论主考是否会深入提问，你已经表明了自己不会作无谓的冒险的，你是个三思而后行的人。如果还要把冒险问题探讨下去的话，要记住既不能让对方认为你是个胆小鬼，也不能让他认为你是个莽夫。"你看我并不想把自己所在的公司置于冒险的境地。

——顾客不买你的货怎么办？做生意免不了会遇上这种情况，并不是你推销什么人们就会买什么。重要的是，在顾客拒绝买你的商品时不要让他拒绝了你。

——一周你需要花多少个小时完成本职工作？在面试中，这是一个耍花招的问题，你如果回答说 40 个小时左右，那就有坐不住，天天盼下班的嫌疑。但如果你回答说 60 个小时，那么别人就会认为你慢腾腾，工作效率低，容易被压垮，那么如何绕过这个陷阱呢？不要答出具体的数字。

——你觉得什么人在工作中难于相处？你应学会千方百计地避免做否定回答的技巧，那么你很可能简单地回答说："我觉得没什么人在工作中难相处。"或"我跟大家都很合得来，"这两种答法都不算坏，但却都不十分可信。你应该利用这个机会表明你是个有集体协作精神的人，"在工作中不容易相处的是那些没有集体协作精神的人，他们不肯干却常抱怨，无论怎样激发他们的工作热情，他们都无动于衷。"

——如果我告诉你在这次面试中表现很差，你会怎么办？你认为这是严重的挫折或是毁灭性的一击吗？那么，你就忽略了问题中的"如果"。考官并没有真的说你表现得很差，而是在问如果他说你表现很差你怎么办？对待批评的关键在于既不抵抗也不接受，而要从中学习。下面这种回答就不错：“那么请指出对我的哪个方面不满意？你认为我存在的问题是什么？通过您的回答我发现你对我有误解，我会尽量解释清楚。如果你认为情况更糟了，我会听取您的建议以便改正错误。当然，我并不愿意听到自己在哪个方面表现糟糕，但毕竟在失败中可以得到珍贵的教训。”

——你并没说服我你可胜任此职。听到“你没有说服我”这句话，你应该抓住机会一下子说服对方你胜任这个工作。这回你还可借鉴资深推销员的经验。当推销员遭拒绝时，他会以提问的方式寻求突破口。你也应该这样做：“你为什么这么说呢?”或“要怎样才能说服你呢?”

——看到我这支笔了吗？推销给我。这是一类典型的考你现场应变能力的问题，旨在测你的实际反应能力，这类问题重在实际反应而不在结果。因此，应这样回答面试官：提问（这种笔的消费者将是什么人呢?）研究这种笔的特点，明确其价值和益处。如果这确实是一个实际的销售情况的话，向面试考官解释你如何取得有关这种笔的市场销路、特点、益处以及价值的全部数据资料。扼要介绍如何利用这些数据制定销售计划。然后形象地勾画出这种笔的未来用户，并以此而选择你事先制定的销售计划。

——如果你只能带三样东西到一座荒岛上的话，带什么呢？你对这个问题的回答就能让人了解你，也同样能了解你对未来职位的理解。如果这个职位需要极大的创造力和想像力，你随身携带的物品就应该是一本《白鲸》、一个记事簿和一艘回家时可乘的船。如果这一职位需要十分讲究实际的话，就应带水、熟悉孤岛上生活的专家以及一条船。

——你找工作花了多少时间？这是个看似无关紧要的问题，但是除非你的工作经历中有了一年左右或更长时间的空缺，你的答案最好是：“我刚刚开始找工作。”如果你确信面试官已经从某种渠道知道了你找工作所花费的时间，比如说你是通过某个知道你的工作历史的人引荐的，那就准备好向面试考官解释为什么你还没收到或接受任何接收函。

不管对与错，许多面试考官认为，你失业的时间越久，你被录用的可能性就越小，所以你要准备好对付这种偏见。

——你怎样应付变化的情况？当然，最好的回答是你善于应变。事物总是处于变化之中，要想保持竞争力，就必须能够适应各种变化，自然界有“物竞天择，智者生存”的规律。社会也一样，技术的革新、人事的变动、领导风格的改变、业务结构的调整，甚至产品的改进等，所有这些都需要我们具有一定的应变能力。

在回答时，你可以找出一个你成功地应付变化的案例，并凭此说明不但能够适应和接受变化，而且能够在变化中得到更大的发展。

——在学校里，你都参加了哪些课外活动？你选择参与了哪些活动？这些活动中你最喜欢哪一个？面试考官通过这个问题来看看你是否是一个勤奋的、充满年轻人激情的人。面试考官对你的学习成绩可能已经在你的简历或应聘材料是中看到了，他现在想了解的是你是否是一个“一心只读圣贤书”的书呆子。

但也要记住，你不能拿这个问题开玩笑。如果你说：“我有许多爱好，但我最爱的是在周末的晚上抱着吉他在女生宿舍楼下唱歌。”当然，这也可能是实话，但这样的回答很可能会降低考官对你的评价。

——假如时光倒流，你从明天起开始新的大学学习，那你会选择哪些课程？为什么？没有哪家公司会相信一个刚从大学毕业的学生就会在工作岗位上应付自如。经验积累的培训对提高工作适应性是完全必要的。因此，作为一个经验相对缺乏的应聘者来说，面试考官很有可能会设法考察一下你的“可塑性”。

对课程选择所做变动的目的在于使自己具有更强的竞争力去应聘职位。因此，你可以选择更多的市场学方面的课程，或是一门会计课程，或是参加更多的统计学的讲座。

同时，也要敢于承认在选择适合自己的课程时确实走了一些弯路。然后还应谈谈那些与工作没有直接关系的课程对你自身综合素质的提高也是有帮助的。

——你在哪门课程上得了最低分？为什么？你认为这会对你的工作表现有所影响吗？对于面试官来说，在面试你以前，他可能已经看过了你的成绩单，但有些人可能并非如此，这时，如果他问起这个问题，你可千万不要自毁前程！

如果你学的是计算机专业，那你就没有理由说在计算机上得了最低分，即使你能证明你是“高分低能”的最好反证，那也可能使你的面试分数打折扣。而如果你应聘的职位就是搞计算机的，那就更值得怀疑了，不是吗？

但如果你是学文学的，高等数学得了最低分，这恐怕情有可原，因为你可能为搞懂文学史上的一个悬念而花费了大量的时间和精力。

——你认为工作中哪些方面是最重要的？对这个问题的错误回答将使你丧失就职机会。这个问题的设计是要考察你的时间分配能力、分辨轻重缓急以及是否有逃避工作任务的倾向。因此，在回答时，要结合你要应聘的职位做出比较贴切的回答。

以下问题你也需要事前妥为准备，当然这只是众多问题中的一部分。

1. 你的长期目标是什么?
2. 你解决问题的创新能力如何?
3. 你能激励他人吗?
4. 你如何使自己成为一位领导者?
5. 你在学校最喜欢的科目是什么?
6. 你小时候的愿望是什么?
7. 到目前为止，你最大的成就有哪些?
8. 你喜欢结交哪一类型的朋友?
9. 你的脾气好吗?
10. 你能为本公司做出什么贡献?
11. 如果你有独善其身的机会，你会多管闲事吗?
12. 在这儿工作，你觉得多久以后应该获得升迁?
13. 你的健康情况如何?
14. 你真热爱工作吗?
15. 你能不为财富而工作吗?
16. 你对批评的敏感程度如何?

此外，在面试交谈中，求职者应记住以下忠告，努力避免以下话题:

1. 先前雇主产权性机密资料。这不仅不该露，还会让面试考官认为你这个人不值得信任。

2. 内心的性别或种族偏见。以为面试考官与你志同道合而大放厥词，是很危险的，因为职场里不容许性别和种族歧视存在。

3. 政治和宗教话题。在求职面试时是不应涉及的。

4. 心爱的明星或运动员。你最喜欢的可能是面试考官最讨厌的，即使面试考官仅凭这一点就反对你很不合理，可是也无可厚非。

5. 为面试考官取得某物或某种特殊商品的提议。举例来说，“我能为你买到批发价”或许是事实，或换了个场景会表现出你待人的热忱，可是，对于面试则格格不入，而且会显得你贿赂面试考官。

6. 谈到你刚搬离之某地区的天气或交通，或任何风土人物，你把它们批评得体无完肤。你也许碰巧批评到面试考官的家乡，而面试考官又正巧深感怀乡之情。

7. 你如何地厌恶数学、科学或其他别的学科，虽然表面上看来似乎与此职位无关，但实际上，公司领导阶层也许正巧期望员工擅长数理。

8. 抱怨面试考官让你久等，或是填写工作申请表或接受文字录入的房间热得会烤死人。你想表现给面试考官的是你的积极面，但一味地抱怨会适得其反。

9. 老提大人物名号以自抬身价。假使你真的与某些社交名流为友，要留心别造成你在吹嘘自己的印象。

10. 主动自暴其短。比如说，由于家庭负担重，你无法同意下午五点以后留下来加班，在这里没有必要主动自暴其短，除非雇主明言员工必须同意留下来加班是获得该职位的先决条件，若这样，你一定要实话实说。请记住，某些状况临场会有变化，要自行斟酌；万一到时候公司对你提出特殊要求，说不定你的状况已有改变。

11. 话题偶尔会陷入沉默，为了化解冷场的情况，你脑中浮现的念头，不可随意脱口而出，务必三思而后言。

12. 漫无焦点闲扯淡。你回答完问题或做完一段评论，应就此打住，等待下文。话点到为止，喋喋不休，徒劳无益。

13. 将面试考官赞美得天花乱坠，即使你诚心佩服他人，在这种情况下，你的赞美可能遭到误解。当然，你可以这样说："与您面晤是一种愉悦，谢谢您。"

四、拥有职业化举止

一家医疗机构为了选拔护士长进行了一次面试。一位应试者在笔试中是佼佼者，但在面试过程中，她不但拍桌子，脚不断地敲打地板，身体还时不时地扭动。她认为自己很有希望，但结果却落选了。她为什么会落选呢？原因就是她缺乏职业化的举止。

许多面试者往往只注重衣着和话语，而忽略了胜过有声语言的形体语言。职业化的举止，就是一种无声却胜过有声的形体语言。形体语言是指人的动作和举止，包括姿态、体态、手势和表情。

在面试中，面试者应该特别注意自己的站姿、坐姿、走姿、握手和表情等。

站姿给人的印象非常重要。人们往往认为其简单而忽略它的重要性。站立应当身体挺直、舒展、收腹，眼睛平视前方，手臂自然下垂。这样的站姿给人一种端正、庄重、稳定、朝气蓬勃的感觉。如果站立时歪头、扭腰、斜伸着腿，会给人留下轻浮、没有教养的印象。

面试时的坐，不要贪图舒服。许多人养成了瘫坐的习惯，在面试一下子就表现出来了。正确的坐姿从入座开始，入座的动作要轻而缓，不要随意拖拉椅子，身体不要前后左右晃动，背部要与椅背平行，沉着地安静地坐下。落座后，上身要保持直立状态，既不前倾，也不后仰。双手自然下垂，肩部放松，五指并拢。男女的坐姿还有一定的区别：男士可以微分双脚，这样给人以自信、豁达的感觉，双手可以随意放置；女士一般要并拢双膝，或者小腿交叉端坐，这样，给人端庄、矜持的感觉，双手一般要放在膝盖上。

以下这些做法是应该避免的：

拖拉椅子，发出很大的声音。

一屁股坐在椅子上。

坐在椅子上，耷拉着肩膀，含胸驼背，给人萎靡不振的感觉。

半躺半坐，男的跷着二郎腿，女的双膝分开、叉开腿等，给人放肆和缺乏教养的感觉。

坐在椅子上，脚或者腿自觉不自觉地颤动或晃动。

面试时重要的是自信。这种自信可以通过你的走姿表现出来。现在，越来越多的公司强烈地意识到走姿的重要性。自信的走姿应该是，身体重心稍微前倾，挺胸收腹，上身保持正直，双手自然前后摆动，脚步要轻而稳，两眼平视前方。步伐要稳健，步履自然，有节奏感。需要注意的是，如果同行的有公司的职员或接待小姐，你不要走在他们前面，应该走在他们的斜后方，距离一米左右。

每个人都会有一些属于自己的习惯动作，比如说，挠头、揉眼睛、玩儿手指、双手交叉在胸前等，若是在平时，你尽可以去做，但在面试时，都要省略，它们会分散人的注意力，给面试考官留下不好的印象。

中国有句古话“此时无声胜有声”。用你无声的、职业化的举止，向招聘者表明“我是最适合的人选”。

五、面试的其他细节

正在面试时，千万不要出现不礼貌的行为，因为一些小动作也会被主考官列作评判内容。以下举例说明需留意的小节：

不嚼口香糖、不抽烟，尤其现在提倡禁烟，更不要在面谈现场抽烟。与人谈话时，口中吃东西、叼着烟都会给人不庄重的感觉，也显得不尊重对方。

不可要求茶点，除非是咳嗽或需要一杯水来镇定自己。

不要随便乱动办公室的东西。

不要谈论个人故事而独占谈话时间。

自己随身带的物品，不可放置面试考官办公桌上。可将公文包、大型皮包放置于座位下右脚的旁边，小型皮包则放置在椅侧或背后，不可挂在椅背上。

离座时记住椅子要还原，并向主考官行礼以示谢意。

在一般面试者看来，主考官向你表示面谈结束，求职面试的全过程就结束了。其实不然，这只是面谈的结束，求职还没有结束。此时此刻，作为求职者的你，万万不可大意，认为大功告成或没有希望了。面谈结束后的礼仪同样对你很重要。也许可以扭转你的不利局面，在困境中重新获得生机。你一定要使求职过程结束得完美。

六、面试后的礼仪

如果面谈非常顺利，彼此都感到满意，你一定会非常想知道结果如何。到底什么时候询问进一步的消息比较合适呢？

首先，在面谈结束后，应写信给主考官致谢。这不仅体现出你对主考官的尊敬，而且还可以帮助主考官在决定雇用何人时想到你。在写信致谢后几天，就可以打电话询问了。如果对方还没有决定，可以再询问是否还有面试以及自己是否有希望。

如果你被几家公司同时录取，并决定接受其中一个职位，有必要向被你拒绝的公司写信表示感谢，也许将来会有一天换到那家公司工作。这封致谢信会给对方留下良好的印象。

表示拒绝的感谢信应该直接寄给最后决定录用你的人，在信中只要表达你的谢意和已经接受其他公司的工作就可以了，不必作任何解释，也不要提及那家公司的名字。

思考·讨论·训练

1. 判断正误：

(1) 面试从面试者接到面试通知的那一刻就已经开始了。

(2) 面试前应收集招聘公司的相关材料。

(3) 可以将自己认为重要的信息浓缩到简历的前两页上。

(4) 面试交谈时可以使用方言。

(5) 网上应聘，准备求职信时还要注意控制篇幅，要让人事经理无需使用屏幕的流动条就能读完。

(6) 求职信的核心部分要从专业知识、社会实践能力、专业技能、性格特长等方面使用人单位确信，他们所需要的正是你所能胜任的。

(7) 求职信不宜过长，300字左右较为合适。

(8) 政治和宗教话题。在求职面试时是可以涉及的。

(9) 面试交谈，一般情况下，语速掌握在每分钟120个字左右为宜。

(10)就座面试时，男士可以微分双脚，这样给人以自信、豁达的感觉，双手可以随意放置；女士一般要并拢双膝，或者小腿交叉端坐，这样，给人端庄、矜持的感觉，双手一般要放在膝盖上。

2. 面试前应做好哪些心理准备?

3. 如何准备面试材料?

4. 求职面试的基本方法有哪些?

5. 应如何准备个人简历？请为自己设计一份个人简历。

6. 面试时应注意哪些礼仪?

7. 案例分析:

小王，会计和国际贸易双学历大专，毕业时，考虑到专业对口，自身英语基础不错，加上中国加入世界贸易组织，外贸行业前景看好，选择了做外销员。小王先后做了几家公司的外销员，但每次均是试用期内，用人单位就中止了与他的合同。所以，虽然毕业两年多了，可累计工作时间还不超过半年。当小王由父亲陪着再次来到人才交流中心时，引起了交流中心顾老师的注意。他经过观察和与小王进一步沟通发现，小王性格比较内向，不善于表达自己的想法，人际交往能力较差，显得缺乏信心，但对数字比较敏感，办事细心，于是顾老师就推荐了一些统计和出纳方面的岗位让小王去面试。小王经过仔细权衡，接受了顾老师的建议。不久，就有一家公司录用了他，担任“计划统计”一职。小王很快适应了新的工作，做起来得心应手，自己感觉也相当轻松舒畅，并顺利度过了试用期，得到用人单位的肯定。

小王求职失败与成功的原因是什么?

7. 案例分析:

某大公司招聘总经理助理，由总经理亲自面试。应聘者小张来到总经理办公室。总经理一见到小张就说：“咱们好像在一次研讨会上见过，我还读过你发表的文章，很赞赏你所提出的关于拓展市场的观点。”小张一愣，知道总经理认错人了。但转念一想，既然总经理对那人那么有好感，不如将错就错，对我肯定有好处。于是就接着总经理的话说：“对，对。我对那次研讨会也记忆犹新，我提出的观点能对贵公司有帮助，我感到很高兴。”

第二个来应聘的是小高，总经理对他说了同样的话。小高想：真是天助我也，他认错人了。于是说：“我对您也非常敬佩，您在那次研讨会上是最受关注的对象。”

第三个来应聘的是小孙。总经理再次说了同样的话。但小孙一听就站起来说：“总经理先生，对不起，您认错人了。我从来没有参加过那样的研讨会，也没提出过拓展市场的观点。”总经理一听就笑了，说：“小伙子，请坐下。我要招聘的就是你这样的人。你被录用了。”

小孙为什么会应聘成功？求职为什么还要遵循做人诚实的基本道理？

8. 案例分析：

吴涛好不容易才通过了用人单位的几道招聘程序，几道关下来，还算比较顺利，最后一关是与用人单位领导面谈。在面谈中，尽管领导曾当场提示他：“不要着急，放松些。”但他急于求成，竟没有注意，常常是领导的话还没有说完，就表示知道了领导要表达的意思，并按照自己的理解做了回答。

谈话终于结束了，吴涛回到学校等这个单位的消息。可是，过了预定的日期，他没有收到任何消息，他这才觉得自己在应聘中出了问题。

你对面谈中应把握的细节有所了解吗？吴涛的问题出在哪儿呢？

9. 案例分析：

这是某著名中国高等学府的学生的一个应聘过程的案例。此同学应聘企业管理岗位，聘者不小心把应聘者的简历放在了市场营销类里了，下面是聘者与应聘者的一段对话：

应聘者：杨先生，我应聘企业管理岗位，但怎么被安排到市场营销部门这里面试？

聘　者：啊，真对不起，是我的疏忽，把你的简历放错了。那么，我想问你，你应聘企业管理的哪个岗位？

应聘者：办公室管理或者行政管理，你看怎么样？

聘　者：请问你了解办公室工作或行政工作吗？

应聘者：行政工作就是进行企业管理工作，请问咱们公司的办公室的工作都有哪些方面的内容？

聘　者：办公室工作细密琐碎，主要是为各部门和员工服务的一个部门，很辛苦，当然还不一定显成绩，你觉得你愿意从事这样的工作吗？

应聘者：那么，你们公司的市场营销的工作怎么样？我可以试一试吗？

聘　者：你觉得你从事市场营销工作有什么优势吗？

应聘者：我善于交往，善于处理各种人际关系。我的演讲才能也不错，你也许能从我的交谈中感觉出来。再者，我的学习能力十分强，这是知识经济时代中人才竞争的本质。

聘　者：那么，你告诉我什么叫市场营销？

应聘者：市场营销比销售大一些，市场营销还要管到研究、开发、生产、销售等方面。

聘　者：还有吗？

应聘者：市场比销售高级一些。

聘　者：你能告诉我市场营销的“4P 战略”是什么？并告诉我 4P 的英文。

应聘者：产品（Products）、渠道（Place）、价格（Price）、推销……

聘　者：你能告诉我们市场营销与推销的出发点有何不同吗？

应聘者：推销是往外出卖产品，而市场营销是有组织、有计划地销售自己的产品。

聘　者：不，很抱歉，我不能给你机会，因为你出错的地方太多了。

应聘者：您能不能再问一些问题，跟我再谈一谈？

聘　者：不！

应聘的时候应注意哪些问题？上例当中应聘者的失误在哪些方面？

10. 在你求职的第一个环节，考官都在给你的素质打着分数。不妨事先先给自己打打分，这样可以做到心中有数。以下自我介绍礼仪的个评分标准，可供您自评时参考。

自我介绍礼仪评分标准（满分为 100 分）

第一，内容（50 分）

A. 详略得当，有针对性　　B. 言之有物，评价客观

C. 层次清晰，合乎逻辑　　D. 文理通顺，富有文采

E. 简单明了，清楚明白

第二，仪表（10 分）

A. 服饰整洁、得体，女子适度淡妆，男子适当修饰

B. 精神饱满，落落大方，面带微笑

第三，态势（10 分）

A. 站有站相，坐有坐相，走有走相，步履稳健，从容自如

B. 面部表情、手势与有声语言协调

第四，礼节（10 分）

A. 开头（见面）礼节；　　B. 告别（离去）礼节

第五，语言（15）

A. 脱离讲稿　B. 使用普通话或英语（其他外语），口齿清楚，声音洪亮

C. 有一定节奏，语言流畅，发音准确

第六，时间（5 分）

介绍过程 1 ~ 3 分钟，过长或过短适当扣分。

11. 案例分析：

面试得来的经验

用人单位在招聘人员时，除了对学历、年龄、性别有专门规定外，还对应聘者的工作经验做了相应的要求。我在刚刚毕业时对此很不屑，工作经验不就是工作中获得的实践知识吗？课本上枯燥、烦琐、复杂的理论知识都难不倒我，那些所谓的实践知识又会有多难掌握呢？但一次普通的面试却改变了我的看法。

2000 年 5 月，我前往一家有名的咨询公司应聘，从招聘信息上得知，该公司的主要业务是为本市和外埠企业联系代理商和经销商，并提供办公场所搜寻、公司注册、办公事务代理和会务组织等服务。这家合资公司面向社会招收业务人员时，对应聘者的实际工作经验没有做专门规定。我在大学学的是企业管理，条件与公司的各项要求相符，就顺利通过了初试，对接下来的面试我也很有信心。

按照面试单上的地址，我提前来到了公司所在的富华大厦。大厦门口，两名精干的保安站在那里，立在他们前面的不锈钢牌上写着醒目大字：来客请登记。我问其中的一位保安：1616 房间怎么走？保安抓起了电话，过了一会儿告诉我："对不起，1616 房间没人。不可能吧，我赶忙解释：今天是 A 咨询公司面试的日子，我这儿有他们的面试通知。

那位保安看后又拨了几次电话，然后告诉我：对不起，1616 没人，我不能让你上去，这是大厦内部的规定"，"我真的是来面试的，公司面试单上写的就是今天。"

"那我再帮你试试看。"时间一秒一秒地过去，我心里虽然着急，却也只有耐心等待，同时祈祷那该死的电话能够接通。

9 点 10 分，已经超过约定时间 10 分钟了，保安又一次礼貌地告诉我电话没通。不可能，难道是我记错了？我再次翻开面试单，用磁卡电话拨通了那个印的不起眼的电话号码……电话那头终于传来了久违的声音，对方请我速上 16 楼 1616 房，因为内线电话有误，他们还应我的要求告知了保安。

等我忐忑不安地推开经理室，已远远超过了面试的时间。"年轻人，你迟到了 15 分钟。"

"但我真的很想加入你的公司，我相信我能够胜任相应的工作。"

"很好，我公司就需要有韧劲的业务人员，为达到目的，百折不回。刚才保安接不通电话，实际上就是我们面试的一部分，以考验你的应变能力，你完成得不错。不过，面试还没有结束，我公司准备购置一批电脑，请你到大厦旁边的电脑市场了解一下最新的电脑行情。”

一刻钟后，我将从电脑市场要来的几份价目表交给了经理。“这是零售价，如果批发15台，价格是多少呢?”又过了一刻钟，等我把从销售商那里问到的电脑批发价格告诉经理后，他又问我：电脑的UPS电源怎么卖？另外，打印机、电脑桌有没有优惠?

“那我再去电脑城了解一下。”看到我疲于应付的样子，经理叫住了我，并让秘书递给我一杯茶。“你在面试的第一阶段做得不错，有闯劲，能够突破常规，遇事多想一步。但从后面完成市场调查的任务来看，还显稚嫩。”

“我们做业务必须有良好的观察和思考能力，想法要多、要深，能够快人一步。业务人员不仅要善于动手，还要善于动脑，如果不能做到这一点，就不可能为客房提供有效的信息与咨询服务，为采购商提供质优、价廉、物美的产品，反而会造成人力、物力、财力的浪费。”求职以失败告终，但我将那次宝贵的经验记在日记本上：工作中要注意锻炼自己的领悟力和洞察力，独立思考，多谋善断，凡事比别人多想几步，才能真正取得成功。

在以后的工作中，我及时调整了自己的思维方式，努力提高自己的应变能力和处理问题的能力。我告诫自己：不要一味地苦干蛮干，只埋头拉车而不抬头看路，否则就是原地踏步，明天重复昨天和今天的错误。最近一次同学聚会上，我把同样的话告诉了大家。这时的我，已是一个国际知名品牌的地区代理商了。

请仔细阅读这一对案例，然后谈谈感受。

判断正误答案：(1) 正确 (2) 正确 (3) 错误 (4) 错误 (5) 正确 (6) 正确 (7) 错误 (8) 错误 (9) 正确 (10) 正确

第七章　涉外礼仪

随着我国对外开放的扩大，到我国投资、建厂，开展经济技术交流与合作的外商越来越多；我国许多企业和商务人员与海外客商打交道的机会也越来越多，了解与熟悉涉外礼仪知识也就变得更为迫切。

涉外礼仪就是在对外经济交往工作中，对外宾表示尊重、友好的各种礼节、仪式及惯用形式。作为一个商务工作者，不论其职位高低，在涉外交往中，在与外商的接触过程中，他们代表的不仅仅是自己，也代表着所在单位的形象，甚至代表整个国家的形象。因此，与外商交往时的一言一行、一举一动，都应符合涉外礼仪规范，以便更好地维护国家尊严，发挥沟通国内国外两个市场的桥梁和纽带作用。

第一节　东西方文化差异与礼仪

文化的内涵颇为丰富。文化有广义和狭义之分。我们这里所说的文化，主要是指狭义的文化，即一个国家、地区、民族所具有的行为、信仰、风俗习惯、生活方式等。随着人类社会的不断发展，世界上各国家、地区、民族在不同的政治、经济、文化、地理环境里生活，产生了各自不同的文化习惯、行为规范等。总的来说，世界文化大致可以分为东方文化和西方文化两大部分。东方文化和西方文化差别很大，这种文化差异对东西方人的思想、观念等产生了较大的影响。随着人们的社会交往，尤其是涉外交往的日趋频繁，如果不了解这些文化差异，常常会引起误会，造成“非礼”，影响着交际成功。

东方文化主要是以儒家为主导的中国文化代表，包括东亚的日本、朝鲜，东南亚的新加坡等国家所形成的文化。中国是儒学的发祥地。经过几千年的发展演变，儒学已经渗透到中国及其周边国家社会生活的许多领域，深刻地影响着人们的民族意识、文化心理、价值观念、风俗习惯，影响着人们的思维方式和生活方式等。

西方文化主要是指欧美的英国、美国、加拿大，以及大洋洲的澳大利亚、新西兰等国家。虽然这些国家在风俗习惯上略有不同，但是，由于人们的宗教信仰、价值观念、行为习惯、风俗礼仪、精神思想、意识形态等大致相同，从而具备许多一脉相承的文化。

每一个民族都具有特定的精神思想、价值观念、风俗习惯和行为方式。不同的民族具有不同的文化特色与个性。东方文化和西方文化都有着悠久的历史和传统，都为人类的文明做出了巨大的贡献。东西方文化在形成发展过程中，既相互排斥，又相互吸收，但总的趋势是逐步融合。这种融合的前提是必须建立在尊重各自文化个性、风俗习惯的基础上。东西方文化在很多方面有着相同的目标，只是在表达方式等方面有所不同。只要我们了解这些不同之处，并尊重对方的文化习俗，就能实现和平共处。

有这样一则幽默：

一群商人在一条船上谈生意，船在中途出了故障，只有跳水逃命。船长命令大副快通知各位先生穿上救生衣，从甲板上跳下去。可是，大副怎么劝说也无济于事，大家谁也不愿意跳下去。船长经验丰富，对各民族的不同文化个性了如指掌，于是他转过身来对一名英国商人说："跳水是一种体育运动。"英国商人听罢，纵身跳入水中，因为英国人一向喜爱体育运动。

他对法国商人说："跳水是一种时髦，你没看见英国人已经跳下去了吗?"法国人爱赶时髦，也随之跳入水中。

船长面对德国人，表情非常严肃："我是船长，现在你必须跳水，这是命令!"德国人一向遵守纪律，服从了船长的命令，也跳进水中。

于是，船长走到一向具有逆反心理的意大利人面前大声地说："乘坐别的船遇险可以跳水，但今天你乘坐的是我的船，我不允许你跳水!"对于意大利人来说，你越不让我跳，我非跳不可，于是也纵身跳入水中。

现在剩下的是一个美国人和一个中国人。只见船长对美国商人说："我这只船已经办理了人寿保险，跳吧没你亏吃!"美国人一向非常现实，听罢也跳进水中。

最后，船长转向中国商人说："先生，你家里不是有一位80多岁的老母亲吗？你不逃命对得起她老人家吗?"中国商人听罢也跳入水中。

这样，船长依据不同民族人们所具有的鲜明文化特性，让所有的人都按他的意图做了。

尽管这是一则幽默，但却从某种程度上反映了各个国家以及民族的文化特性和差异。

东西方文化差异的最突出表现之一就是行为、风俗、礼仪的差异。随着国际间交流的日趋频繁，国与国之间、民族与民族之间互通信息、相互学习、文化兼容的结果，促进了东西方文化的繁荣与发展，使现代文明礼仪逐步趋于国际化、统一化、标准化。比如，18~19世纪，欧洲大规模向美洲移民，不仅改变了美洲土著居民的生活方式，而且还对美洲土著居民的文化习俗、行为、礼仪等方面产生了很大的影响，使欧美文化习俗、行为、礼仪等渐渐趋同。再比如，目前，随着中国实行对外开放，走出去、请进来，国际交往日益频繁，使得西装已成为中国男士服装的主流。西方流行的礼貌用语，也被中国人所采纳。过去，见面时的问候语“你吃了吗”已被今天的“你好”所代替。同样，中国满族的传统服装——旗袍、中国菜、中国人的家庭情感等，也深受西方人的青睐。

下面我们从以下几个方面来对比一下东西方文化差异对礼仪所产生的影响：

一、个性差异对礼仪的影响

东方文化崇尚集体和团队精神，人们的依赖性较强。而西方文化崇尚独立和个人自由。比如，中国人讲究“修身、齐家、治国、平天下”，人品是至关重要的，而这种人品是建立在关心国家、热爱集体、家庭和睦、人际关系和谐的基础之上。如果只考虑个人利益，你的“人品”则大打折扣。

而在美国，人们的法制观念较强。在此前提下，他们崇尚个人自由，不愿意受到来自政府、教会或其他组织的干涉，喜欢我行我素。在家庭中，孩子们从小就被灌输自立自强的观念。青年人总是希望自己能尽早独立，摆脱父母的管束，他们不希望过分地依赖家庭、依赖父母，否则，他们将失去自由、失去别人对他们的尊重。在这一点上，中国文化则有所不同。家庭是中国人最重视的生活集体。父母对孩子倍加珍爱，恨不能一切都为孩子想到，以至于当孩子长大成人、结婚时，要给孩子大操大办，当孩子有了孩子之后，还要牺牲自己的晚年来照看孙子，既把自己的全部希望寄托在孩子身上，又过分地照顾孩子，结果使孩子的自立能力较差，甚至于在中国今天由计划经济向市场经济转轨过程中，国有企业职工极不情愿丢掉铁饭碗。这种依赖性是中国传统文化的遗产，对现代人的文化观念影响至深。

再比如，在人际交往的空间距离上，中国人的空间距离相对较近。我们在大街上经常可以看到两个中国少女挽臂亲昵而行，而在西方则很少见到。西方人觉得中国人过于亲近，而中国人又会觉得西方人过于冷淡、傲慢，过分疏远，是不友好的表现。如果中国人发现交际对象的衣服上有根线头，他会很自然地帮助对方摘掉；而在西方人眼里，这是不礼貌之举。中国人看到朋友穿了件非常漂亮的衣服，会上前摸一摸，询问价钱和质地；而西方人则不会这样做，他们更多的是羡慕，并直接赞美。可以说，这也是东西方文化观念差异所致。

二、等级观念差异对礼仪的影响

东方文化等级观念强烈。无论是在组织里，还是在家庭里，忽略等级、地位就是非礼。尽管传统理智中的等级制度已被消除，但等级观念至今仍对东方文化产生影响。比如，在中国、韩国某些地区的家庭里，在吃饭时，父亲有着优先权，父亲不动筷，其他人谁也不能先吃。中国在实行计划经济的年代里，曾经给企业划等级。尽管这些情况不具有普遍性，但等级观念却普遍存在于东方社会。

在西方国家，除了英国等少数国家有着世袭贵族和森严的等级制度外，大多数西方国家都倡导平等观念。如美国崇尚人人平等，不论是社会上，还是在组织中，人人都凭实力去竞选总统、议员、公务员、总经理或部门主管。在家庭中，美国人不讲等级，只要彼此尊重，父母与子女可直呼其名。他们的家庭观念淡薄、不愿为家庭做出太多牺牲。

三、人际交往方式差异对礼仪的影响

东西方文化都非常重视人际交往，但在交往的观念、交往的方式上都有着明显的差别。如中国人热情好客，在人际交往中饱含热情，问寒问暖，似乎没有什么可保留的，对于了解有关年龄、职业、收入、婚姻状况、子女等问题，觉得都理所当然。而在西方国家中，特别重视对方的隐私权。个人隐私主要包括个人状况（年龄、工作、收入、婚姻、子女等）、政治观念（支持或反对何种党派）、宗教信仰（信仰什么宗教）、个人行为动向（去何种地方，与谁交往、通信）等。凡是涉及个人隐私的都不能直接过问。西方人一般不愿意干涉别人的私生活和个人隐私，也不愿意被别人干涉。比如，中国人会直接询问别人所买物品的价格。在中国人看来，物品的贵贱只是表示该物品的质量，而在西方人眼里，如果你直接询问别人所购物品的价格，就可能是探问对方的经济条件，因此，这也是西方人的隐私。如果你想了解该物品的价格，只能委婉地夸耀、征求或询问，而西方人一般情况下只告诉你该物品的贵或贱，一般不会告诉你准确的价格。

中国人见面打招呼时喜欢问一句“上哪儿去”，这是招呼的一种形式。而在美国，你如果问朋友上哪儿去，则可能会使对方尴尬，这也是对方的隐私之一。

四、性别、长幼尊重的不同对礼仪的影响

在东方文化中，男士往往备受尊重，这主要受封建礼制中男尊女卑观念的影响。在现代社会，东方文化也主张男女平等，但在许多时候，男士的地位仍然较女士有优越性，女士仍有受歧视的现象。在欧美等西方国家，尊重妇女是其传统风俗，女士优先是西方国家交际中的原则之一。无论在何种公共场合，男士都要照顾女士。

现在，随着东西方文化交流的加深，西方的女士优先原则在东方国家也备受青睐。东西方文化的交融，也使东西方礼仪日趋融合、统一，更具国际化。

在处理长幼关系时，以中国为代表的东方国家对待长者特别尊敬、孝敬。比如，在许多中国人看来，如果老人有子女，年老时子女把老人送到养老院或敬老院去生活，这就是不孝，过年过节儿女一般要和老人一起过。在中国农村一些地方，过年时，晚辈都要给长辈行跪拜礼。而在西方国家，由于崇尚自立，儿女成年后和父母间的来往则越来越少，致使许多老人时常感到孤独，晚年生活有一种凄凉感。

五、义利观念、法制观念不同对礼仪的影响

东方人重义轻利，西方人重利轻义。在欧洲生活工作 26 年的卢福田大使在其撰写的《一个大使亲历的东西放思维方式冲突》(《海上文坛》2000 年第三期）一文中讲述了他亲身经理的一件事：

1967 年“文化大革命”高潮的时候，我还在中国驻荷兰大使馆工作。当时使馆的重要任务之一是散发《毛主席语录》，西方称其为当时中国的‘圣经’或‘小红书’。有一天一个荷兰人进来说，要一本毛主席的‘小红书’，我就给了他。他说这种式样的‘小红书’我也有一本，不过内容不一样，我说是语录吗？他说我不告诉你，明天寄给你看看。后来我收到了。跟毛主席语录大小一样，但是封面上写着‘跟中国人做生意的秘诀’。这个题目很吸引我，我一口气读完，使我大为吃惊。这本书的开头讲，‘目前中国正在进行文化大革命，文化大革命就是政治高于一切，一切都是算政治账，不算经济账。你现在不是参加广交会吗，必须注意要通过你的行为表明你是坚决拥护文化大革命的，这样你就被列为广交会组委会的国际友人，这样你就能财源滚滚。你千万不要以为价格和质量是最重要的，最重要的是要算政治账’。接下来一段就指明了你应当怎样表现。‘第一，你到了广州以后，无论多晚，都应该告诉组委会，说我已经到达了，而且要表达这样的愿望，就是我非常愿意欣赏你们的样板戏，尤其是《红灯记》，麻烦你们千万给我安排一场。第二，手提包里放毛主席语

录，而且跟中方谈判的时候，拉开提包的时候要轻轻的，不露声色地把这本语录似乎不经意地露出来，让中方的主人看到以后再把提包拉上。第三，在你西服里的衬衫上面必须要戴上毛主席像章，这个像章现在中国大使馆在广泛散发，你完全可以免费领到。’最后结论是：‘这一切，中国人都认为是绝对重要的，对于我们来说是一个手段，你只要达到目的就可以了。’

由此可见，在义利问题上东西方文化是存在很大差异的。

在中国文化中，重情义轻法制的倾向也比较严重。比如，中国人有时在公共场所吸烟、随地吐痰、司机闯红灯、行人随意斜穿马路、乱扔杂物的，其实多数人都知道这是不良行为习惯，或是违反有关法规的，但由于从众心理，加上法制观念淡薄，因而这些不良习惯和不文明行为与西方文化形成鲜明对比。在西方国家中，人们的法制观念较强。欧美人知法、懂法、守法。比如，在公共场所几乎看不到随地吐痰、乱扔杂物等不文明行为。一方面是由于其法治意识较强；另一方面，欧美人的环境保护意识也很强。他们爱护环境，讲究清洁，其实这也是对自己国家、城市的热爱，以及对自身的尊重。对一个欧美人来说，他们一般不会因买一张紧俏的球票而走后门，更不能因为你是朋友，而舍弃自我应得到的利益，正应了我们在生意场所常听到的那句话：“朋友归朋友，生意归生意”。

以上是我们列举的几个小的方面。其实，在现实生活中，由东西方文化差异而对礼仪产生影响的方面还有很多。不过，随着东西方文化的交融或兼容，东西方礼仪正在相互融合，西方人逐渐地接受了东方文化中重情感等合理因素，东方人也逐渐地接受了西方文化中先进文明的礼仪和交往方式，尽管这种交融需要更长的时间，但人类文明的优秀成果终究会继承并发扬光大的。

第二节 涉外交往的基本原则

涉外交往中我们应遵循的基本原则主要有以下几个方面：

一、尊重对方

尊重对方就是不论对方的国家、民族大小，企业实力强弱，或者风俗习惯、宗教、法律等是否和我们相同，都不能歧视对方，要做到在人格上平等相待。尊重对方往往是通过举止言谈、服饰仪表表现出来。因此，一些生活小节也是很重要的。比如，我国有一家企业的厂长，天天忙于工作。有一次，一位外商应邀前来洽谈合作事宜，这位厂长正在车间检查工作而没有做好充分准备。当秘书跑来告诉他外宾已经到了的时候，他连工作服都没来得及更换，就去迎接外宾了。外宾一看他的衣服很随便，认为对方的合作态度不诚恳，就决定不再与这个厂合作了，而与另外一家签订了企业合作议定书。可见，小节上的疏忽是会带来不良后果的，因为他让人觉得不受尊重。

二、捍卫自尊

相互尊重的另一方面是自尊，只有自尊才能得到对方对你个人、对你的组织，甚至对你的国家的尊重，才能谈得上真诚合作、平等合作。《中外管理》杂志（1996 年第 4 期）上登载了题为《中国企业家要有双星人的气魄》一文，文章介绍了青岛双星集团总经理汪海以出色的言谈举止维护尊严的过程：

汪海有一次去美国考察，在一次新闻发布会上遇到了许多记者的提问。一位意大利记者问："你们生产的运动鞋为什么叫'双星'？是不是代表你们常讲的物质文明和精神文明？"汪海微笑地点了点头，说："还可以这样理解：一颗星代表东半球，一颗星代表西半球，我们要让'双星'牌运动鞋潇洒走世界。"对这番豪言壮语，一位美国记者却不以为然，问道："请问先生您脚上穿的是什么鞋？"这一将用意非常明了：如果你穿的是"双星"牌，那自然没话说，但如果穿的是洋货，意味着连自己都不愿穿"双星"牌，还谈什么潇洒走世界？不料，汪海十分沉着自信地答道："在贵国这种场合脱鞋是不礼貌的，但是这位先生既然问起，我就破例了。"说着他把自己的鞋脱了，高高举起，指着商标处，大声说道"Double Star"（双星！双星！）这时，场上响起了热烈的掌声，不少记者争相拍下这一镜头。第二天，美国纽约各大报纸在主要版面上纷纷刊登出这幅照片。《纽约时报》一位记者评述道："在美国脱鞋的共产党国家有两个人，一个是前苏联的领导人赫鲁晓夫，他脱鞋敲桌子表明了一个共产党大国的傲慢无礼；一个是来自中国大陆的双星集团总经理，他脱鞋表明了中国的商品要征服美国市场的雄心！"

汪海维护自身尊严的言行，不仅表明了"双星"人奋发图强，勇于开拓，走向世界的雄心壮志，而且也表现了一个中国人可贵的民族气节，当然也赢得了外国人对"双星"人、对双星集团的极高赞誉。可见，在涉外交往中自尊也是非常重要的。

三、实事求是

实事求是是涉外交往中必须坚持的一个重要礼仪原则。应该有一说一，有二说二，不能浮夸；不能只讲优点、成绩，不讲缺点、不足之处，报喜不报忧。虽然对牵涉到对方的话题，为表示尊重而采用委婉的说法，但外国人特别是西方人往往喜欢直率的谈吐，而禁忌那些言不由衷的客套。例如，我们请人吃饭时，饭前饭后常常伴随一类自谦客套的话，这种习惯西方人很不适应。

据说，清朝李鸿章有一次宴请美国官员，地点是在美国的一家饭店，备下的酒菜十分丰盛，而李鸿章却依照中国的惯例对来宾说："粗茶淡饭，薄酒一杯，不成敬意，多多包涵。"来宾望着桌上琳琅满目的酒菜，对他说的话大惑不解。这倒不要紧，美国饭店的老板可大为不满了，这岂不是影响饭店的声誉？因此，非要李鸿章说出饭菜粗在哪里，酒薄在哪里？这虽说是一则逸闻趣话，却也说明了东西方礼仪习俗的不同。既然诚心诚意地邀请招待客人，当然希望其吃好，吃得满意，所是"粗茶淡饭"、"薄酒"怎不使美国人大惑不解，使饭店老板"抗议"呢！西方人的习惯是：他认为饭菜很好，是他最喜欢的、最拿手的，请你多多品尝。所以，在外国人面前实事求是一点是十分必须的。

四、入乡随俗

海外各国的文化传统与我国有很大不同，在礼仪习俗上与我国相比很自然地存在着差别，即使就欧美国家而言，不同的国度、民族间，甚至同一个国家的不同区域间，礼仪习俗也有区别。这就要求在与外国客商进行交往时需要首先了解和掌握对方的一些礼仪习惯，做到入乡随俗，因人施礼，才不至于造成误会甚至闹出笑话。日本人在其《和气生财》一书中曾记述了这样一件事：

日本的饭店和旅馆，有一个招待客人的惯例，即待客人办完住宿手续走进房间时，服务员立刻拿来热毛巾、茶和日本点心，以表示旅馆对客人服务的周到热情。这一项特殊的服务长期以来受到了日本顾客的赞赏，但却在美国人处遭了白眼。一次，一对美国夫妇入室后也同样享受到了上述服务，他们对此很不喜欢，所上的茶水与点心并非是他们亲自点的，而且茶也不热，点心又是"太甜了"，这对美国夫妇认为在他们进晚餐之前上不对口味的点心是"破坏了美味的晚餐"，"这样做好像是在损害自己的生意"。结果使得旅馆老板的一片好心，不但未被接受，反而还落得个"不可思议"，费力不讨好。

可见，了解外国礼仪礼节，风俗习惯，才能更好地交往和沟通。

五、不卑不亢

不卑不亢，就是对对方表现出一种节制和礼节，热情时不殷勤，冷淡时不失礼，愤怒时不失控，这在涉外交往中是尤其需要重视的一个原则。例如，20世纪50年代，美国对中国实行禁运、封锁，两国关系紧张，双方惟一保持对话和接触的渠道就是在华沙举行的中美大使级会谈。会谈开始时气氛很紧张。每次双方一见面，便问："今天谁先发言?"于是双方便先后依据各自的讲稿阐述一番自己的立场，讲后便问："下次会谈什么时间?"然后各自走路。后来，王炳南大使回国，与陈毅外长谈到会谈的气氛和场面，陈毅就说道："不一定老那么紧张嘛!""我们不乞求谈判，也不排斥谈判。不卑不亢，有理有节，此乃泱泱大国之风也。"陈毅是这样说的，也是这样做的：

1963年12月，陈毅应邀参加肯尼亚的独立大典。在一次肯尼亚举行的国家舞会上，中国代表团和美国代表团的位置刚好安排在一起。在中美关系长期僵持的时期，这无疑是个极其微妙的场面。陈毅既没有主动凑过去套近乎，也没生气掉头而去，而是坐下，喝起咖啡来。

美国代表团员有三个人：部长夫妇和美国劳联副主席。那位部长夫人首先向旁边搭话：

"你们是中国代表团吗?"

"是的。"

"我是否可以与你谈谈天呢?"

"可以谈，怎么不能谈?"

于是，双方就开始聊了起来。那位部长一看夫人已开了头，便也过来，要与陈毅干杯，但又故作姿态地说："过去米高扬访问美国，到我家做客，与我夫人谈了天。我为此受到了腊斯克的责备，希望我们这次干杯不要引起麻烦。"

听了这话，陈毅不是破口大骂，猛烈抨击，而是不软不硬地回了一句："你怕麻烦，可以不要跟我干杯，我就不会有什么麻烦。"

那位部长又匆匆说："我提议，为中美两国有一天能够改善关系干杯!"

听了此话，陈毅也不是赌气不干，说什么"先前你说的话呢"，而是端起酒杯说："我希望，我相信，中美两国的关系总有一天能够前进一步的，但条件是美国的国务院要取消对中国的敌视侵略政策，只有这样才可能。"

在这场交往中，陈毅以"不卑不亢、有理有节"的言行举止，树立了中国外长的良好形象，为我们树立了对外交流的光荣典范。

六、保守机密

对外交往总要涉及党和国家、本组织的一些情况，作为组织的工作人员在对外交往时，一方面不要随意议论对方的礼遇与参观访问中遇到的问题，如有意见需向对方提出，应报代表团或组的领导，不要擅自对外表态。对外联系要统一领导，专人负责。另一方面，必须牢记保守党和国家、本组织的机密，绝不允许以友好、坦诚为借口，向外宾提供机密或在谈判时对我方不利的情况或者资料。在接待外国人参观和洽谈业务时，应从实际出发，划清机密与非机密的界限，不得泄露内部掌握的对外援助技术出口和接受外援的具体政策、规划数字、计划措施等机密事项。在国际通讯中，严禁明、密电混用，传真通讯不得涉及秘密内容，严禁用电话传达密电，注意计算机信息保密。

第三节　涉外交往的基本通则

涉外交往的基本通则，是指在接触外国人时，应当遵守并应用的有关国际交往惯例的基本原则。它既是对国际交往惯例的基本概括，又对于参与涉外交际的中国人具有普遍的指导意义。

一、信守约定

某年，国内的一家企业前往日本寻找合作伙伴。到了日本之后，通过多方的努力，这家企业终于寻觅到了自己的“意中人”——一家具有国际声望的日本大公司。经过长时间的讨价还价，双方商定，首先草签一个有关双边实行合作的协议。当时，在中方人士看来，基本上可以算是大功告成了。

到了正式草签中日双方合作协议的那一天，由于种种原因，中方人员阴差阳错，抵达签字地点的时间比双方预先约定的时间晚了一刻钟。当他们气喘吁吁地跑进签字厅时，但见日方人员早已衣冠楚楚地排列成一行，正在恭候他们的到来。不过在中方人员跑进来之后，还没容他们做出任何有关自己迟到的解释，日方人员便整整齐齐、规规矩矩地向他们鞠了一个大躬，随后便集体退出了签字厅。也就是说，因为中方人员在签字仪式举行时所迟到的一刻钟，双方的合作竟然搁浅了。事过之后，日方为此所做的解释是：“我们绝不会为自己寻找一个没有时间观念的合作伙伴。不遵守约会的人，永远都是不值得信赖的。”

假如对这一个个案进行认真的剖析，就一定会得出公正的结论：在这一事件之中，错在中方，日方是没有任何错误的。中方的最大错误，就在于在涉外交往中没有认真地做到“信守约定”，违背了这一国际惯例。

在人际交往中，必须认真严格地遵守自己的所有承诺，说话务必要算数，许诺一定要兑现，约会必须要如约而至，尤其要恪守时间方面的约定。信守约定，讲求信用，应从一点一滴做起。它事关信誉与形象；失实与失约的失礼行为，往往是使自己所做的工作走向失败的开端。

为此，要做到以下三点：

(一) 必须谨慎许诺

一切从自己的实际能力以及客观可能性出发，切勿草率从事，轻易承诺，凡承诺和约定必须慎之又慎，一定要字斟句酌，考虑周全。

(二) 必须如约而行

承诺一旦做出，就必须兑现，要如约而行，应尽可能地避免对已有的约定任意进行修正变动，随心所欲地乱做解释。做到“言必信，行必果”，只有这样才能赢得交往对象的好感与信任。

(三) 必须对失约致歉

如果由于遭受不可抗力，致使自己单方面失约，或是有约难行，需要尽早向有关各方通报，如实地解释，并且还要郑重其事地向对方致以歉意，并主动承担给对方造成的损失。

二、不必过谦

中国人在待人接物时，讲究的是含蓄和委婉，奉行“满招损，谦受益”的古训，在对自己的所作所为进行评价时，中国人大都主张自谦、自贬，不提倡多作自我肯定，尤其是反对自我张扬。在这方面若不好自为之，就会被视之为妄自尊大，嚣张放肆，不够谦逊，不会做人。实际上，在对外交往时，过于自谦并非益事，它常常会引起他人的疑惑和不满，不利于涉外交际的顺利进行。

遵守不必过谦的原则，会使人感到自己为人诚实，充满自信，因为过分的自谦、客套，只能给人以虚伪、做作的感觉。在涉外交往中，特别是在面临如下情况时，更要敢于、善于充分地从正面肯定自己。

(一) 当面对赞美时

当外国友人赞美自己的相貌、衣着、手艺、工作、技术等时，一定要落落大方高兴地道一声“谢谢!”而不应加以否认和自我贬低，说什么“哪里，哪里!”接受外国人的赞美是对其本人的接纳和承认，是自己自信和见过世面的表现。曾有这样一个笑话：一个法国朋友在称赞一位中国姑娘漂亮时，那位中国姑娘表现得十分谦虚，连忙说：“哪里，哪里!”没想到这一说却出了洋相。因为那位法国朋友误以为对方是在问他自己“哪里漂亮?”便立即答道：“你的眼睛很漂亮”。可对方依然谦虚如故：“哪里，哪里”，法国朋友又答道：“你的鼻子也漂亮”……结果南辕北辙了。

(二) 当赴宴、馈赠时

宴请外国人出席宴会时，不必说：“今天没什么好菜，随便吃一点”；当送礼给外国人时，也不要说：“礼品很不像样子，真不好意思拿出手来”之类的话，而应得体大方地说：“这是本地最有特色的菜”，“这是这家饭店烧的最拿手的菜”，“这是我特意为您挑选的礼物”等；反过来，在接受外国人的赴宴邀请或接受外国人送的礼物时，也不应过于谦虚地没完没了地说：“真不敢当”、“受之有愧”之类的话，它会使人产生不愉快的感觉，使宴请和送礼者感到难堪，及时表示谢意是这时得体的做法。

（三）当做客、拜访时

到外国人家做客、拜访时，对主人准备的小饮不要推辞不用。如果主人问：“喝点什么，茶还是咖啡”，你可以任选一种；若桌上备有小吃，可随意取用，但不可失态。若主人问是否加糖或加牛奶，则可按自己的喜好谢绝和选择其中一种。

（四）当交往应酬时

当自己同外国友人交往应酬时，一旦涉及自己正在忙什么、干什么的时候，无论如何都不要脱口而出，说什么自己是“瞎忙”、“混日子”、“什么正经事都没有干”，否则会被对方认为自己是不务正业之人。

三、讲究次序

涉外交际中，对出席活动的国家、团体、人士的位次按某些规则和惯例进行排列，这种排列的先后次序被称为礼宾次序。为使国际交往顺利进行，必须讲究礼宾次序。

（一）礼宾次序的依据

在国际交往中，其礼宾次序主要按宾客的身份与职务高低，依次排列。在多边活动中，有时可按姓氏的顺序排列；有时可按参加国的字母顺序（一般以英文字母为准）排列；有时可按代表团组成日期的先后排列；有时可按代表团抵达活动地点的时间先后排列，等等。

（二）礼宾次序的具体要求

在各类涉外交际中，大到政治磋商、商务往来、文化交流，小到私人接触、社交应酬，凡确定礼宾次序必须从其总的原则出发，这一总的原则就是“以右为尊”，即一般以右为大、为长、为尊；以左为小、为次、为卑。

按照惯例，在并排站立、行走或者就座的时候，为了表示礼貌，主人理应主动居左，而请客人居右。男士应当主动居左，而请女士居右。晚辈应当主动居左，而请长辈居右。未婚者应当主动居左，而请已婚者居右。职位、身份较低者应当主动居左，而请职位、身份较高者居右。

在不同场合也有特殊要求：

两人同行，以前者、右者为尊；

三人行，并行以中者为尊，前后行，以前者为尊；

上楼时，尊者、妇女在前，下楼时则相反；

迎宾引路时，主人在前，送客时，则主人在后；

宴请排位，主人的右边是第一贵客，左边次之。

出门上车时，应让尊者先行。上车时，位低者应让尊者从右边车门上车，然后再从车后绕到左边上车；坐车（指轿车）时，以后排中间为大位，右边次之，左边又次之，前排最小。

四、尊重隐私

所谓隐私，就是指一个人出于个人尊严和其他某些方面的考虑，因而不愿意公开，不希望外人了解或是打听个人秘密、私人事宜。在涉外交际中，人们普遍讲究尊重个人隐私，并且将尊重个人隐私与否，视为一个人在待人接物方面有没有教养，能不能尊重和体谅交际对象的重要标志之一。

在涉外交际中，首先要避免与对方交谈时涉及个人隐私，要做到“八不问”：

（一）年龄不问

在国外，人们普遍将自己的实际年龄当做“核心机密”，不会轻易告之于人。这主要是因为外国人，尤其是英美人对年龄都十分敏感，希望自己永远年轻，对“老”字则讳莫如深，对年龄守口如瓶。因而与外国人交往，打听对方的年龄，说对方老相，都属于不礼貌的行为。我国的传统向来对年龄比较随意，不仅如此，在社会交往中还习惯于拔高对方的辈分，以示尊重。比如年轻男子相聚，彼此之间总喜欢以“老李”、“老张”、“老赵”相称，为了表示对对方的尊敬，人们会使用“老人家”、“老先生”、“老夫人”等一类尊称。实际上，这一类尊称在外国人听起来却似诅咒谩骂一般。在交往中，照套我国的传统，会使对方十分难堪。

有位从事外事工作的小姐曾经接待过一位82岁高龄的美国加州老太太，她是来华旅游并参加短期汉语学习班的，见面时这位小姐对老太太说：“您这么大年纪了，还到外国旅游、学习，可真不容易呀!”这话要换了同样高龄的中国老太太听了，准会眉开眼笑，高兴一番。可是那位美国老太太一听，脸色立刻晴转多云，冷冷地应了一句：“噢，是吗？你认为老人出国旅游是奇怪的事情吗?”弄得中国姑娘十分尴尬。姑娘的本意是表示礼貌尊重，结果却事与愿违，原因在于西方人对年龄、对“老”的忌讳。

在外国，人们最不希望他人了解自己的年龄，所以有这样一种说法：一位真正的绅士，应当永远“记住女士的生日，忘却女士的年龄”。

(二) 收入不问

在国际社会里，人们普遍认为，任何一个人的实际收入，均与其个人能力和实际地位有直接的因果关系。所以个人收入的多寡，一向被外国人看做是自己的脸面，十分忌讳他人进行直接、间接地打听。如果一位中国人问一位外国人："您一个月挣多少钱?"那位外国人会觉得："这个中国人真没有教养，干吗问我的工资呀!"

除去工资收入以外，那些可以反映个人经济状况的问题，例如，纳税数额、银行存款、股票收益、私宅面积、汽车型号、服饰论牌、娱乐方式、度假地点等，因与个人收入相关，所以在与外国人交谈时也不宜提及。

(三) 婚姻不问

中国人的习惯是对亲友、晚辈的恋爱、婚姻、家庭生活时时牵挂在心，但是绝大多数外国人却对此不以为然。西方人将此视为纯粹的个人隐私，向他人询问是不礼貌的。

在一些国家，跟异性谈论此类问题，会被对方视为无聊之举，甚至还会因此被对方控告为"性骚扰"，从而吃官司。

(四) 工作不问

在我国，人们相见，会询问对方："您正在忙些什么?""上哪里去?""怎么好久不见你了?"等问题，其实这只是随便问问，回答不回答并不重要。但你若拿这些问题问外国人，他们会觉得不是好奇心过盛，不懂得尊重别人，就是别有用心，因为这些问题在外国人看来都属个人隐私，"不足为外人道哉!"

(五) 住址不问

对于家庭住址、私宅电话，中国人在人际交往中，都是愿意告之于人的，是不保密的。但外国却恰恰相反，外国人大都视自己的私人居所为私生活领地，非常忌讳别人无端干扰其宁静。西方人认为，留给他人自己的住址，就该邀请其上门做客，在一般情况下，他们一般不大可能邀请外人前往其居所做客。为此，他们都不喜欢轻易地将个人住址、住宅电话号码等纯私人信息"泄密"。在他们常用的名片上，也没有此项内容。

(六) 经历不问

初次见面，中国人之间往往喜欢打听一下交往对象"是哪里人?""哪一所学校毕业的?""以前干过什么?"总之是想了解一下对方的"出处"，打探一下对方的"背景"，然而外国人大都将此项内容视为自己的"底牌"，不愿意轻易让人摸去。外国人甚至认为一个人动辄对初次交往的对象"忆往昔峥嵘岁月稠"，并不见得坦诚相见，相反却大有可能是别有用心。

（七）信仰不问

在国际交往中，由于人们所处的社会制度、政治体系和意识形态多有不同，所以，要真正实现交往的顺利、合作的成功，就必须不以社会制度划线，而以友谊为重，以信仰为重。不要动辄对交往对象的宗教信仰、政治见解评头论足，更不要将自己的政治观点、见解强加于人，这样做对交往对象来说，都是不友好、不礼貌、不尊重的表现。所以，对宗教信仰、政治见解，这些在外国人看来非常严肃的话题，还是避而不谈为好。

（八）健康不问

中国人彼此相见，人们会问候："身体好吗？"如果已知对方身体曾经一度欠安，还会问："病好了没有？"如果彼此双方关系密切的话，还会询问："吃了些什么药？""怎么治疗的？"还会向对方推荐名医或偏方。

可是，在外国，人们在闲聊时一般都是"讳病忌医"，非常反感其他人对自己的健康状况关注过多，对他人的这种过分关心，外国人是会觉得不自在的。

此外，与个人隐私相联系，私人住宅有的国家受到法律保护，擅自闯入要受到制裁。到外国人的住宅做客，不经主人允许和邀请，不能要求参观主人的住房。即使双方很熟悉，也不能去触动书籍、花草以外的个人物品以及室内陈设的其他物品。

与外国人交往时，不仅要尊重在场人的个人隐私，对不在场人的个人隐私也应尊重。在背后议论同事的好坏、上级的能力、女人的胖瘦、路人的服饰等，都会被外国人视为喜好窥探隐私，纯属无聊之举。

五、女士优先

我们在听演说时，演讲者总是首先这样称呼："女士们，先生们"，从没有人称呼："先生们，女士们"，为什么这样呢？原来这与国际社会公认的一条重要礼仪原则——"女士优先"有直接的关系。

"女士优先"主要是指成年异性间进行社交活动时的一个礼仪规范和礼仪原则。其含义是：在一切社交场合，每一位成年男子，都有义务主动自觉地去尊重、照顾、体谅、关心、保护女性，并且想方设法为女士排忧解难，只有这样才能体现出绅士风度。外国人强调"女士优先"并非因为妇女被视为弱者，值得同情、怜悯，最重要的原因是，他们将妇女视为"人类的母亲"，处处对妇女给予礼遇，是对"人类母亲"的感恩之意。

在交往中，讲究"女士优先"时，作为男士要注意对所有的女士一视同仁，不仅对待同一种族的妇女要如此；对待其他种族的妇女也要如此；不仅对待熟悉的妇女要如此，对待陌生的妇女也要如此；不仅对待年轻貌美的妇女要如此，对待年老色衰的妇女也要如此；不仅对待有权势的妇女要如此，对待一般的妇女也要如此……具体地要从以下几方面做起：

（一）行走

在室外行走时，如果是男女并排走，则男士应当自觉地“把墙让给女士”，即请女士走在人行道的内侧，而自己主动行走在外侧，这样做既可以防止女士因疾驶的车辆而感到不安全，担惊受怕，还可避免汽车飞驶而溅起的污泥浊水弄脏女士的衣裙。

当具体条件不允许男女并行时，男士通常应该请女士先行，而自己随行其后，并与之保持大约一步左右的距离。当男士与女士“狭路相逢”时，前者不论与后者相识与否，均应礼让，闪到路边，请女士率先通过。男士在路上遇到认识的女士时，应点头致意，并把手抽出衣袋，也不要嘴里叼着烟。

当男士与女士走到门边时，男士应赶紧上前几步，打开屋门，让女士先进，自己随后。

（二）乘车

陪伴女士同乘火车、电车时，男士应设法给女士找一个较为舒适、安全的座位，然后再给自己找一个尽可能靠近她的座位；如果找不到的话，应站在她面前，尽可能离其近一些。

乘出租车时，男士应首先走近汽车，把右侧的车门打开，让女士先坐进去，男士再绕到车左边，坐到左边的座位上。有时，为了在马路上上下车安全起见，出租车左侧车门用安全装置封闭了，那么男士只好随女士其后从右侧上车，坐在本应由女士坐的尊贵的右边座位上，这种情况不算失礼。

当男士自己驾驶汽车时，他应先协助女士坐到汽车驾驶座旁的前排座位上，尔后绕到另一侧坐到驾驶座上。抵达目的地后，男士要先下车，然后绕到汽车的另一侧，打开车门，协助女士下车。

（三）见面

参加社交聚会时，男宾在见到男、女主人后，应当先行向女主人问好，然后方可问候男主人。男宾进入室内后，须主动向先行抵达的女士问候。女士们如果已经就座，则此时不必起身回礼。

而在女宾进入室内时，先到的男士均应率先起身向其致以问候，已入座的男士也应起身相迎。不允许男士坐着同站立的女士交谈，而女士坐着同站立的男士交谈则是允许的。

当女士在场时，男士不得吸烟，在女士吸烟时，则不准男士对其加以阻止，不然的话，男士还要给女士点烟。

主人为不相识的来宾进行介绍时，通常应当首先把男士介绍给女士，以示对女士的尊重。当男女双方进行握手时，只有当女士伸过手来之后，男士才能与之相握，否则如果男士抢先出手，是违背“女士优先”原则的。为了表示对女士的尊重，男士还必须与女士握手时摘下帽子，脱下手套，而女士在一般情况下则没有必要这样做。

（四）上下楼

在上楼梯时，男士要跟随在女士的后面，相隔一两级台阶的距离；下楼梯时，男士应该先下。如果是乘电梯上下楼，进电梯时，男士应请女士先进去，然后自己再进入电梯。在电梯里，男士负责按电钮，礼貌地询问女士所上的楼层。

（五）进餐馆

如果男士预先选择预订了餐桌，则应走在前面为女士引路，如果不是这样，行进的顺序应该是：侍者—女士—男士。在餐桌旁，男士应协助女士就座，把椅子从桌边拉开，等女士即将坐下时再把椅子移近桌子。坐定后，男士应把菜单递给女士，把选择菜单的权利先交给女士。一般餐毕也总是由男士付账的。若出席宴会，女主人是宴会上“法定”的第一顺序。也就是说，其他人在用餐时的一切举动，均应跟随女主人而行，不得贸然先行。按惯例女主人打开餐巾，意味着宣布宴会开始，女主人将餐巾放在桌上，则表示宴会到此结束。

（六）观看影剧

进影剧院或是听音乐会时，应由男士拿着入场券给检票员检票。在存衣室，男士应先协助女士脱下大衣、披风，然后再自己脱去外套。如果没有专人引导入座，男士就应走前几步为女士引路。从两排之间穿行，走向自己的座位时，应面向就座的观众，并请女士走在男士的前面。如果是几个男士和几个女士一起去观看影剧或听音乐会，那么最先和最后穿过就座观众的应是男士，女士夹在中间进去，这样，可以使女士不与陌生人坐在一起。散场人挤时，男士应走在女士前面；不挤时，女士稍前或并排与男士同行。

（七）助臂

男士应该帮助他所陪伴的女士携带属于她的较重的或拿着不方便的物品，如购物袋、旅行包、伞等。

女士携带的东西掉在了地上，男士不论相识与否，都应帮她拾起。

在女士可能失足、滑倒的时候，男士应该以臂相助。

值得说明的是，以上“女士优先”的具体做法，主要适用于社交场合，在商务场合，人们强调的是“男女平等”，或是“忽略性别”，因而是不太讲究“女士优先”的。

第四节 涉外交往中的主要礼仪

在涉外交往中，必须重视交际对象的特殊性，努力掌握如下涉外交往的礼仪：

一、称呼

在涉外交往中，一般对男子称先生，对女子称夫人、女士或小姐。已婚女子称夫人，未婚女子称小姐。对婚姻状况不明的女子称“小姐”或“女士”。在西方国家，凡是举行宗教结婚仪式的人，都习惯在无名指上戴一枚戒指，男子戴在左手，女子戴在右手。所以，对外宾的称呼可以此而定。以上是根据性别和婚姻状况来称呼，使用起来具有普遍性。在交际中还可根据不同身份来称呼。

（一）称“阁下”

对地位高的官方人士，一般为部长级以上的高级官员的称呼，如“部长阁下”、“总统阁下”、“总理先生阁下”、“大使先生阁下”等。对有高级官衔的妇女，对主教以上的神职人员，对有公、侯、伯、子、男等爵位的人士，也可称“侯爵先生”或阁下。在君主制国家，按习惯可称国王、王后为“陛下”。对王子、公主和亲王等可称“殿下”。

（二）称身份

对医生、教授、法官、律师所从事的令人尊敬的职业的人士，可单独称其为“医生”、“法官”等；对有博士学位的可称呼“博士”，对教会的神职人员，可称教会的任职，如“福特神父”、“传教士先生”。

（三）称军衔

对军人一般称军衔，或军衔加先生，知道姓名的可冠以姓与名。例如，“卡特少校”、“上校先生”、“比尔上尉先生”等。有的国家对将军、元帅等高级军官称“阁下”。

（四）称同志

凡与我国有同志相称的国家（如朝鲜等），对各种人员都可称“同志”，有职衔的也可另加职衔。例如，“主席同志”、“书记同志”、“委员长同志”、“省长同志”、“大使同志”、“秘书同志”、“服务员同志”、“司机同志”等。

二、语言习惯

外国人具有其特有的语言习惯，在涉外交际中我们应多加注意。

（一）礼貌用语

外国人日常使用的礼貌用语很多，诸如“您好（你好）”、“请”、“谢谢”、“对不起”、“打扰了”、“再见”、“见到你很高兴”等，都是很平常、不离口的礼貌用语。

（二）不要问“你吃了吗”

中国人见面时，常问“你吃了吗?”以此表示问候致意，不管什么时间，对方回答了“吃了”或是“还没吃”，双方便点头而过。这个习惯，西方人很不理解，他们不但不用这些话来问候别人，而且认为这样说是很不礼貌的。西方人认为，如果你问对方吃了没有，就意味着你想邀请他去就餐或吃点东西。如果他回答“没吃”却又得不到邀请，他便会因此生气。

（三）说话先后次序

中国人往往先说明请求的原因，然后才提出正题。这与西方人的习惯恰恰相反。由于这个差异，中国人的请求在西方人看来往往十分啰唆，不着边际。例如，英美人接电话，先自报家门：“这里是某某公司，我们能帮你什么忙?”待对方说明要与谁对话时才问：“我可以知道你的姓名吗?”而中国人接电话往往先问：“喂，哪里?”接下来可能才会问：“你是谁?”或“你要找谁?”因此在与英美人电话交谈时，切记这种开场白，否则英美人会觉得你不礼貌而挂断电话。

（四）文明的上厕所用语

中国人上厕所时，习惯说：“上厕所”、“上茅房”、“方便一下”等。但在国外，人们却不这样说。在美国男厕所叫“男士室”（Man's Room），女厕所叫“女士室”（Lady's Room）。上厕所有很多说法，但都忌讳“厕所”二字，而是用“我想洗洗手”、“请稍候”、“请原谅我耽误您几分钟”之类的话来代替。话语一出口，大家彼此心照不宣，毫不见怪。

三、涉外迎送

迎送是涉外交往中最常见的社交礼节。也是对不同身份外宾表示相应尊重的重要仪式。对外宾留下良好的第一印象，加深双方的友谊与合作，都发挥着重要作用。

（一）迎送的安排

迎送活动的安排主要有两种不同档次：一是举行隆重的欢迎仪式，这主要适用于对外国国家元首、政府首脑、军方高级领导人的访问，以示对他们访问的欢迎与重视。二是一般迎送，适用于一般来访者。无论是官方人士、专业代表团的来访，还是长期在我国工作的外交使节，常驻我国的外国人士、记者和专家等，当他们到任或离任时，都可安排相应的人员前往迎送，以示尊重和友谊。

(二) 迎送规格的确定

关于迎送规格，各国的规定不尽相同。在确定迎送规格时，主要是依据来访者的身份、访问的性质和目的，并且适当考虑两国之间的关系，同时还要注意国际惯例，综合平衡。一般按照国际惯例的"对等原则"，主要迎送人员应与来宾的身份相当。如果由于各种原因而不能完全对等时，可灵活变通，由职位相当的人士或副职出面，并向对方做出解释。

(三) 成立接待班子

为了接待重要的贵宾和代表团、队，东道主一般组成一个接待班子来履行接待任务。接待班子的工作人员由外事、翻译、安全警卫、后勤、医疗、交通、通讯等方面的工作人员组成。

(四) 收集信息、资料

接待班子要注意收集来访者的有关信息和资料，了解其本次访问的目的，对会谈、参观访问、签订合同等事项的具体要求，前来的路线、交通工具，抵离时间，来访者的宗教信仰，生活习惯，饮食爱好与禁忌等。

据报载：一位英国商人应邀前来我国与某地区洽谈投资项目。该地领导为了图个吉利，准备了一辆车号为"666"（六六大顺）的轿车前去机场迎接。谁知这位英国商人下了飞机，一看轿车后，直皱眉头，随即又乘机离去。后来我方人员才知道这位英国商人信教，十分崇拜《圣经》，在《圣经》中"666"表示"魔鬼"。在英国，司机、乘客对带有这种号码的车辆退避三舍，英国警察部门已做出决定，逐步取消这个号码。由此可见，多了解来访者的情况是十分重要的。

(五) 拟订接待方案

接待方案包括各项活动的项目、日程及详细时间表，项目负责人和接待规格、安全保卫措施等。日程确定后，应翻译成客方使用的文字，并打印好，发给客方，以便及时与客方进行沟通。

拟订接待方案重点要落实好食、宿、行，并制定合理的费用预算，保证接待隆重得体又不铺张浪费。

(六) 掌握抵离时间

必须准确掌握外宾乘坐的飞机（火车、船舶）抵达及离开的时间，迎送人员应在来宾抵达之前到机场（车站、码头）。送行人员应在外宾离行前抵达送行地点，切勿迟到、早退。

(七) 献花

献花是常见的迎送外宾时用来表达敬意的礼仪之一。一般在参加迎送的主要领导人与客人握手之后，由青年女子或儿童将花献上，也有的由女主人向女宾献花，献花者献花后要向来宾行礼。献花须用鲜花，并注意保持花束整洁、鲜艳，一般忌用菊花、杜鹃花、石竹花以及黄色花卉（黄色具有断交之意）等。有的国家习惯送花环，或者送一两枝名贵兰花、玫瑰花等。在接待信仰伊斯兰教的人士时，不宜由女子献花。

(八) 介绍

主宾见面应互相介绍其随从人员。主要的迎送人员在与来宾见面致意（如握手等）后，他还可以担负起介绍其他迎送人员的任务。一般是在客人的内侧引领客人与各位迎送人员见面，并把他们介绍给来宾。然后再由主宾将客人按一定身份一一介绍给主人。若宾主早已相识，则不必介绍，双方直接行见面礼即可。

(九) 陪车

来宾抵达后，在前往住地或临行时由住地前往机场、码头、车站，一般都安排迎送人员陪同乘车。陪车时应请宾客坐在主人右侧。两排座轿车，译员坐在司机旁；三排座轿车，译员坐在主人前面的加座上。当代表团 9 人以上乘大轿车时，原则上低位者先上车，下车顺序相反。但前座者可先下车开门，大轿车以前排为最尊位置，自右向左，按序排列。上车时应当请客人首先上车，客人从右侧门上；如果外宾先上车坐到了左侧座位上，则不要再请外宾移动位置。陪同人员在替客人关门时，应先看车内人是否坐好，既要注意不要碰伤客人的手，又要确保将门关好，注意安全。

(十) 具体事项

迎送中，一些具体事项要引起我们的注意，它主要包括以下几个方面：

在客人到达之前最好将客房号、乘车号码等通知客人，如果做不到，可印好住房、乘车表，在客人到达时，及时发到客人手里。

指派专人协助客人办理入出境手续及机票（车、船票）和行李提取或托运手续等事宜。客人到达后，应尽快进行清点并将行李取出运送到其住处，以便客人更衣。

客人到达后，一般不要立刻安排活动，应让客人稍事休息，倒换时差。可在房间中适当放些新鲜水果或鲜花等。

迎送的整个活动安排要热情、周到、无微不至、有条不紊，使客人有宾至如归的感觉。接待人员要始终面带微笑，彬彬有礼，不能表现得冷漠、粗心、怠慢或使客人感到紧张、不便。

陪同人员应尽力安排好客人的食、住、行，对客人的要求做出反应，给予答复。翻译应如实翻译，不能掺进自己的意见和看法，不能打断双方的谈话或在一方一句话还没说完就翻译，就餐时不可因餐饮影响翻译工作。

司机在行车时，应集中精力驾驶，不能边驾驶边说话，如果司机主动与客人甚至陪同人员或翻译人员说话聊天，只会使客人感到不安全和被冷落。

在为外宾送行时，送行人员应在外宾临上飞机（火车、轮船）之前，按一定顺序同外宾一一握手话别。飞机起飞（火车、轮船开动）之后，送行人员应向外宾挥手致意，直至各交通工具在视野中消失方可离去。否则，外宾一登上飞机（火车、轮船）等，送行人员就立即离去，是很失礼的。尽管只是几分钟的小事情，却可能因小失大。

四、会见会谈

会见和会谈都是涉外交往活动的重要方式。会见，国际上通称接见或拜会。凡身份高的人士会见身份低的人士，主人会见客人，人们通常称其为接见或召见；凡身份低的人士会见身份高的人士，客人会见主人，人们通常称其为拜会或拜见。接见和拜会后回访，通常称为回拜。我国通常对此不做细分，统称会见。

会谈是指双方或多方就某些重大的政治、经济、科技、文化、军事、宗教以及其他共同关心的问题交换意见，洽谈协商。会谈一般专业性、政策性较强，形式比较正规。会见多是礼节性的，而会谈多为解决实质性问题。有时会见、会谈也难以区分。因为会见时双方也常谈专业性或政治性问题，以上区分只是相对而言。

（一）会见的礼仪

会见就其内容来说，多为礼节性的，也有政治性、事务性的会见，或兼而有之。礼节性会见一般时间短，话题也较为广泛。政治性会见一般涉及国与国之间的双边关系、国际局势及对一些重大国际问题的看法或意见等。事务性会见一般涉及贸易争端、业务交流与合作等。

会见的礼仪主要有以下内容：

1. 确定参加会见的人员。会见来访者，一般情况下应遵循“对等”的原则，但有时由于某些政治或业务的需要，上级领导或下级人士也可会见来访者。参加会见的人员不宜过多。

2. 确定会见的时间、地点。会见的时间一般安排在来访者抵达的第二天或举行欢迎宴会之前。会见的具体时间不宜过长，一般以半小时左右为宜。会见的地点多安排在客人住地的会客室、会议室或办公室，也可在国宾馆等正式的会客场所。

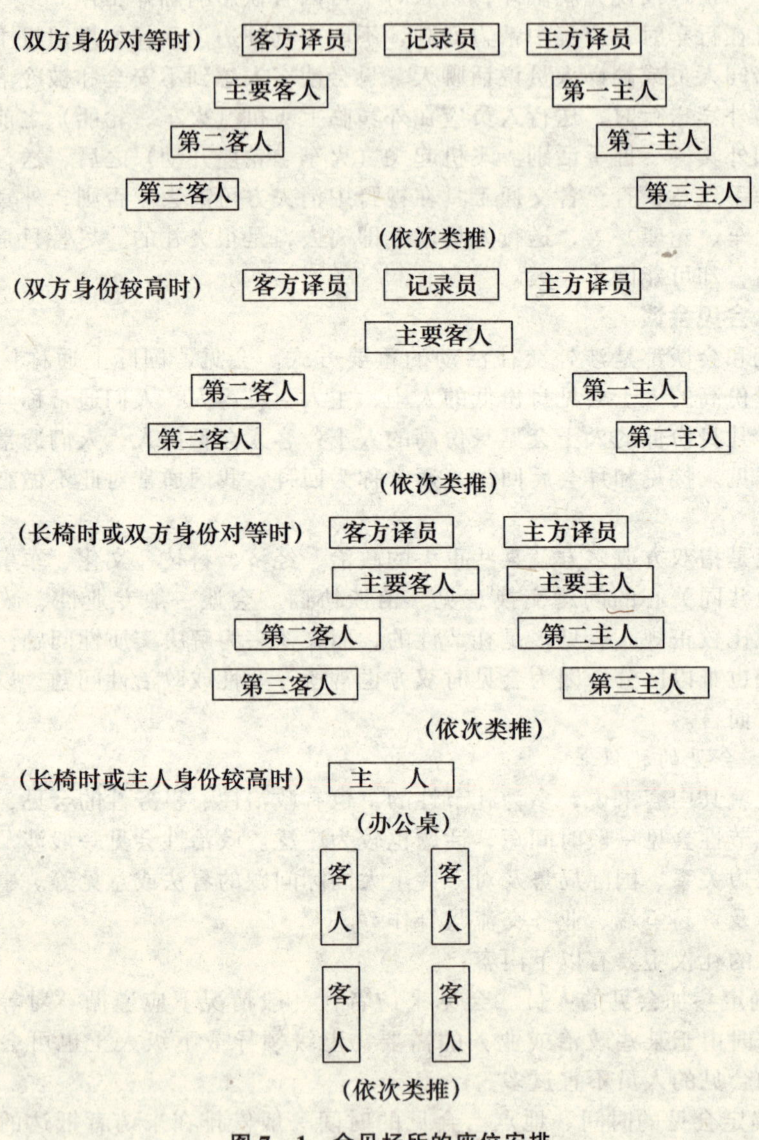

图 7－1　会见场所的座位安排

3. 做好会见的座位安排。会见时座位的安排必须依据参加会见人数的多少、房间的大小、形状、房门的位置等情况来确定。会见的座位安排有多种形式，宾主可以穿插坐，也可分开坐，通常的安排是将主宾席、主人席安排在面对正门位置，客人坐在主人的右边。其他客人按照礼宾顺序在主人、主宾两侧就座。译员、记录员通常安排在主宾和主人的后面。座位不够时可在后侧加座。整个会见场所的座位形状有弧形、方形（长椅和单椅两种），如图 7－1 所示。4. 掌握会见的一般礼节。会客时间到来之时，主人应在门口迎候客人，问候并同客人一一握手，宾主互相介绍双方参加会见的人员，然后引宾入座。主人应主动发言，创造一种良好的气氛。双方可自由交谈，就共同感兴趣的话题发表自己的看法。交谈时应注意坐姿，不要跷二郎腿，不可左顾右盼，漫不经心。主人与主宾交谈时，旁人不可随意插话，外人也不可随意进出。会见时可备饮料招待客人。主人应控制会见时间，最好以合影留念为由头结束会见。合影后，主人将客人送至门口，目送客人离去。

5. 注意合影的礼宾次序。合影时，一般主人居中，男主宾在主人右边；主宾夫人在主人左边，主人夫人在男主宾右边，其他人员穿插排列，但应注意，最好不要把客人安排在靠边位置，应让主人陪同人员在边上。如图 7－2 所示。

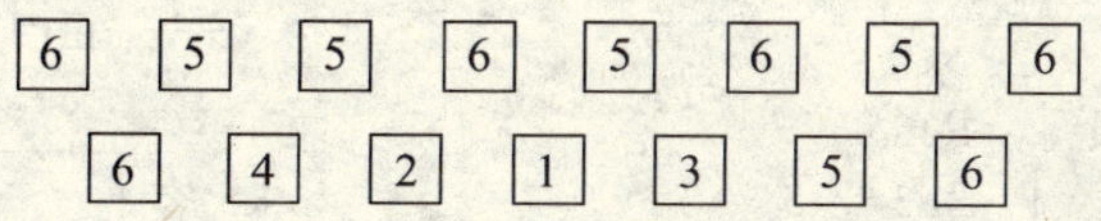

图 7－2　合影时的礼宾次序

注：图中的主宾顺序是 1 为主人；2 为男主宾；3 为主宾夫人；4 为主人夫人；5 为主宾陪同人员；6 为主人陪同人员；7 为摄影师。

（二）会谈的礼仪

会谈的形式多种多样，常见的有领导人之间单独会谈，有少数领导人及其助手与来访者进行的不公开发表内容的秘密会谈，有的是就有关重要而又复杂的问题，由有关官员进行预备性会谈，也可称为谈判。

会谈的礼仪主要包括以下内容：

1. 确定会谈的时间、地点、人员。会谈的时间、地点由双方协商确定。

会谈的人员应慎重选择，会谈的专业性较强，既要求有专业特长，又要考虑专业互补和群体智慧。会谈人员既要懂得政策法律，又要能言善辩，善于交际，应变能力强，并确定主谈人和首席代表。

2. 会谈的座位安排。涉外双边会谈通常采用长方形或椭圆形会谈桌。多边会谈或小型会谈也可采用圆形或正方形会谈桌。

不管什么形式，均以面对正门为上座，宾主相对而坐，主人背向门落座，而让客人面向大门。其中主要会谈人员居中，其他人按着礼宾次序左右排列。

这里需要说明的是，许多国家把译员和记录员安排在主要会谈人员的后面就座。我国习惯上把译员安排在主要谈判人座位的右侧就座。这主要取决于主人的安排。说到这个习惯上的小差别，还有一段历史背景。当初，我国也是按国际上通用的做法把译员安排在后面就座的，但新中国建立不久，中国国务院总理兼外交部部长周恩来认为这个惯例不符合中国的情况，因为西方的译员大多是临时雇佣的，不属于参加会谈的人员，而我国的译员却是参加会谈的重要人员之一，理应受到尊重，所以周总理在出访时坚决要求对方允许我方译员坐在主要会谈人员的右侧。从那时起，我国就有了这个做法并一直沿用至今。

以下是几种常见的会谈座位（见图 7－3 至图 7－5）。

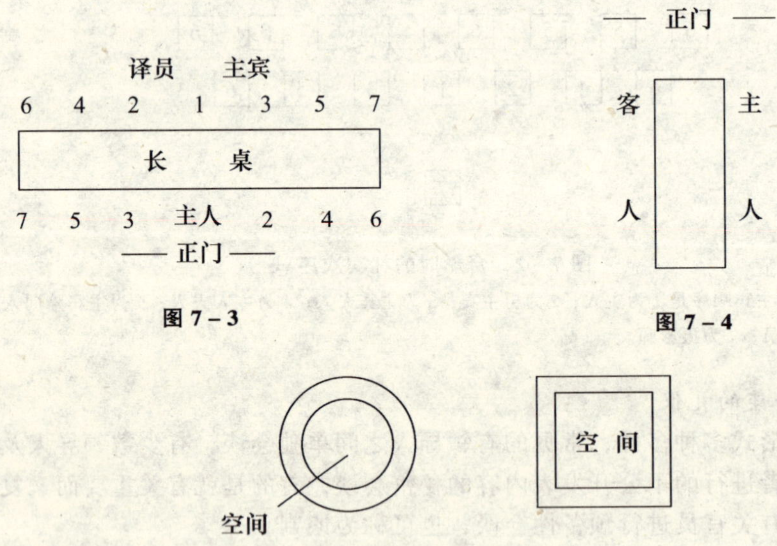

图 7－3

图 7－4

图 7－5

如果长方桌的一端向着正门，则以入门的方向为准，右为客，左为主。

如果是多边会谈，可将座位摆成圆形或正方形。

此外，小范围的会谈，也可像会见一样，只设沙发，不摆长桌，按礼宾顺序安排。

五、参观游览

涉外参观游览，是指外国客人在访问或旅游期间对一些风景名胜、单位设施等进行实地游览、观看和欣赏。来访的外国人以及我出访人员，为了了解去访国家情况，达到出访目的，都应组织一些参观游览活动。

参观游览应注意以下礼仪：

（一）选定项目

选择参观游览项目，应根据访问目的、性质和客人的意愿、兴趣、特点以及我方当地实际条件来确定。对于外国政府官员、大财团、大企业家，一般应安排参观反映我国经济发展情况的部门、单位和经济开发区，以及重点招商项目。对于一般企业家、商人和有关专业人员，可安排参观与其有关的部门、单位，同时安排一些有地方特色的游览项目。

对年老体弱者不宜安排长时间步行的项目，心脏病患者不宜登高。一般来说，对身份高的代表团，事前可了解其要求；对一般代表团，可在其到达后，提出方案，如果确有困难，可如实告知，并做适当解释。

（二）安排日程

当参观游览项目确定后，应制定详细活动计划和日程，包括参观线路、座谈内容、交通工具等，并及时通知有关接待单位和人员，以便各方密切配合。

（三）陪同参观

按国际惯例，外宾前往参观时，一般都安排相应身份的人员陪同。如有身份高的主人陪同，宜提前通知对方。接待单位要配备精干人员出面接待，并安排解说介绍人员，切忌前呼后拥。参观现场的在岗人员，不要围观客人。遇客人问话，可有礼貌地回答。

（四）解说介绍

参观游览的重头戏是解说介绍。有条件的可先播放一段有关情况的纪录片，这样，既可节省时间，又可事先让客人对情况有所知，经过实地参观，效果会更好。我方陪同人员应对有关情况有所准备，介绍情况要实事求是，运用材料、数据要确切，不可一问三不知，也不可含糊其辞。确实回答不了的，可表示自己不清楚，待咨询有关人员后再答复。遇较大团组，宜用扩音话筒。另外，遇有保密部分的，则不能介绍，如客人提出要求，应予婉拒。

(五) 乘车、用餐和摄影

在出发之前，要及时检查车况，分析行车路线，预先安排好用餐。路远的还要预先安排好中途休息室，要把出发、集合和用餐的时间、地点及时通知客人和全体工作人员。一般地方均允许客人摄影。如有不能摄影处，应事先说明，现场要竖立中英文“禁止摄影”标志牌。

(六) 在国外参观游览的礼节

出访人员、团组要求参观，可通过书面、电话或面谈方式向接待单位提出，经允许后方能成行。参观内容，要符合访问目的和实际，要注意客随主便，不要强人所难。在商定之后，要核实时间、地点和路线。

参观过程，应专心听取介绍，不可因介绍枯燥或不对口味而显露出不耐烦和漫不经心状，这是极不礼貌的。同时应广泛接触、交谈，以增进了解，加深友谊。注意尊重对方的风俗和宗教习俗。如要摄影，事先要向接待人员了解有无禁止摄影的规定。参观游览，对服装要求不严格，不必穿礼服，穿西装可以不打领带，但应注意整洁整齐，仪容也宜修整。参观完毕，应向主人表示感谢，上车离开时应在车上向主人挥手道别。

六、国旗悬挂

国旗是国家的一种标志，是国家的象征。悬挂国旗是一种外交礼遇与外交特权。人们往往通过悬挂国旗，表示对本国的热爱或对他国的尊重。在国际交往中，悬挂国旗要遵循以下惯例：

(一) 悬挂国旗的场合

按国际关系准则，国家元首、政府首脑在他国领土上访问，在其住所和交通工具上悬挂国旗（有的是元首旗）是一种外交特权。

东道国接待来访的外国元首、政府首脑的隆重场合，在贵宾下榻的宾馆，乘坐的汽车上悬挂对方（或双方）的国旗（或元首旗），是一种礼遇。

在国际会议上，除会场悬挂与会国国旗外，各国政府代表团团长也按会议组织者的有关规定，在一些场所或在车辆上悬挂本国国旗（也有不挂国旗的）。

有些展览会、体育比赛等国际活动，也往往悬挂有关国家的国旗。在大型国际比赛中，还往往为获前三名的运动员升起其代表国家的国旗。

伴随着我国加入世界贸易组织，双边、多边的经贸往来必将日趋频繁，在谈判、签字仪式上亦应悬挂代表国的国旗。

(二) 悬挂国旗的要求

在建筑物上或室外悬挂国旗，一般应在日出升旗、日落降旗。有时当遇到外国元首逝世需要降半旗志哀，具体做法是：先将旗升起来至杆顶，再下降至距杆顶相当于杆长 1/3 的地方。降旗时，也应先将旗升至杆顶，然后再下降。

升降国旗时，服装要整齐，要立正脱帽行注目礼。不能使用污损的国旗。升国旗一定要升至杆顶。

悬挂双方国旗，按照国际惯例，以右为上，左为下。但这是以旗面本身为准的，搞不好会弄错。所以，还应记住以挂旗人为准，“面对墙壁左为上，右为下”。挂旗时，挂旗人必然面对墙壁，这时左为上，悬挂客方国旗，右为下，挂主方国旗。乘车时，应记住“面对车头左为上”，左边挂客方国旗，右边挂主方国旗（有时以汽车行进方向为准，驾驶员右手为上）。所谓主客标准，不以在哪国举行活动为依据，而以举办活动的主方为依据。如外国代表团来访，东道国举办欢迎宴会，东道国是主人；外国代表团答谢宴会，来访国是主人。

由于国旗是一个国家的标志与象征，代表一个国家的尊严，所以挂国旗时，一定不能将国旗挂倒。

常见的挂旗方法如图 7－8 至图 7－10 所示。

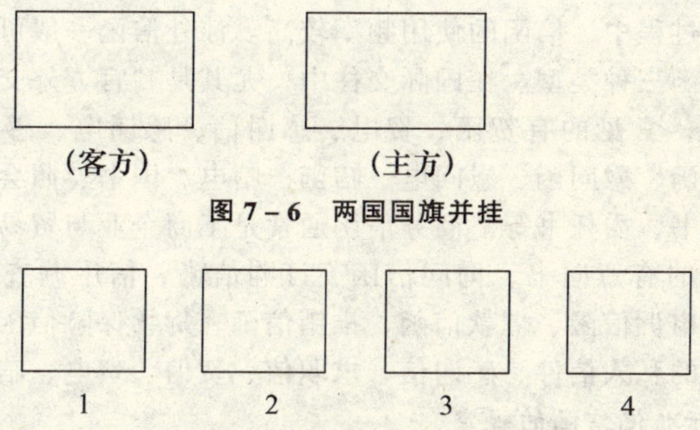

图 7－6　两国国旗并挂

图 7－7　三面以上国旗并挂

注：多面并列，主方在最后。如系国际会议，无主客之分，则按会议规定之礼宾顺序排列。

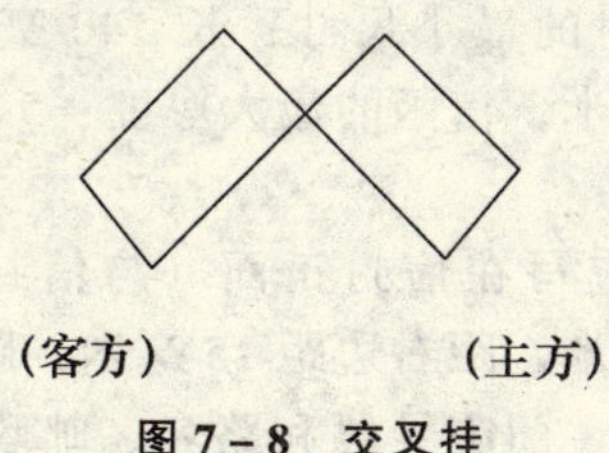

图 7－8　交叉挂

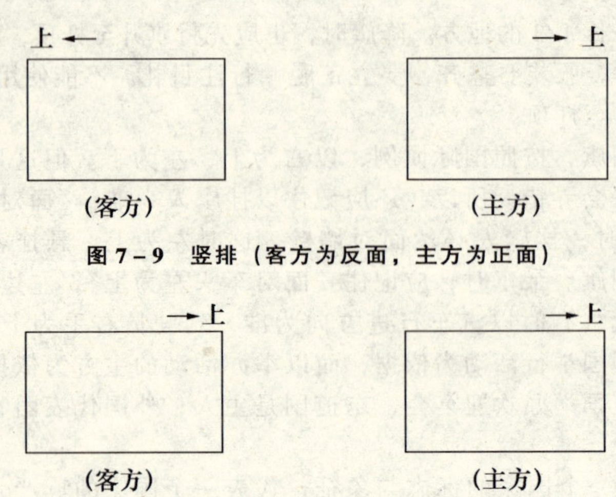

图 7-9 竖排（客方为反面，主方为正面）

图 7-10 竖挂（双方均为正面）

七、涉外书信礼仪

在涉外交往过程中，信函的使用频率较高。涉外信函一般可分为公函、商务信函和社交信函三种类型。在国际交往中，尤其是“官方外交”中，公函通常称为礼仪文书。常见的有贺函、贺电、感谢信、感谢电、感谢公告、邀请函、邀请电、复函、慰问函、慰问电、唁函、唁电、国书、照会、备忘录、全权证书、授权证书、委任书等。商务信函通常是工商企业与贸易合作伙伴间往来的文书。常见的有意向书、询问信函、订购信函、信用调查信函、索赔信函、理赔信函、申诉信函、催款信函、推销信函、货物保险信函等。社交信函是在社会交往中的私人信件、感谢信、求职信、贺信、贺电、唁电、唁函等。

（一）国际标准化信函的规定

国外的信函与国内的信函有所不同。我国政府规定从 1989 年 7 月 1 日起实行国际标准化信函。其具体规定如下：

1. 信封规格尺寸。信封的最小尺寸：长 140 毫米，宽 90 毫米，最大尺寸：长 235 毫米，宽 120 毫米，信函的最大厚度：5 毫米。一封信函的最高重量是 20 克。

2. 收信人姓名、地址应写在信封正面（与信封长度平行的长方形位置内），至少距信封左边 40 毫米，距右边距 15 毫米，距底边 15 毫米。收信人名址书写顺序为：收信人姓名、门牌号码和路名、邮政编码、城市（地区）名、国名。名址均应用英文、法文或寄达国通晓文字书写，国名用大写字母。

3. 寄信人姓名、地址，应写在信封的左上角，或写在信封背面的上半部。其书写顺序与收信人名址相同。名址除国外必须用英文、法文或寄达国通晓的文字书写外，其他可用中文书写，也可用外文书写。

4. 收信人和寄信人的名址，必须用蓝色或黑色墨水书写，不得用红色墨水书写。

5. "透明窗信封"。即在信封的寄件人名址位置（信封右下方位置，至少距信封上边 40 毫米，右侧边、下边各 15 毫米位置），开一开窗，上面贴有薄纸，透过天窗可以看到信封内的收信人姓名和地址。

图 7-11 中为英文信封格式，信封左上角为寄信人名址，左下角为特种邮寄说明，右上角为贴邮票处，右下角为收信人名址。

Li Ming
28-3-2 Zhongshan Road (邮票)
Dalian 116012
CHN

Mr. Smith
18 Little Hay Road
Oxford OX43IG
UK

航空
By AIRMAIL

图 7-11

（二）中英信函上的差异

国外的信函在格式、用语、文字、用印等方面标准不一。不过，各个国家都在逐步地与国际准确化信函的要求接轨。

英文的信函格式具有一定的代表性。通常，英文的信函由信头、日期、受信人姓名和地址、称谓及客套语、正文、信尾结束礼语、署名等组成。下面我们仅介绍英美国家在信函格式、礼仪上与我国较为明显的几点不同之处。

1. 信头。信头是国外一些国家（如英、美等国家）在书信中的习惯用法。信头包括发信人单位姓名、地址、电话、电报挂号。商务信函的信头一般在第一页信笺右上方位置。信头的格式是先写发信人的单位名称或姓名，再写地址、电话、电报挂号。地址先写住所名称、门牌号码、街道名称，然后写住所所在地区或城镇名称、邮政编码，接着写州、郡或省名、国家名称。

2. 日期。商务信函的日期通常放在信头下面。社交信函、官方外交公函的日期通常放在信函的末尾处（发信人签名下面）。日期通常采用世界通行的公历表示。日期写法有英式、美式、国际标准化规定三种。英式日期按日、月、年顺序书写，如 1（st）March，1998.；美式日期按月、日、年顺序书写，如 March 1（st），1998.；国际标准化组织规定的简写方法为年、月、日，一位数的月、日前加“0”如 1998.03.01.。

3. 信内地址。它包括收信人的姓名和地址，写在信笺的左上角。其书写格式通常为第一行为姓名，第二行为职位、头衔，第三行为收信人的单位名称，第四行以下为门牌、街道、地名、州（省）名、邮政编码及国名。门牌、街道之间不用标点符号，地名与国名间用“逗号”。如无特定收信人，则在以人名为公司名称的前面，冠以 Messre 一词，例如，Messre Smith & Co.。非人名公司及有限公司则不可冠用 Messre，而要加冠词“The”，如 The National Transport Company。

4. 称谓。指的是写信人对收信人的称呼。一般写在信内地址下面空 2～4 行并另起一行与收信人姓名齐头处。英文书信的称谓要视对方的身份、性别、人数及亲疏程度等来确定，其正式程度层次排列见表 7－1。

表 7－1

性别 程度	男　性	女　性
最正式	Sir	Madam
正式	Dear Sir Gentlemen Dear Madam	Dear Mr. Jones Dear Mrs. Rich
亲密	Dear Johnson Dear Dan	Dear Alice

5. 签名。签名一般位于结束礼语的下方。签名在社交信函中通常只是一种礼仪形式，但在正式公函和商务信函中，它还具有法律效力。签名一般用钢笔签，注意保持稳定的签名风格，以免他人以假乱真。若亲笔签名字迹太潦草，不易识别，通常还需在下面打字注明拼法。

第五节　涉外工作人员的礼仪

在涉外交往活动中，各国对服务工作都极为重视，对服务工作人员的要求也很高，通常都要经过专门的培训和正规训练。

一、涉外接待人员的礼仪要求

接待外宾应谦虚有礼，朴实大方，不卑不亢，不要过分拘谨，也不要傲慢。

仪容、服饰要整洁，头发、胡须、指甲、鼻毛等应加以修整；衣扣、裤扣裤带要系好，衣袋里不可放过多东西。衣服应洗净、熨平整，皮鞋要擦亮。穿西装应系领带，衬衫应塞在裤腰内，袖口不要卷起，内衣裤、衬衣不要露出来。着装应注意场合，参加正式活动一般应穿深色服装，参加丧葬吊唁活动一般应穿黑色服装，并注意服装颜色的搭配；进入室内应脱大衣、帽子、手套、围巾、雨衣等，存放于衣帽间，但应注意取走重要文件、笔记本、钱等贵重物品；在公开场所不能穿背心、拖鞋。

参加外事活动要严守时间，不能迟到早退，有特殊事情应事先请假。

尊重外宾的生活习惯，不可评头论足，更不可讥笑。

讲究礼节礼貌，注意礼宾次序，不可轻举妄动。

举止言行应十分考究。坐姿要端正，不要跷二郎腿或摇晃双腿，也不要靠在椅背或沙发背上伸直双腿，更不可把脚或腿搭在椅子上，女士坐时不可叉开双腿，站立时不要倚靠墙或柱；在外宾面前，不要修指甲、剔牙齿、掏鼻孔、揩鼻涕、伸懒腰等，打喷嚏、打呵欠就用手巾捂住嘴、鼻，朝向另一侧，避免发出声音；在外宾面前讲话应文雅，不可争吵或争论，不可在声呼喊，喧哗或大笑。

在公共场所应注意保持环境卫生清洁，不吸烟、不随地吐痰、乱扔杂物。参加活动前，不吃葱、蒜等带刺激味道的食物。

不私自收受外宾礼品，更不可向外宾暗示、索要礼品。

服务要热情周到。遇到自己解决不了的问题时，应主动、及时向有关部门和领导汇报。谈话要实事求是，不要允诺或答应没有把握的事，但已经答应事应说到做到。

不要打听外宾的隐私，尊重其隐私权。要注意内外有别，严守国家机密。

二、翻译人员的礼仪

在涉外活动中，由于语言障碍，交际双方需要通过翻译来进行交流、沟通。翻译工作是涉外交往中的重要环节。翻译工作人员的业务水平、政治素质、文明素养等是涉外服务工作水平的最直接体现。作为翻译工作人员，一定要忠于职守，尽职尽责。

（一）会谈或谈判口译人员注意事项

除遵守一般谈判人员守则外，要特别注意政治时事政策和业务学习，提高对谈判种种问题的了解和理解。

在态度上要始终保持热情、愉快、谨慎、诚恳，即使外宾充分感到我们的友好真诚，又坚定立场，坚决捍卫国家或组织利益。

在谈判前，应做好准备工作，尽可能向主谈人了解谈判内容、我方意图和可能发生的问题，对必要的技术名词、问题也应做好准备。

在谈判时，应全神贯注，充分体会谈判精神，做到正确踏实，不擅自增减或改变谈话内容或掺杂个人意见。对谈话要点应做必要笔记，不得主动直接与外宾谈话、询问或解答问题；遇有未听清时，应提出问明；翻译有困难时，应向谈话人说明，做到绝不不懂装懂、主观臆断。对我方主谈人谈话内容有意见时，可向主谈人提出请其考虑，但必须以主谈人意见为最后意见，忠实翻译，绝不可向外宾表达自己的意见。

对主谈人以外其他参加谈判人员谈话，除系主谈人指定发言外，应取得主谈人同意后，再进行翻译。

外宾有不正确言论时，应详告主谈人考虑解决；若外宾单独向翻译人员提出问题，如系外宾不了解情况，判明并无恶意者，可实事求是地做一定解释；如是属恶意，应坚持立场，义正辞严地表明态度；如自己解释有困难时，可暂不答复，所有情况应迅速向领导汇报。

外宾提出任何要求，应详告主谈人考虑解决，不能擅自允许或作出否定答复；在我方不能满足对方要求时，可照主谈人意见详告对方，避免生硬机械，但应抱实事求是态度，防止产生媚外情绪。

外宾询及翻译个人问题时，应适当地告知主谈人决定应否答复，但也灵活掌握，以免造成外宾错觉，应坚决克服个人虚荣心。

（二）生活翻译注意事项

接待外宾是体现国家对外政策的一项重要工作，要时刻提高警惕，谨慎从事，绝不可麻痹大意，粗枝大叶或轻视这项工作为单纯的事务工作。

严格执行请示报告制度，事事从组织利益出发，不掺入个人的兴趣和感情，严格遵照上级和政策办事。宁可不说、少说、慢说，不可乱说，尽可能避免发表不必要的个人意见。

事事争取主动，一言一行要考虑后果，工作应有计划、对情况应有充分估计，对对方可能提出的问题，要事先作必要请示，做到心中有底。

注意口头和书面保密，务必做到不回答与自己业务无关的问题，不在外宾面前谈内部问题。文件资料、工作日记本等非因公不得随身携带。

外宾的馈赠，未经上级批准，不得自行接受；但如外宾坚持赠送小纪念时，可先收下，并立即报告组织，礼品要提交组织处理。

充分了解外宾工作情况和生活要求以及对每种活动与事件的反应，并及时向上级汇报。汇报务需准确可靠，不可夸大或冲淡。对外宾反应搁置不理，隐匿不报，是无组织无纪律现象。

周密布置，随时随地保证外宾的安全，以免发生意外。

虚心谨慎，切忌自以为是，擅作主张。

加强政治、时事、政策、业务学习，丰富和提高个人学识修养。

三、涉外车辆驾驶人员的礼仪

在涉外交往活动中，车辆是重要的交通工具。作为车辆驾驶员，除了应掌握涉外人员守则外，还应注意以下几个方面：

必须具有高度的政治责任感和过硬的驾驶技术，自觉遵守交通规则，牢记自己肩负的使命，根据接待计划，按时正点出车服务。

每次参加涉外活动前，都要对车辆进行检修、试车，以确保车辆安全行驶；驾驶人员应事先弄清行驶路线，必要时可事先熟悉路线，仔细观察路上情况，做到心中有数，以免误时误事。

驾驶人员应主动热情，礼貌待客，优质服务。外宾准备乘车时，驾驶员应将车门打开，并用手示意，防止客人头部碰撞车门上端的车篷。待外宾坐好后再关车门，注意防止夹客人的手足；如果接待外国代表团，在主宾车上的人员上齐后，前卫车即可开始缓行，以免主宾车等候过久，防止后面的车辆掉队。车辆之间要保持一定的距离。

驾驶人员一律禁止喝酒，行车期间不准吸烟、不准使用手机或与他人交谈。

参加外事活动时，无论是出发前，还是到达目的地后，一要将车辆按顺序排列整齐，关上车门；二要在未结束当天活动前，人不离车，确保安全，也便于随时听从调遣。

车辆要及时擦洗，保持车辆内外整洁。

思考·讨论·训练

1. 判断正误：

(1) 在涉外交往中首先要坚持相互尊重的原则。

(2) 西方人喜欢直率的谈吐，忌讳言不由衷的客套。

(3) 两人同行，以前者、右者为尊。

(4) 上楼时，尊者、妇女在前，下楼时也应这样。

(5) 迎客引路时，主人在前，送客时，则主人在后。

(6) 在交往中，礼宾次序的总原则是“以右为尊”。

(7) 与外国人初次见面交谈时，可以唠家常。

(8) 与外国人打招呼可以说：“您吃了吗?”

(9) 按国际惯例，外宾前往参观时，一般都安排相应身份的人员陪同。

(10) 悬挂双方国旗，以右为上，左为下。

2. 涉外交往的基本原则是什么?

3. 与外国人交往应坚持哪些礼仪基本通则?

4. 礼宾次序的具体要求是什么?

5. 与外国人交往应做到哪“八不问”?

6. 女士优先有哪些具体要求?

7. 涉外交往中应如何称呼?

8. 与一般迎送礼节相比涉外迎送有哪些特殊礼节?

9. 涉外会见、会谈有哪些具体的礼仪要求?

10. 涉外参观游览应注意哪些礼仪?

11. 涉外交往中何时需要悬挂国旗?

12. 悬挂国旗有哪些礼仪要求?

13. 案例分析：

某公司的王先生年轻肯干，点子又多，很快引起了总经理的注意并拟提拔为营销部经理。为了慎重起见，总经理决定再进行一次考查，恰巧总经理要去省城参加一个商品交易会，需要带两名助手，总经理便选择了公关部杜经理和王先生。王先生自然同样看重这次机会，也想寻机好好表现一下。

出发前，由于司机小王乘火车先行到省安排一些事务，尚未回来，所以，他们临时改为搭乘董事长驾驶的轿车一同前往。上车时，王先生很麻利地打开了前车门，坐在驾车的董事长旁边的位置上，董事长看了他一眼，但王先生并没有在意。

车上路后，董事长驾车很少说话，总经理好像也没有兴致，似在闭目养神。为活跃气氛，王先生寻一个话题：“董事长驾车的技术不错，有机会也教教我们，如果都自己会开车，办事效率肯定会更高。”董事长专注地开车，不置可否，其他人均无应和，王先生感到没趣，便也不再说话。一路上，除董事长向总经理询问了几件事，总经理简单地回答后，车内再也无人说话。到达省城后，王先生悄悄问杜经理：董事长和总经理好像都有点不太高兴？杜经理告诉他原委，他才恍然大悟，“噢，原来如此。”

会后从省城返回，车子改由司机小王驾驶，杜经理由于还有些事要处理，需在省城多住一天，同车返回的还是4人。这次不能再犯类似的错误了，王先生想。于是，他打开前车门，请总经理上车，总理坚持要与董事长一起坐在后排，王先生诚恳地说：“总经理您如果不坐前面，就是不肯原谅来的时候我的失礼之处。”并坚持让总经理坐在前排才肯上车。

回到公司，同事们知道王先生这次是同董事长、总经理一道出差，猜测着肯定提拔他，都纷纷向他祝贺，然而，提拔之事却一直没有人提及。

请指出王先生的失礼之处。

14．案例分析：

焦雪梅是一名白领丽人，她机敏漂亮，待人热情，工作出色，因而颇受重用。有一回，焦小姐所在的公司派她和几名同事一道，前往东南亚某国洽谈业务。可是，平时向来处事稳重、举止大方的焦小姐，在访问那个国家期间，竟然由于行为不慎而招惹了一场不大不小的麻烦。

事情的大致经过是这样的：焦小姐和她的同事一抵达目的地，就受到了东道主的热烈欢迎。在为他们的欢迎宴会上，主人亲自为每一位来自中国的嘉宾递上一杯当地特产的饮料，以示敬意。轮到主人向焦小姐递送饮料之时，一直是“左撇子”的焦小姐不假思索，自然而然地抬起自己的左手去接饮料。见此情景，主人骤然变色，对方没有把那杯饮料递到焦小姐伸过去的左手里，而是非常不高兴地将它重重地放在餐桌上，随即理都不理焦小姐就扬长而去了，大家觉得非常纳闷和不解。

焦小姐的“行为不慎”指的是什么？为什么会由此而招惹了一声不大不小的麻烦呢？

15．东西方文化差异对礼仪有哪些影响？

16．涉外工作人员有哪些礼仪要求？

判断正误答案：（1）正确　（2）正确　（3）正确　（4）错误　（5）正确　（6）正确　（7）错误　（8）错误　（9）正确　（10）正确

第八章　民俗礼仪

民俗礼仪，是指人们在社会生活中靠口头传播和行为方式传承的风俗习惯、爱好等富有特色的文化礼仪的总和。民俗礼仪是一种复杂的由历史传承下来的文化现象。生活在全球各个角落的2000多个民族，50多亿人民，用自己勤劳的双手和聪明才智，在创造了物质财富的同时，也形成了各自独特的生活方式，绚丽多彩的民族文化礼仪。随着社会的发展，政治、经济、文化、科技、宗教等各方面交流的逐步增多，各民族的文化礼仪便在相互冲突中交融。尊重各国家、各民族的风俗习惯，已成为国际交往的基本原则。

第一节　民俗礼仪的内容与特征

民俗，作为一种社会文化现象早已存在。在我国古籍记载中，早就出现了“俗”、“风俗”、“习俗”、“民风”等词汇，其含义主要是指“民众的知识”。民俗的英文为Folklore，于1945年由英国考古学家威廉·汤姆斯提出来，意为“民众的知识”或“民俗的学问”。这一术语已为国际学术界通用。

民俗礼仪的产生和发展源远流长。可以说，人类社会产生，民俗便开始产生。民俗也是一种文化。各民族在漫长的历史发展过程中，以各种不同的方式，形成累积了各种不同的风俗习惯，并且经由一代又一代的传播，加之与兄弟民族的文化交融，使民俗文化礼仪丰富多彩，且千差万别。从亚当、夏娃拾起树叶遮羞到今天眼花缭乱的民族服饰，从茹毛饮血的生活方式到今天的酒文化、茶文化、饮食文化；从穴居、茅草屋到今天的豪华住宅、星级宾馆；从生儿育女、母系氏族、父系氏族到婚丧嫁娶、成年仪式乃至火葬、土葬、海葬、太空葬等各种葬礼；从原始的图腾崇拜、封建迷信到宗教神学、无神论、信仰自由、唯物哲学等，人类以自己独有的方式，创造出无数奇风异俗，让人眼花缭乱，目不暇接。

民俗礼仪是各民族共同创造的一种多元文化，其内容纷然杂陈，其数量不可胜数。其实，从广义上看，所有的礼节、礼貌、仪式等都可以看做是民俗礼仪。它们也是各民族人们在长期的社会实践中逐步累积、传承下来的行为规范。但通常意义上的民俗礼仪一般是指狭义上的，指的是风俗、习惯等。

一、民俗礼仪的基本内容

民俗礼仪的基本内容包括如下三个方面：

（一）物质民俗礼仪

物质民俗礼仪包括居住（建筑）礼仪、服饰礼仪、饮食礼仪、生产礼仪、技术礼仪等。

（二）精神民俗礼仪

精神民俗礼仪包括宗教礼仪、信仰礼仪、礼仪禁忌、民间文学、民间艺术、体育活动中的礼仪等。

（三）社会民俗礼仪

社会民俗礼仪包括家庭礼仪、节日礼仪、人生礼仪、组织礼仪、社会活动礼仪等。

二、民俗礼仪的基本特征

民俗礼仪是各民族在长期的社会生活实践中逐步形成，由群体共同认可的、约定俗成的各种风俗、习惯、行为规范等。民俗礼仪由于受民族的不同、阶级的差别，以及人类文化的共通性等影响，其基本特征主要表现为多样性、变异性、传承性和群体性等。

（一）多样性

民族文化的多样性，决定了民俗礼仪的多样性。世界各国家、地区都居住着众多不同的民族，仅中国就有 56 个民族。这些民族由于其自然环境、生产生活条件等各不相同，因而在居住、饮食、服饰、爱好、婚丧嫁娶、宗教信仰等方面都形成了各自不同的、多样化的民俗礼仪。正是这种多姿多彩的民俗礼仪，才使我们这个星球异彩纷呈，热闹非凡。

（二）变异性

民俗礼仪大多是约定俗成的，靠口头和行为方式传承，加之受到社会、环境、生产、生活、政治、经济、文化、宗教等诸多因素的影响，因而，民俗礼仪总是处于一种动态的发展变化之中。俗随时变。随着社会的发展和进步，许多旧的民俗礼仪已经消失殆尽，大多数的民俗礼仪都在不断变异中完善和发展，一些新颖的符合时代潮流的民俗礼仪正在逐渐形成。民俗礼仪的变异性是社会进步的晴雨表。

（三）传承性

民俗礼仪一旦形成，便受到民族心理、地域观念等延缓性因素的影响或制约，它不仅会在本民族内得以延续传承和发扬光大，而且还可能超越时空的界限，向外传播，使各民族的民俗礼仪得以交融。民俗礼仪的传承并非是盲目的，不折不扣的照搬继承，而是有所取舍，其主流或核心内容及形式一般是不会轻易改变的。这些正是民俗文化及其礼仪的特色和精华所在。

（四）群体性

民俗礼仪是各民族的公众集体创造的文明成果，并非个人行为。一方面，民俗礼仪只有得到群体的共同认可才得以形成；另一方面，民俗礼仪也必须依靠群体的共同行为才得以继承、维系和发展。比如节日，各民族都有各自的节日，尽管其名称、内容、形式有所不同，但节日是大家共有的，而且节日只有得到大家的共同认可，共同行为，才能得以继承和延续。

民俗礼仪是人类文明的重要组成部分。通过多姿多彩的民俗礼仪，我们可以看到各民族所创造的灿烂文化，可以了解到各民族的文化习俗、心理状态，并且大大地开阔了视野。在了解、尊重各民族的风俗习惯的同时，应汲取民俗礼仪中的优秀成果，以便相互交流，学习与合作。

第二节　世界主要国家礼俗风情

礼俗风情是某一国家、民族长期形成的，具有相对稳定性的礼节、人情、风尚、行为习惯、心理倾向等的总和，是一个民族的重要特征。

礼俗风情是一个历史范畴，随着社会的变迁、经济和文化的发展，还会出现新的内容与形式。各国、各民族和各地区由于不同的文化背景、礼仪传统和行为习惯，形成的礼俗风情存在很大的差异，因此，我们在交往，尤其是涉外交往中必须了解和掌握，以此作为入国问俗、入国随俗的依据，从而成功地与交际对象建立良好的关系。

一、韩国

韩国也称大韩民国，古称高丽，具有璀璨的文化遗产和美丽的风光。这里夏季多雨，气候湿润，经济发达。韩国的主要宗教是佛教，除此之外，一些韩国人也信奉儒教、天主教或天道教。

（一）交际习俗

男子见面时习惯微微鞠躬后握手，并彼此问候。当晚辈、下属与长辈、上级握手时，后者伸出手来后，前者须以右手握手，随后再将自己的左手轻置于后者的右手之上。韩国人的这种做法，是为了表示自己对对方的特殊尊重。

韩国妇女一般情况下不与男子握手。女士之间习惯鞠躬问候，社交时则握手。韩国人与外国人交往时，可能会问及一些私人的问题，对此不必介意。韩国人有敬老的习惯，任何场合都应先向长者问候。

在一般情况下，韩国人在称呼他人时爱用尊称和敬语，但很少会直接叫出对方的名字 。要是交往对象拥有能够反映其社会地位的头衔，那么韩国人在称呼时一定会屡用不止。

在社交场合，韩国人，特别是年轻一代的韩国人，大部分都会讲英语，并且将此视为有教养、受过良好教育的标志之一。由于迄今为止仍对日本昔日的侵略占领耿耿于怀，韩国人对讲日语的人普遍没有好感。

（二）主要禁忌

韩国人大都珍爱白色，对熊和虎十分崇拜。

在韩国，人们以木槿花为国花，以松树为国树，以喜鹊为国鸟，以老虎为国兽，由于发音与“死”相同的缘故，韩国人对数字“4”十分反感，受西方习俗的影响，不少韩国人也不喜欢“13”。韩国人忌将“李”姓解释为“十八子李”。在对其国家进行称呼时，不要将其称为“南朝鲜”、“南韩”或“朝鲜人”，而宜称“韩国”、“韩国人”。

韩国人的民族自尊心很强，反对崇洋媚外，提倡使用国货。在韩国，着一身外国名牌服装的人，往往会被人看不起。

在韩国，忌谈的话题有政治腐败、经济危机、意识形态、南北分裂、韩美关系、韩日关系等。

（三）饮食特点

韩国人的饮食，在一般情况下以辣和酸为主要特点。韩国人以大米为主食，主要是米饭和冷面。他们喜欢中国的川菜，爱吃牛肉、瘦猪肉、海味、狗肉和卷心菜等。“韩国烧烤”很有特色。

韩国人的饮料很多。韩国男子通常酒量都不错，对烧酒、清酒、啤酒往往来者不拒。韩国妇女多不饮酒。韩国人喜欢喝茶和咖啡。但是，韩国人不喜欢喝稀粥和清汤，他们认为穷人才会如此。

在用餐时韩国人用筷子。近年来，出于环保的考虑，韩国的餐馆里往往只向用餐者提供铁筷子。关于筷子，韩国人的讲究是，与长辈同桌就餐时不许先动筷子，不可用筷子对别人指指点点，在用餐完毕后要将筷子整齐地放在餐桌的桌面上。

在宴会上，韩国人一般不把菜夹到客人盘里，而由女服务员替客人夹菜，各道菜陆续端上，每道菜都须尝一尝才会使主人高兴。

二、日本

日本古称大和，后来正式定名为日本国，具有“日出之国”的意思。日本人酷爱樱花，以其象征民族精神，因为樱花看起来平凡，可是汇集起来却很有气势。每年三月末、四月初，当春风从赤道纬线北上，樱花便由南向北顺势铺开，成林成片，如火如荼，日本人像过节一样，聚集在樱花树下，饮酒赏花，摄影留念，为此，日本在世界上享有“樱花之国”的美称。日本人多信仰神道和佛教。

（一）交际习俗

日本是以注重礼节而闻名的国家，讲究言谈举止的礼貌。日本人见面时，要互相问候致意，鞠躬礼是日本最普遍的施礼致意方式，一般初次见面时的鞠躬礼是30度，告别时是45度，而遇到长辈和重要交际对象时是90度，以示尊敬。妻子送丈夫，晚辈送长辈外出时，弯腰行礼至看不见其背影后才直起身。在较正式的场合，递物和接物都用双手。在国际交往时，一般行握手礼。

日本人在谈话时，常使用自谦语，贬己抬人。与人交谈时，总是面带微笑，尤其是妇女。日本人与他人初次见面时，通常会互换名片，否则即被理解为是不愿与对方交往。在一般情况下，日本人外出时身上往往会带上自己的好几种印有不同头衔的名片，以便在交换名片时可以因人而异。

称呼日本人时，可称之为“先生”、“小姐”、“夫人”。也可在其姓氏之后加上一个“君”字，将其尊称为“某某君”。

日本人见面时除了行问候礼之外，还要问好致意，见面时多用“您早”、“您好”、“请多关照”，分手时则以“再见”、“请休息”、“晚安”、“对不起”等话语。

日本经济发达与日本人努力勤奋的工作精神分不开，日本的工作节奏非常快，而且讲究礼节。他们工作时严格按日程执行计划，麻利地处理一切事务；对公众对象“惟命是从”，开展微笑服务；公私分明；对待上司与同事十分谦虚，并善于克制忍耐；下班后对公司的事不乱加评论。

（二）主要禁忌

日本人的忌讳礼俗很多。日本人忌紫色和绿色，认为是悲伤和不祥之色。

日本人忌讳“4”和“9”两个数字，因为他们分别与“死”和“苦”发音相似。日本人喜欢奇数，不喜欢偶数，对“3”、“5”、“7”数字特别喜欢。

日本人有三人不合影的习俗，因为他们认为在中间被左右两人夹着是不幸的预兆，很不吉利。

他们对狐狸和獾的图案很反感，认为这两种动物图案是晦气、狡猾、贪婪的象征。菊花和菊花图案是皇族的象征，送人的礼品上不能使用这一图案。

日本人喜欢仙鹤和乌龟，认为它们是长寿的象征。使用筷子有许多禁忌，如忌将筷子直插饭中，不能用一双筷子依次给每个人夹、拨菜肴。还有忌用半途筷、游动筷等。

（三）衣食特点

在商务、政务活动中，日本人要穿西式服装；在民间交往中，有时也会穿自己的国服——和服。与日本人交往时穿着不宜过分随便，因为他们认为衣着不整是没有教养的表现。

“日本料理”的特点是以鱼、虾、贝等海鲜为烹调原料，可热吃、冷吃、生吃或熟吃。主食为大米，逢年节和生日喜欢吃红豆饭，喜欢吃酱和酱汤。餐前餐后一杯清茶。方便食品有“便当”（盒饭）和“寿司”等。

在日本，人们普遍喜欢喝茶，久而久之，形成了“和、敬、清、寂”四规的茶道。茶道具有参禅的意味，重在陶冶人们的情趣。它不仅要求幽雅自然的环境，而且还有一整套的点心、泡茶、献茶、饮茶的具体方法。

三、沙特阿拉伯

沙特阿拉伯的正式名称是沙特阿拉伯王国。其得名来自其统治该国的沙特家族之名。在阿拉伯语里，“沙特”意为“幸福”，而“阿拉伯”含有“沙漠”的意思。因此，“沙特阿拉伯”意即“幸福的沙漠”。由于其石油储量丰富，被誉为“石油王国”。沙特阿拉伯的国教是伊斯兰教，国家实行政教合一制度，全国居民的98%信仰伊斯兰教。沙特阿拉伯的麦加，是伊斯兰教创始人穆罕默德的诞生地，故此它被人们称为该国的“宗教之都”，在阿拉伯文里，“麦加”的意思是“吸吮”。

（一）交际习俗

在人际交往中，沙特阿拉伯人大都表现得热情友好，落落大方。同别人相见时，沙特阿拉伯人一般都会互问对方：“您好！”随后，他们还会同对方握手，并且接着问候对方：“身体好！”见面时习惯相互问候，或伸出左手放在对方右肩并吻双颊。沙特阿拉伯男子习惯拉着朋友的手在路上走，认为这是双方关系亲密友好的表示。

由于受伊斯兰教教规的限制，沙特阿拉伯的妇女极少有人在外面抛头露面，并且不允许与异性进行接触。在遇到沙特阿拉伯的妇女时，自己如果是一位男士的话，要注意不要主动上前对其问候和行礼。与沙特阿拉伯男子打交道时，也不要问候其妻子或恋人，更不要向她们赠送礼物。

作为客人，在沙特阿拉伯人家里主人劝你喝咖啡是不可不喝的，而且喝咖啡最好一饮而尽，才是礼貌之举。如不想再喝，可将小盅左右一摇，主人便知。

在公共场合，沙特阿拉伯人主张“男女授受不亲”。不论坐车、乘电梯，还是上银行，男女往往是需要各自分开的。

在与沙特阿拉伯人交谈时，不要谈及中东政治、宗教矛盾、女权运动和石油政策等。

(二) 主要禁忌

沙特阿拉伯人认为，娱乐会令人堕落，所以，不要与其谈论休闲、娱乐，或是邀请其参加舞会、去夜总会玩乐。

因为沙特阿拉伯与以色列有矛盾，因此不要在其面前对以色列加以好评。

按照伊斯兰教教规，沙特阿拉伯严禁崇拜真主以外的任何偶像，所以那里的人不喜欢看电影，不喜欢拍照、录像，并且对雕塑、洋娃娃等礼品是十分忌讳的。

沙特阿拉伯人忌用左手递送东西，厌恶别人用眼睛盯着自己。

沙特阿拉伯人是不下国际象棋的，因为他们认为那种玩法是对国王有失恭敬。

沙特阿拉伯人崇拜蓝色和绿色，因为认为它们分别代表生命和希望，是吉祥之色。

(三) 饮食特点

沙特阿拉伯人忌吃猪肉及异形食物。每日习惯两餐，平时以玉米、大饼和手抓饭为主食，上层人士则常吃西餐。羊眼是最珍贵的食品。喜欢喝红茶和咖啡，喜欢品尝中餐。

四、泰国

泰国正式名称是泰王国，自称孟泰，泰语中“孟”是国家的意思，“泰”是自由的意思，“泰国”即自由之国。

(一) 宗教信仰

佛教是泰国的国教，全国人口的90%以上信奉国教。在社会各方面，佛教都对泰国人发挥着重要作用和影响。泰国的历法采用的是佛历。泰国男子年满20岁后，都要出家一次，当3个月的僧侣，即使国王也不例外，否则会被人看不起。几乎所有泰国人的脖子上，都佩有佛饰，用来趋吉避邪。

(二) 交际习俗

由于信奉佛教，泰国人在一般交际应酬时不喜欢握手，而是带有佛门色彩行合十礼。行合十礼时，需站好立正，低眉欠身，双手十指相互并拢，并且同时问候对方“您好!”合十的双手举得越高越表示对对方的尊重。行合十礼时，晚辈要先向长辈行礼，身份、地位低的先向身份、地位高的行礼，对方随后还之以合十礼，否则是失礼的。

泰国人很有涵养，总喜欢面带微笑，所以泰国也有“微笑之国”的美称。在交谈时，泰国人总是细声低语。在其看来，跟旁人打交道时面无表情、愁眉苦脸，或是高声喧哗，大喊大叫，都是不礼貌的。与泰国人交往不要信口开河，非议佛教，或是对佛门弟子有失敬意，特别是不要对佛祖释迦牟尼表示不恭。

（三）主要禁忌

泰国人认为头是智慧所在，神圣不可侵犯的，不能用手去触摸佛像的头部，这将被视为极大的侮辱，若打了小孩的头部，认为触犯了藏在小孩头中的精灵，孩子会生病的。别人坐着的时候，切勿让物品超越其头顶。见面时，若有长者在座，晚辈应坐下或蹲跪以免高于长者的头部，否则就是对长者的不恭。所以，在泰国，当人们走过或坐或站着的人面前时，都得躬身而行，表示不得已而为之。

泰国人认为用左手拿东西给别人是鄙视对方的行为，所以给人递东西都用右手，切忌用左手。

在泰国民间，狗的图案是被禁止的。泰国人的家里大都不种茉莉花，因为在泰语里，它与“伤心”发音相似。

在泰国，睡莲是国花，桂树是国树，白象是国兽，对于这些东西，千万不要表示轻蔑，或是予以非议。

泰国宪法规定，国王是神圣不可侵犯的，对泰国国王和王室成员，绝不允许任意评说。

（四）饮食特点

泰国人不爱吃过甜或过咸的食物，也不吃红烧的菜肴。喜食辛辣、新鲜之食物，最爱吃的是体现其民族特色的“咖喱饭”。

泰国人是不喝热茶的，他们的做法是，在茶里加上冰块，令其成为冻茶。他们绝不喝开水，而习惯直接饮用冷水。喝果汁时要加少许盐末。

五、新加坡

新加坡全称是新加坡共和国。“新加”在梵文中是“狮子”的意思，“坡”在梵文中是“城”，因此，新加坡称“狮城”。由于新加坡是一个岛国，面积极小，华侨普遍称其为“星洲”、“星岛”。新加坡气候宜人，环境优美，是一个城市国家，故又有“花园城市”的美誉。新加坡是世界第二大港口。

（一）交际习俗

在社交场合，新加坡人与他人见面的礼节多为握手。其礼仪习俗呈现多元化的特点，如在社交活动中，华人往往习惯于拱手作揖，或行鞠躬礼；马来人则大多数采用本民族的“摸手礼”。所以，与新加坡人打交道要遇人问俗。

新加坡特别强调笑脸迎客，彬彬有礼。人际交往中讲究礼貌、以礼待人，不但是每个人应具备的基本素养，而且也已成为国家和社会对每一个人所提出的一项基本行为规则。

新加坡十分注重“礼治”。政府专门制定了《礼貌手册》，对于人们在各种不同场合的所作所为是否符合礼仪都做出了严格的规定。在新加坡，不讲礼貌会寸步难行。

新加坡人崇尚清爽卫生，对于蓬头垢面、衣冠不整、胡子拉碴的人，都会侧目而视。

(二) 主要禁忌

新加坡人喜欢红的。认为红色是庄严、热烈、喜庆、吉祥的象征，会激励人们奋发向上。在一般情况下，过多地采用紫色、黑色不受人们欢迎，因为他们认为紫色、黑色是不吉利的。

新加坡人不喜欢“4”和“7”这两个数字，因为华语中“4”发音与“死”相仿，而“7”被认为是消极的数字。在新加坡人看来“3”是“升”，“6”是“顺”，“8”表示“发”，“9”则表示“久”，都是吉祥的数字。

在新加坡，是不能说“恭喜发财”的。因为他们看来，“发财”有“横财”之意，祝愿对方发财无疑是鼓动他去发“不义之财”，是一种损人利己的行为。

在新加坡，乱扔果皮、废纸、吐痰、在公共场所吸烟、嚼口香糖、过马路闯红灯都会被罚款，罚款额之高相当于一个普通工人一个月工资，搞不好还会吃官司，甚至被鞭打。

(三) 饮食特点

中餐是新加坡人的最佳选择，粤菜、闽菜等十分受欢迎。新加坡口味喜欢清淡，偏好甜食，讲究营养，平日爱吃米饭和各种生猛海鲜，对于面食不太喜欢。

新加坡人大都喜欢喝茶，他们经常在清茶中放橄榄之后饮用，称之为“元宝茶”，认为喝这种茶可以令人财运亨通。新加坡人还喜欢喝鹿茸酒、人参酒等补酒。

六、美国

美国全称为美利坚合众国，地处北美洲中部，美国人主要信奉基督教、天主教。美国的绰号是“山姆大叔”，也有“世界霸主”、“超级大国”、“国际警察”、“金元帝国”、“车轮上的国家”等代称。

（一）交际习俗

美国人是“自来熟”，他们为人诚挚，乐观大方，天性浪漫，性格开朗，善于攀谈，喜欢社交，似乎与任何人都能交上朋友。与人交往时讲究礼仪，但没有过多的客套。朋友见面，说声“Hello”就算打招呼。美国人热情开朗，不拘小节，讲究效率，不搞形式主义。

在社交场合一般行握手礼，熟人则施亲吻礼。较熟的朋友常直呼其名，以示亲热，不喜欢称官衔，对于能反映对方成就与地位的学衔、职称，如“博士”、“教授”、“律师”、“法官”、“医生”等却乐于称呼。经常说“请原谅”等礼貌用语。

交谈时，经常以手势助兴，与对方保持半米左右距离。不愿被问其年龄、收入、所购物品的价钱，不喜欢被恭维其“胖”。对妇女不能赠送香水、衣物和化妆品。交往时，必须遵循“女士优先”的原则。

（二）主要禁忌

美国人忌“13”这个数字和“星期五”。他们不喜欢黑色，偏爱白色和黄色，喜欢蓝色和红色。崇尚白头鹰，将其敬为国鸟。在动物中，美国人最爱狗。认为狗是人类的忠实朋友。对于那些自称爱吃狗肉的人，美国人是非常厌恶的。在美国人眼里，驴代表坚强，象代表稳重，他们分别是共和党和民主党的标志。

在美国，成年同性共居于一室之中，在公共场合携手而行或是勾肩搭背，在舞厅里相邀共舞，都有同性恋之嫌。

美国人认为，个人空间不可侵犯，所以，与美国人相处要保持适当的距离，碰了别人要及时道歉，坐在他人身边应征得对方认可，谈话时不要距离对方过近。

美国人大都喜欢用体态语表达情感，但忌讳盯视别人、冲别人伸舌头、用食指指点交往对象等体态语。

（三）饮食特点

美国人喜欢咸中带甜的菜肴，口味清淡。他们重视营养，爱吃海味和蔬菜。美国人早、午餐比较简单，晚餐较丰富。偏爱蛙肉和火鸡。饭后喜欢喝咖啡或茶。

七、加拿大

加拿大作为国名，出自当地土著居民的语言，本意是“棚屋”。也有人讲它来自葡萄牙语，意思是“荒凉”。它位于北美洲北部，除极少数印第安人和因纽特人外，国民多是英、法移民的后裔，多数信奉天主教。加拿大境内多枫树，素有“枫叶之国”的美誉。长期以来，加拿大人民对枫叶有深厚的感情，加拿大国旗正中绘有三片红色枫叶，国歌也是《枫叶，万岁》。加拿大有“移民之国”、“粮仓”、“万湖之国”等美称。

(一) 交际习俗

加拿大人讲究礼貌，但又喜欢无拘无束，不爱搞繁文缛节。加拿大人性格开朗热情，对人朴实友好，容易接近。人们相遇时，都会主动打招呼、问好，握手是其见面礼，拥抱、接吻等见面礼只使用于亲友、熟人、恋人和夫妻之间。

加拿大人在人际交往中的自由与随和，是举世知名的。他们对于交往对象的头衔、学位、职务，只在官方活动中才使用；在中国社交活动里普遍必备的名片，普通加拿大人不大常用，只有在公司高层商务活动中才使用名片。

(二) 主要禁忌

枫叶是加拿大的象征，是加拿大国旗、国徽上的主题图案。因此，枫叶被加拿大人视为国花，枫树定为加拿大的国树，对此要充分尊重。在加拿大，白色的百合花主要用来悼念死者，因其与死亡有关，所以，绝对不可以之作为礼物送给加拿大人。白雪在加拿大人心目中有着崇高的地位，并被视为吉祥的象征与避邪之物。在不少地方人们甚至忌讳铲除积雪。加拿大人很喜欢红色与白色，因为那是加拿大国旗的颜色。

与加拿大人交谈时，不要插嘴，打断对方的话，或是与对方强词夺理。议论性与宗教，评说英裔加拿大人与法裔加拿大人的矛盾，处处将加拿大与美国联系起来进行比较，将加拿大视为美国的“小兄弟”，或是大讲美国的种种优点和长处，都是应当避免的。

(三) 衣食特点

在日常生活里，加拿大人的着装以欧式为主。参加社交应酬时，加拿大人照例都要认真进行自我修饰，或是为此专门上一次美容店。在加拿大，参加社交活动时，男子必须提前理发修面，妇女们则无一例外地进行适当的化妆，并佩戴首饰。不这样做会被视为对交往对象的不尊重。

加拿大的饮食习惯与英美比较接近，口味比较清淡，爱吃酸、甜之物和烤制食品。忌吃肥肉、动物内脏、腐乳、虾酱以及其他带腥味、怪味的食物。在一日三餐中，加拿大人最重视晚餐，他们喜欢邀请朋友到家中共进晚餐。

八、英国

英国的正式名称是大不列颠及北爱尔兰联合王国，有时也被称为“联合王国”、“不列颠帝国”、“英伦三岛”等。“英国”是中国人对其的称呼，出自

“英格兰”一词，其本意是“盎格鲁人的土地”，而“盎格鲁”的含义则为“角落”。英国的主要宗教是基督教。英国的国教是英国国教会，也称圣公会。

（一）交际习俗

英国人不喜欢被统称为“英国人”，而喜欢被称为“不列颠人”。习惯握手礼，女子一般施屈膝礼。男子如戴礼帽，遇见朋友时微微揭起以示礼貌。英国人注重实际，不喜空谈，他们在社交场合衣着整洁，彬彬有礼，体现“绅士风度”。妇女穿着较正式的服装时，通常要配一顶帽子。

在社交场合，英国人极其强调所谓的绅士风度，坚持“女士第一”的原则，对女士尊重和照顾。他们十分重视个人教养，认为，教养体现出礼节，礼节展现出教养。他们待人十分客气，“请”、“谢谢”、“对不起”、“你好”、“再见”一类礼貌用语，天天不离口。即使是家人、夫妻、至交之间，英国人也常常会使用这些礼貌用语。

在交际活动中，握手礼是英国人使用最多的见面礼节。在一般情况下，与他人见面时，英国人既不会像美国人那样随便地“嗨”上一声作罢，也不会像法国人那样非要跟对方热烈拥抱、亲吻不可。英国人认为那样做都有失风度。

（二）主要禁忌

英国人忌4人交叉握手，忌“13”这个数字和“星期五”，忌用一次火点3支烟。不喜欢大象及其图案，讨厌墨绿色，忌黑猫和百合花，忌碰洒食盐和打碎玻璃。认为星期三是黄道吉日。喜欢养狗，认为白马象征好运，马蹄铁会带来好运。

在英国人看来，夸夸其谈、自吹自擂，说话时指手画脚都是缺乏教养的表现，所以，与英国人刚刚认识就与他们滔滔不绝地交谈会被认为很失态。和英国人交谈要小心选择话题，不要以政治或宗教倾向作为话题。另外，不要打听英国人不愿讲的事情，千万不要说某个英国人缺乏幽默感，这很伤他们的自尊心，他会感到受侮辱。因为英国人历来以谈吐幽默、高雅脱俗为荣。

（三）饮食特点

通常一日四餐，即早餐、午餐、午茶点和晚餐，晚餐为正餐。不喜欢上餐馆，喜欢亲自烹调。平时以英法菜为主。“烤牛肉加约克郡布丁”被誉为国菜。进餐前习惯先喝啤酒或威士忌。讲究喝早茶与下午茶。

九、法国

法国的正式名称是法兰西共和国。“法兰西”源于古代法兰克王国的国名。在日耳曼语里，“法兰克”一词的本义是“自由”或是“自由人”。“艺术之邦”、“时装王国”、“葡萄之国”、“名酒之国”、“美食之国”等都是世人给予法国的美称。法国首都巴黎更是鼎鼎大名的“艺术宫殿”、“浪漫之都”、“时装之都”和“花都”。法国的主要宗教是天主教，近80%的人是天主教教徒，其余的人信奉基督教、犹太教或伊斯兰教。

（一）交际习俗

法国人非常善于交际，即使是萍水相逢，他们也会主动与之交往，而且表现得亲切友善，一见如故。

法国人天性浪漫，在人际交往中，他们爽朗热情，善于雄辩，高谈阔论，爱开玩笑，幽默风趣，讨厌不爱讲话的人，对愁眉苦脸者难以接受。

他们崇尚自由，纪律性较差，不大喜欢集体行动，约会也可能姗姗来迟。法国人有极强的民族自尊心和民族自豪感，在他们看来，世间的一切都是法国最棒。例如，法国人懂英语的不少，但通常不会直接用英语与外国人交谈。因为他们认定，法语是世间最美的语言，与法国人交谈时若能讲几句法语，一定会使对方热情有加。懂法语而又不同法国人讲法语，则会令其大为恼火。

法国人注重服饰的华丽和式样的更新。妇女视化妆和美容为生活之必需。在社会交往中奉行“女士第一”的原则。法国人习惯行握手礼，有一定社会身份的人施吻手礼。少女常施屈膝礼。男女之间，女子之间及男子之间，还有亲吻面颊的习惯。社交中，法国人不愿他人过问个人私事。

（二）主要禁忌

法国人忌“13”这个数字和“星期五”。他们大都喜爱蓝色、白色与红色，不喜欢黄色和墨绿色。法国人视仙鹤为淫妇的化身，孔雀被看做祸鸟，大象象征笨汉。它们都是法国人反感的动物。视菊花、杜鹃花与核桃等为不祥之物。

向法国人赠送礼品时，宜选具有艺术品位和纪念意义的物品，不宜送刀、剑、剪、餐具，或是带有明显的广告标志的物品作为礼品。男士向一般关系的女士赠送香水，也被法国人看做不合适的。

与别人交谈时，法国人往往喜欢选择一些足以显示其身份、品位的话题，如历史、艺术等。对于恭维英国、德国，贬低法国的国际地位和历史贡献，议论其国内经济滑坡、种族纠纷等问题，他们不愿意予以呼应。

（三）饮食特点

法国人会吃，也讲究吃。法国菜风靡世界，被称为“法国大餐”。法国人喜欢吃蜗牛和青蛙腿，最名贵的菜是鹅肝。法国人喜欢喝酒，几乎餐餐必饮，白兰地、香槟和红白葡萄酒都是他们喜欢喝的。法国菜的特点是鲜嫩。法国人也非常喜欢中国菜。

十、德国

德国的正式名称是德意志联邦共和国。“德意志”在古代高德语里，其含义为“人民的国家”或“人民的土地”。在世界上，德国有“经济巨人”、“欧洲的心脏”、“出口大国”、“啤酒之国”、“香肠之国”等美称。德国的主要宗教是基督教和天主教。目前在德国全国总人口中，信奉基督教的约占47%，信奉天主教的约占36%。

（一）交际礼仪

德国人之间初次见面，如果需要第三者的介绍，作为介绍人要注意：不能不论男女长幼、地位高低而随便把一人介绍给另一人，一般的习惯是从老者和女士开始。向老年人引见年轻人，向女士引见男士，向地位高的人引见地位低的人。双方握手时，要友好地注视对方，以表示尊重对方，如果这时把眼光移向别处，东张西望，是很不礼貌的行为。初相识的双方在自报姓名时，要注意听清和记住对方的姓名，以免发生忘记和叫错名字的尴尬局面。在许多人相互介绍时，要做到尽量简洁，避免拖泥带水。

由于德语语言自身的特点，在与德国人交往中还会遇到一个是用尊称还是用友称的问题。一般与陌生人、长者以及关系一般的人交往，通常用尊称“您”；而对私交较深、关系密切者，如同窗好友、共事多年关系不错的同事，往往用友称“你”来称呼对方。变换称谓的主动权通常在女士和长者手中。称谓的变换，标志着两者之间关系的远近亲疏。对此必须熟练掌握和运用，这样才能得心应手地与德国人交往。

德国人十分遵约守时。德语中有一句话：“准时就是帝王的礼貌”。德国人邀请客人，往往提前一周发邀请信或打电话通知被邀请者。如果是打电话，被邀请者可以马上口头做出答复；如果是书面邀请，也可通过电话口头答复。但不管接受与否，回复应尽可能早一点儿，以便主人做准备，迟迟不回复会使主人不知所措。如果不能赴约，应客气地说明理由。既不赴约，又不说明理由是很不礼貌的。在德国，官方或半官方的邀请信，往往还注明衣着要求。接受邀请之后如中途有变不能如约前往，应早日通知主人，以便主人另做安排。如因临时的原因，迟到10分钟以上，也应提前打电话通知一声，因为在德国私人宴请的场合，等候迟到客人的时间一般不超过15分钟。客人迟到，要向主人和其他客人表示歉意。

电影院中的迟到，人们可以习以为常，但对于音乐会的迟到，则是令人讨厌的。这时迟到者最好等到一幕或一个乐章结束后再入座。如等不及，需慢慢走到座位上，千万别走错排数，并且要对站起来让路的人轻声说“谢谢”。

赴约赴宴，如遇交通高峰期，一定要提早出门，以免迟到。迟到固不礼貌，但早到也欠考虑。德国人如遇正式邀请，往往提前出门，如果到达时间早，便在附近等一等，到时再进主人家。

德国人不习惯送重礼，所送礼物多为价钱不贵、但有纪念意义的物品，以此来表示慰问、致贺或感谢之情。去友人家赴宴，客人带上点儿小礼物。俗话说：礼轻情意重。一束鲜花、一盒巧克力糖果或一瓶酒足矣。当然，去德国朋友家做客的中国人，如能送给女主人一件富有民族风格的小纪念品，那定会受到主人由衷的赞赏。如果只是顺便看望，那就不必带什么礼物了，最多给小孩子带点儿小玩意。如果是业务的聚会，双方往来都是公事，只要按时应邀出席，不必另有表示。

在德国，如遇朋友乔迁或新婚，你可以事先同受礼者开诚布公地谈谈送些什么礼物好。有的德国新婚夫妇会把自己所需的日常用品列一份清单，送礼的朋友可在此单上画上自己送的东西，这样既可使新婚夫妇得到实惠，又令馈赠者高兴。

（二）主要禁忌

德国人对黑色、灰色比较喜欢，对于红色以及掺有红色或红黑相间之色，则不感兴趣。

对于“13”这个数字与“星期五”，德国人十分讨厌。他们对于4个人交叉握手，或是在交际场合进行交叉谈话，也比较反感，因为他们认为这是不礼貌的。

德国人对纳粹党徽的图案“卐”十分忌讳。它与我国民间表示吉祥的“卍”颇为近似。只不过前者的开口是呈顺时针方向，而后者的开口是呈逆时针方向，切不可将二者混淆乱用。另外，在德国跟别人打招呼时，切勿身体立正，右手向上方伸直，掌心向外。这一姿势过去是纳粹行礼的方式，因此也应避免。

与德国人交谈时，不宜涉及纳粹、宗教与党派之争。在公共场合窃窃私语或是大声讲话，德国人认为都是十分无礼的。

（三）衣食特点

德国人在穿着打扮上的总体风格，是庄重、朴素、整洁。他们不大容易接受过分前卫的服装，不喜欢穿着过分鲜艳花哨的服装，并且对衣冠不整、服装不洁者表示难以忍受。德国人在正式场合露面时，必须穿戴整齐，衣着一般多为深色。在商务交往中，讲究男士穿三件套西装，女士穿裙式服装。德国人对于发型较为重视。在德国，男士不宜剃光头，免得被人当做“新纳粹”分子。

德国少女的发式多为短发或披肩发，烫发的妇女多为已婚者。

德国人讲究饮食，最爱吃猪肉，其次才吃牛肉。以猪肉做成的各种香肠，令德国人百看不厌。德国人一般胃口较大，喜食油腻之物，在口味方面，德国人爱吃冷菜和偏甜、偏酸的菜肴，对于辣或过咸的菜肴则不太欣赏。德国人最喜欢饮啤酒。人人都是海量，当然他们对于咖啡、红茶、矿泉水，也很喜欢。

十一、澳大利亚

澳大利亚正式名称为澳大利亚联邦。澳大利亚作为国家的名称，来自于拉丁文。在拉丁文里其含义是“南方之地”。“牧羊之国”、“骑在羊背上的国家”、“坐在矿车上的国家”、“淘金圣地”等都是对澳大利亚的美称。澳大利亚的主要宗教是基督教，全国居民之中约98%的人都是基督徒。

（一）服饰礼仪

男子多穿西服，打领带，在正式场合打黑色领结。达尔文服是流行于达尔文市的一种简便服装。妇女一年中大部分时间都穿裙子，在社交场合则套上西装上衣。无论男女都喜欢穿牛仔裤，他们认为穿牛仔裤方便、自如。土著居民往往赤身裸体，或在腰间扎一条围巾，有些地方的土著人讲究些，披在身上。他们的装饰品丰富多彩。

（二）交际礼仪

澳大利亚人人情味很浓，乐于同他人进行交往，并且表现得质朴、开朗、热情。过分地客套或做作，均令其不快。他们爱交朋友，爱同陌生人打招呼、聊天，爱请别人到自己家里做客。

与澳大利亚的男士们相处，感情不能过于外露，大多数男人不喜欢紧紧拥抱或握住双肩之类的动作。在社交场合，忌讳打哈欠、伸懒腰等小动作。

澳大利亚是一个讲求平等的社会，不喜欢以命令的口气指使别人。

澳大利亚人见面习惯于握手，不过有些女子之间不握手，女友相逢时常亲吻对方的脸。

澳大利亚人大都名在前，姓在后。称呼别人先说姓，接上先生、小姐或太太之类。熟人之间可称小名。

（三）主要禁忌

澳大利亚人对兔子特别忌讳，认为兔子是一种不吉利的动物，人们看到它都会感到倒霉。与他们交谈时，多谈旅行、体育运动及到澳大利亚的见闻，议论种族、宗教、工会和个人私生活以及等级地位问题，最令澳大利亚人不满。

在数字方面，受基督徒的影响，澳大利亚人对于“13”这个数字与“星期五”普遍感到反感。

澳大利亚人不喜欢将本国与英国处处联系在一起。

澳大利亚人对于公共场合的噪声极其厌恶。在公共场所大声喧哗者，尤其是门外高声喊人的人，他们是最看不起的。

（四）饮食特点

澳大利亚人在饮食上以吃英式西菜为主，其口味清淡，不喜油腻。澳大利亚的食品素以丰盛和量大而著称，尤其对动物蛋白质的需要量更大。他们爱喝牛奶，喜食牛肉、猪肉等。他们喜喝啤酒，对咖啡很感兴趣。

第三节　国外主要节日习俗

节日，是指某一国家或地区为庆贺、纪念、缅怀某一事件或某一人物而约定俗成的时日。各国、各民族都有自己传统的节日庆典，有些节日还逐渐变成世界性的传统节日。

一、圣诞节

圣诞节本来是基督教用以纪念耶稣基督诞辰的一个宗教节日，但是，随着基督教势力的扩展和西方文化传播的影响，它在某种程度上已经成为一个世界性的民间节日。它的时间延续很长，通常为 12 月 24 日至次年 1 月 6 日。在许多国家和地区，包括港澳，圣诞节都是例行假日。

西方人以红、绿、白为圣诞色，每逢圣诞节来临，家家户户都要用圣诞色来装饰。红色的有圣诞花和圣诞蜡烛。圣诞花即一品红，它被西方人用来象征圣诞节令。圣诞蜡烛不同于普通蜡烛，它五色俱全，精致小巧。过圣诞节时，家家都要点燃它。绿色的是圣诞树。它是圣诞节的主要装饰品，用砍伐来的杉、柏一类呈塔形的常青树装饰而成。上面悬挂着五颜六色的彩灯、礼物和纸花，还点燃着圣诞蜡烛。圣诞花是由圣诞树演变而成的室内装饰物，它用松、杉、柏一类常青树的枝条扎成圆形，放上几颗松果，再配上红缎带就做成了。

红色与白色是圣诞老人的颜色，他是圣诞节活动中最受欢迎的人物。圣诞老人名叫圣克劳斯，传说他白须红袍，每到圣诞夜，便从北方驾鹿橇而来。他身背大红包袱，脚蹬大皮靴，通过每家的烟囱进入室内发送礼物。因此，西方儿童在圣诞夜临睡之前，要在壁炉前或枕头帝边放上一只袜子，等候圣诞老人在他们入睡后把礼物放在袜子内。在西方，扮演圣诞老人也是一种习俗。

圣诞节前后，大多数西方国家正值严冬，洁白美丽的雪花使圣诞节富有诗意。然而，地处南半球的澳大利亚和新西兰此刻恰恰是烈日当空。由于天热，他们的节日活动极少狂欢，而是走亲访友，融洽感情。他们的圣诞食品品味以清凉为主，各种冷盘、沙拉和水果最受欢迎。

传说耶稣是夜时诞生的，因此，12月24日之夜被称为圣诞夜。圣诞节庆祝活动自此夜开始，而以半夜为高潮。这一夜，天主教教堂里灯火通明，举行纪念耶稣出生的半夜弥撒。在圣诞夜里，人们会唱起圣诞歌。圣诞歌很多，以《平安夜》最为著名。

西方人在圣诞夜全家要聚餐一次，餐桌上将出现火鸡、羊羔肉、葡萄干布丁和水果饼。其中火鸡被叫做圣诞鸡，是圣诞大餐中必不可少的。英美人讲究圣诞之夜吃火鸡，德国人则习惯吃烤鹅。

西方人在圣诞节相见时，要互道"圣诞快乐!"英国人在这天一大早，就要通过窗户向邻人或朋友们高呼这一句话。

二、复活节

复活节是基督教用以纪念耶稣复活的一个宗教节日，但已经被世俗化了。复活节的日期是每年春分（3月21日或22日）月圆后的第一个星期日。

传说耶稣受难后的第三天清早，他的信徒们发现了耶稣坟墓的墓门大开，耶稣的尸体不见了，只剩下裹尸布堆在那晨。信徒们以为有人把耶稣的尸体挪走了，便哭了起来。这时天使显灵说：耶稣已经复活了。当晚，门徒们聚集在一间屋子里，把门关得紧紧的。忽然，耶稣出现在他们面前。门徒们一见耶稣真的复活了，立即转忧为喜。耶稣对他们说："我从前告诉过你们的话应验了，基督必受害，第三日从死里复活，并且人要奉他的名，传悔改赦罪的道，你们就是这事的见证。天上地下所有的权柄都赐给我了。你们要去使万民做我的门徒，奉父、子、圣灵的名给他们施洗。凡我所吩咐你们的，都教导他们遵守，我就常与你们同在，直到世界的末日。"

后来，基督教教会就把这一天定为复活节，又称主日。至此，基督教信徒们不再像犹教信徒们那样守安息日，而改守主日，这就是现在的礼拜日。公元325年，尼西亚大公会议元宝每年春分月圆后的第一个主日为复活节。

复活节是仅次于圣诞节的基督教第二大节日。每逢复活节来临，教会都要举行隆重的纪念礼拜。信徒们相见，第一句话就是"主复活了!"复活节期间，人们经常相互赠送复活节彩蛋，它由鸡蛋涂上各种颜色而成。在古代，鸡蛋象征着生命，并被视为复活的坟墓。

西方还有复活节小兔一说。兔子是繁殖力最强的动物，所以被人们选作生命的象征。时至今日，孩子们过复活节依然少不了吃兔子糖和讲述各种有关兔子的故事。

现在，西方各国在复活节时，大都举行游行活动。美国的游行队伍是化了装的，其中最受人们喜爱的是卡通人物米老鼠和唐老鸦。其他国家的游行队伍也都各具民族特色。复活节晚上，各家都要举行复活晚宴。晚宴上的传统主菜是羊肉和熏火腿。用羊祭祀是基督教信徒千百年来的传统，而猪则一直象征着幸运。

三、狂欢节

狂欢节起源于古罗马的农神节，发展于中世纪，盛行于当代，是欧美各国的传统节日。狂欢节主要是以辞旧迎新、憧憬未来为基本主题。在欧美诸国中保存最为完整的是德国科隆城，每年慕名从国内外赶来欢度狂欢节的人不计其数。节日里，科隆城里到处是热闹的人群，各大小酒家、舞厅及娱乐场所被挤得水泄不通，人们相互致以节日祝贺，穿上节日的盛装，尽情地打扮自己。街上有大规模的化装游行，有彩车队、乐曲队、舞蹈队等，彩车上不时有礼物抛向人群，男女老少互相争抢，热闹非凡。

巴西的狂欢节是堪称世界之最的群众性集会庆祝活动。狂欢节前，巴西人都要耗资购买节日服装、面具及食品、饮料等，即使借钱负债也在所不惜。首都里约热内卢是狂欢节的中心，狂欢节期间商店关门、工厂停工，人们不分肤色、种族、年龄、贫富、贵贱都是狂欢节的参与者，而巴西的圆舞、桑巴舞表演是狂欢节最精彩的节目。

在现代，狂欢节已成为许多国家人们抒发渴望幸福之情的节日。由于各国的习俗不同，狂欢节的日期不统一，甚至在同一国中也有因地制宜的情况。多数国家定在气候适宜的 2、3 月份举行。世界著名的狂欢节还有法国的春季狂欢节、加拿大的冰上狂欢节、德国狂欢节、欧洲狂欢节等。

四、愚人节

愚人节是每年 4 月 1 日，在欧美的一些国家及地区都以开玩笑使人上当度过这一有趣节日。愚人节的起因，一说是古罗马谷物神色列斯的女儿普丽芬丝在天堂玩耍时，被冥王普路托掠走，还欺骗其父色列斯到天堂去寻找，使其白跑一趟，由此沿袭成“愚人节”，成为提醒人们谨防上当的节日活动。

另一说起源于法国，1564 年，法国采用阴历 1 月 1 日为一年之始的新纪元法，却遭到国内保守派的反对，他们依然按照旧历 4 月 1 日为新年，互赠礼品。为了蒙蔽保守派，改革新历法的团体继续在这天请保守派参加招待会，赠送给他们礼品。后来人们把这些上当受骗的保守分子称为“4 月傻瓜”，或“上钩的鱼”。从此，人们在 4 月 1 日便互相愚弄，成为法国流行的习俗，后来传到其他国家和地区。

但是，不论哪一种传说，愚人节的内容与日期都是相同的。在这一天，人们可以尽情地相互开玩笑，甚至连报纸、电台、电视台也会故意制造出一些有趣的“新闻”来戏弄人们。当然开玩笑也要掌握适当的分寸，不能损害国家的整体利益，更不能触犯国家的法律、政策，否则，不仅会受到道德舆论的谴责，而且会受到法律的惩处。

五、情人节

情人节又称瓦伦丁节，每年的2月14日许多欧美国家都把这一天作为表白爱情的甜蜜日子，是青年男女喜爱的节日。节日这天，情侣们相互交换“情侣卡”表示自己忠贞不渝的爱情；在欢乐愉快的情人舞会中，还向情人送上自己的玫瑰花以表示自己的爱心；也有的赠送巧克力或带有“心”形的装饰物、附有祝词的小卡片等。不过，情人节并非情侣们的“专利”。在这一天，任何年龄的人都可以向自己的父母、尊重的长者及相熟的朋友表达自己的一份情意。

六、感恩节

感恩节又称火鸡节，为每年11月的第四个星期日。该节日起源于1820年，一些英国的新教徒为了摆脱宗教和政治上的迫害，远涉重洋前往美国马萨诸塞州的普利茅斯避难，后来在当地印第安人的帮助下，他们学会狩猎、捕鱼、种植玉米和荞麦，才得以生存。第三年的11月中的最后一个星期的星期日，他们准备了大批水禽和火烤野火鸡，做南瓜馅饼招待印第安客人，并用赛跑、射箭、歌舞等活动来感谢上帝的恩赐，以报答印第安人。

美国独立后，林肯在1863年宣布感恩节为全国性节日，1941年，又获美国国会法定通过。从此，每年这一天，美国总统和各州州长都要发表献词，人们举行花车游行，并到教堂对上帝的慷慨恩赐表示感谢。然后一家老少团聚，围坐在火炉旁，品尝着包括火鸡和南瓜馅饼在内的丰盛晚餐，做着各种有趣的游戏，尽情欢畅。

七、母亲节

母亲节又称省亲星期日，起源于18世纪的英国，原是出嫁女儿回家探望母亲的日子。1921年，美国国会将每年5月的第二个星期日定为母亲节。母亲节这天，人们向母亲献上康乃馨，或在胸前佩戴一朵花，以示对母亲的敬意。此外，每个家庭和教堂都要举行各种仪式的纪念活动。现在世界上的每个国家都有纪念活动。

八、父亲节

父亲节是美国索诺拉多德夫人于1920年创立的，因其母亲早亡，父亲把两个子女在极端困难的情况下抚养成人，为了感谢父亲的培育之恩而创立了这个节日。1971年，美国国会把每年6月的第三个星期日定为父亲节。届时子女们都亲手制作有意义的贺卡和小礼物送给父亲，以表示崇敬的心情。如今，世界上很多国家和地区都有父亲节纪念活动。我国台湾地区定在8月8日，这一天，儿女们都要回家向父亲祝福。

思考·讨论·训练

1. 判断正误：

(1) 韩国男子见面时习惯于微微鞠躬后握手。

(2) 鞠躬礼是日本最普遍的施礼方式，一般初次见面时的鞠躬礼是30度。

(3) 日本人喜欢双数，不喜欢单数。

(4) 泰国人在一般交际应酬时喜欢握手。

(5) 美国人是“自来熟”，与任何人都能交上朋友。

(6) 英国妇女穿着较正式的服装时，通常配一顶帽子。

(7) 向法国人赠送礼品，不宜送刀、剑、剪、餐具等。

(8) 在公共场合大声讲话，法国人认为是十分无礼的。

(9) 大多数澳大利亚男士不喜欢紧紧拥抱或握住双肩之类的动作。

(10) 感恩节在每年11月第四个星期日。

2. 民俗礼仪的内容与特征是什么？

3. 世界主要国家的礼俗风情怎样？

4. 案例分析：

泰国某机构为泰国一项庞大的建筑工程向美国公司招标。经过筛选，最后剩下4家候选公司。泰国人派遣代表团到美国亲自去各家公司商谈。代表团到达芝加哥时，那家工程公司由于忙乱中出了差错，又没仔细复核飞机到达时间，未去机场迎接泰国客人。但是泰国代表尽管初来乍到不熟悉芝加哥，还是自己找到了芝加哥商业中心的一家旅馆。他们打电话给那位急促不安的美国经理，在听了他们的道歉后，泰国人同意第二天11时在经理办公室会面。第二天，美国经理按时到达办公室等候，直到下午三四点钟才接到客人的电话说：“我们一直在旅馆等候，始终没有人前来接我们。我们对这样的接待实在不习惯。我们已订了下午的飞机赴下一个目的地。再见吧！”

请结合本章所学内容对此案例进行分析。

判断正误答案：(1) 正确 (2) 正确 (3) 错误 (4) 错误 (5) 正确 (6) 正确 (7) 正确 (8) 正确 (9) 正确 (10) 正确

参考文献

1．张岩松编著：《现代实用公共关系——原理·实务·技巧》，中国物资出版社，1999 年。

2．郭文臣、姜园华、张岩松编著：《公共关系原理与实务》，大连理工大学出版社，1997 年。

3．吕少平主编：《现代公关礼仪》，青岛出版社，1994 年。

4．郭文臣等编著：《交际与公关礼仪》，大连理工大学出版社，1998 年。

5．常建坤主编：《现代礼仪教程》，天津科学技术出版社，1998 年。

6．熊经浴主编：《现代商务礼仪》，金盾出版社，1997 年。

7．周裕新、张弘著：《公关礼仪学》，上海社会科学院出版社，1995 年。

8．齐冰等编著：《现代实用公关交际礼仪》，中国物资出版社，1998 年。

9．张怡主编：《涉外礼仪与技巧》，中国纺织大学出版社，1999 年。

10．晓燕著：《公关礼仪》，百花洲文艺出版社，1995 年。

11．黄斌主编：《企业商务应酬礼仪指南》，企业管理出版社，1994 年。

12．秦启文著：《现代公关礼仪》，西南师范大学出版社，1994 年。

13．张敬慈等编著：《公关礼仪》，四川大学出版社，1995 年。

14．卢慧主编：《礼节礼仪常识》，大连理工大学出版社，1995 年。

15．金正昆著：《涉外礼仪教程》、《商务礼仪教程》、《社交礼仪教程》、《政务礼仪教程》和《服务礼仪教程》，中国人民大学出版社，1999 年。

16．莱蒂茨亚·鲍尔德里奇著：《企业人礼仪手册》，海南出版社，1997 年。

17．谢柯凌等编著：《交际礼仪 365》，山东人民出版社，2001 年。

18．北京康世经济发展研究所编：《白领礼仪》，中华工商联合出版社，2001 年。

19．李兴国主编：《现代商务礼仪》，黑龙江科学技术出版社，1998 年。

20．刘裔远、王国章编著：《社交服务必读——实用礼宾学》，立信会计出版社，1993 年。

21．邱伟光编著：《公共关系礼仪文化》，高等教育出版社，2000 年。

22．邢颖等编著：《社交与礼仪》，民族出版社，1993 年。

23．吕维霞、刘彦波编著：《现代商务礼仪》，对外经济贸易大学出版社，

2003 年。

24. 何浩然主编:《中外礼仪》，东北财经大学出版社，2002 年。

25. 杨眉主编:《现代商务礼仪》，东北财经大学出版社，2000 年。

26. 沈驷编著:《错误的礼仪》，复旦大学出版社，1999 年。

27. 张岩松、孙顺华编著:《公共关系学》，青岛出版社，2002 年。

28. 李莉:《实用礼仪教程》，中国人民大学出版社，2002 年。

29. 鲍日新:《社交礼仪，让你的形象更美好：献给大学生朋友》，上海教育出版社，2005 年。

30. 张韬、施春华、尹风芝:《沟通与演讲》，清华大学出版社，2005 年。

31. 陈柳:《职业人形象设计与修炼》，上海远东出版社，2004 年。

32. 国英:《公共关系与现代交际礼仪案例》，机械工业出版社，2004 年。

33. 张岩松:《公关交际艺术》，经济管理出版社，2004 年。